김영란법,
김영란에게
묻다

김영란법,
김영란에게
묻다

김영란, 이범준

대한민국을 뒤흔든 청탁금지법의 모든 것

풀빛

프롤로그
김영란법 혹은 김영란을
이해하기 위하여

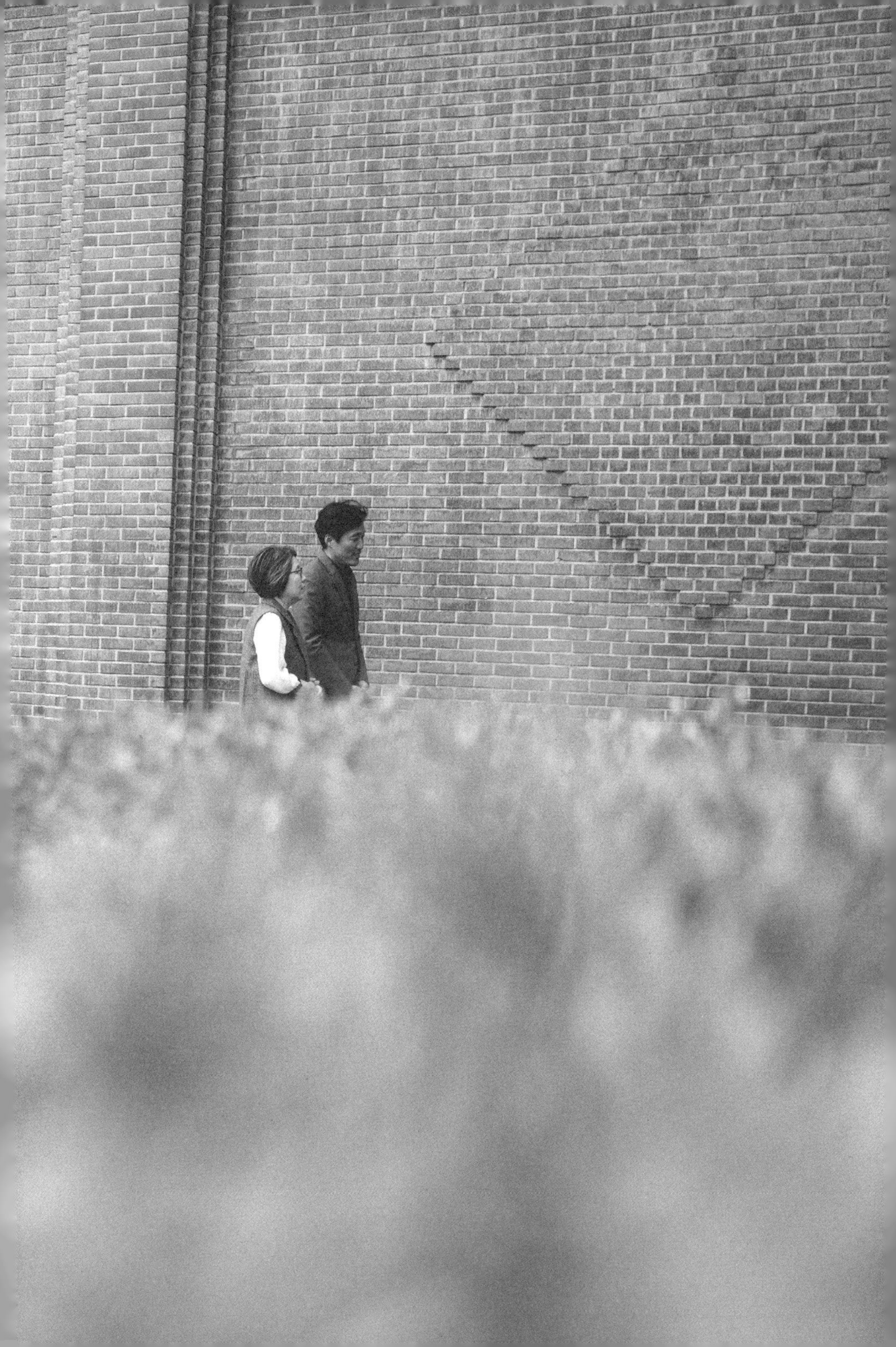

대부분 사람들에게 김영란 서강대학교 석좌교수의 정체성은 최초의 여성 대법관, 소수자의 대법관이다. 실제로 2004년 대법관에 취임해 임기 6년 동안 정직하고 따뜻한 판결들을 남겼다고 사법역사는 기록하고 있다. 김영란 교수는 20대 초반에 사법시험에 합격해 곧바로 판사로 임관한 전형적인 엘리트 법관이다. 그는 엘리트의 한계를 넘으려 방대한 독서와 끝없는 질문으로 자기를 부정하고 사회를 의심했다.

이런 그가 김영란법의 그 김영란으로 기억되리라고는 누구도 상상하지 못했다. 법관은 법률 전문가이지만 주어진 법을 수동적으로 해석하는 직업이기 때문이다. 판사들로서는 국회가 만들어 놓은 법률들을 위헌으로 의심해 위헌제청을 하는 것조차 쉬운 일이 아니다. 하지만 김영란 교수는 대법관에서 퇴임한 뒤로 사회를 바꾸기 위한 법률을 궁리하고, 여론의 지지를 모아 입법하는 데 성공했다.

《김영란법, 김영란에게 묻다》는 청탁금지법 시행 1주년을 맞이해 준비하고 만들어졌다. 김영란 교수는 10년 가까이 자신을 취재해 온 나를 공저자로 지목하면서 대담집을 제안했다. 하지만 두 사람의 관계를 생각하면 실질은 인터뷰에 가까웠다. 형식을 무엇이라 부르든 내게는 김영란의 공저자라는 기쁘고 무거운 책임이 주어졌다. 나의 과제는 김영란 교수의 생각을 오롯이 펼쳐 내는 것이었다.

김영란 교수는 청탁금지법을 입법하자는 사회적인 논의가 한창이던 2013년에도 대담집을 펴냈다. 공저자는 김두식 경북대 로스쿨 교수다. 두 사람은 각각 판사와 검사 출신의 법률가이지만 일면식도 없는 사이였다. 두 사람을 이은 것은 제도에 대한 이해였다. 이와 달리 나는 법조계를 취재하는 기자이지만 김영란 교수와는 오랫동안 알고 지내 왔다. 그래서 그와 나를 잇는 것은 서로의 생각에 대한 이해다.

이러한 관계의 장점과 단점을 활용하고 극복하기 위해 다소 번거로운 과정을 감수했다. 구체적으로 6개월에 걸친 다섯 차례 인터뷰와 그보다 많은 전후 작업이 있었다. 우선 질문자가 알고 있는 청탁금지법에 대한 이해와 오해를 모두 지웠다. 청탁금지법에 관한 확보 가능한 모든 자료를 일일이 다시 확인했고, 이를 바탕으로 인터뷰 전에 질문지를 보냈다. 사실 이 밖의 시행착오도 적잖았다.

인터뷰 현장에서는 가능한 맥락을 확인하는 이상의 질문은 하지 않았다. 대신 이후 작성된 원고에서 질문을 넣고 답변을 잘랐다. 이는 김영란 교수의 생각이 명확히 드러나는 데 도움이 된다고 판단한 것들이다. 반대로 흐름을 이어 가는 것이 나은 부분에서는 길더라도 끊지 않았다. 이런 과정을 통해 김영란이라는 법률가가 인간과 세계를 어떻게 해석하는지 드러내려 했다.

지난 반년 프랑수아 트뤼포의《히치콕과의 대화(Hitchcock/Truffaut)》를 다시 읽고 생각했다. 프랑스어 영화평론지 〈카이에 뒤 시네마〉의 젊은 비평가 트뤼포가 존경의 대상이던 히치콕을 만나 장시간 인터뷰한 작품이다. 트뤼포에 의해 히치콕은 비로소 작가로 해석됐다고 사람들은 평한다. 그리고 이를 가능하게 만든 것은 인터뷰에 절절히 드러나는 영화를 향한 두 사람의 애정이다.

김영란 교수의 판결과 글들을 줄 쳐 가며 분석해 온 나의 애정도 프랑수아 트뤼포에 뒤지지 않는다. 그런 나에게 김영란 교수는 29년 법관으로서의 삶을 들려주었다. 사회의 부조리는 어디에서 비롯되는지, 이를 해결하기 위해 무엇을 생각했는지, 우리의 양심은 어떻게 지켜지는지, 정의로운 사법은 어떻게 실현되는지 등을 얘기했다. 지면에 모두 싣지 못한 이야기도 많다.

김영란 교수와 나눈 이야기들은 단순한 청탁금지법 해설이 아니다. 부조리와 반칙이 없는 사회를 바라 온 그가 2017년 한국 사회에 던지는 웅숭깊은 질문들이다. 김영란법을 두고 펼쳐지는 그의 이야기를 통해 그가 사람과 세상을 어떻게 바라보는지 배울 수 있다. 김영란이 사회의 부조리와 싸워 온 순간들을, 저널리스트인 나는 기록하고 싶었다. 이제 평가는 독자의 몫이다.

2017년 여름
이범준

김영란법의 그 김영란, 이제는 모르는 사람이 없어진 이름이다.

그 전에 그는 우리나라 최초의 여성 대법관이다.

전직 대법관이 입법을 주도하고 성공시킨 일은

세계적으로 유례가 없다.

그는 왜 청탁금지법을 만들려고 한 것일까.

최고의 법률가로서 느껴 온,

좀처럼 바뀌지 않는 한국의 현실이 있었다.

1
김영란, 김영란법을
궁리하다

청탁받는
공무원은 괴롭다

<u>이범준</u> 김영란 석좌교수님은 우리나라 최초의 여성 대법관입니다. 법관은 법을 해석하는 것이 일이고 대법관은 그 정점에 있습니다. 법을 해석하는 대법관이 법을 만들었다…, 그런 차원에서 교수님이 더욱 유명해졌다고 생각합니다. 입법이 완료되고 2016년부터 시행된 이후로 이 법의 의미나 취지보다는 '3·5·10'으로 일반인들에게 기억되는 것이 이른바 김영란법이 아닌가 싶습니다. 제대로 그 취지가 부각되지 못한 것이 못내 아쉬운데요, 이번 대담을 통해 교수님의 '진짜' 이야기를 듣고 싶습니다.(웃음) '부정청탁 및 금품 등 수수의 금지에 관한 법률'(이하 청탁금지법)을 만들게 된 동기는 무엇이었나요?

<u>김영란</u> 사람들은 2015년에 대법원에서 무죄가 확정된 벤츠여검사 사건*처럼 대가성이 없을 때 처벌하지 못하는 상황 등에 문제의식을 갖고 제가 이 법을 제안했다고 생각하는데, 그런 측면도 있긴 합니다. 사전에 선물을 주고 접대를 하는 방법으로 친분을 쌓았다가 사후에 청탁하는 경우 대가관계가 없잖아요? 그러니까 뇌물이 아니라고 해서 처벌을 못하는 것을 처벌할 수 있도록 해야겠다는 것이 중요한 동기가 되었지요. 많이 논의되는 진경준 검사장과 김정주 넥슨 대표 사건**도 그렇지요. 진경준 검사장을 써먹을 수 있겠다고 생각하고 주식 취득을 도와주고 돈도 빌려주었다고 김정주 대표 측에서 시인했잖아요? 그런데도 대가

---

* 여성 검사가 내연 관계인 남성 변호사에게 벤츠승용차 등 5591만 원어치 금품을 받고 동료 검사에게 사건을 청탁해 줬다가 2011년 기소된 사건. 2012년 항소심인 부산고등법원이 무죄를 선고했고 2015년 대법원에서 확정

했다. 대법원은 "내연관계에 기한 경제적 지원의 일환으로 대가관계가 없다"고 밝혔다. 즉, 청탁은 있지만 대가가 없었기 때문에 알선수재에 해당하지 않는다는 것이다.

관계가 없다고 해서 처벌을 못했지요. 이런 걸 막는 게 급선무라고 생각했지요. 그런데 실질적 동기는 제 오랜 경험에서 우러나온 것이었어요.

제가 판사를 처음 시작했을 때 사람들이 저한테 사건 이야기를 참 많이 하더라고요. 옆방의 판사도 저한테 사건 이야기를 하고, 옆방 판사에게 사건 이야기를 해 달라며 저에게 부탁하는 사람도 있고, 심지어 제 학교 선배인 변호사가 저를 찾아와서 옆방 판사에게 로비해 달라고 부탁하기도 했어요. 변호사와 판사가 다르다는 직업적 분리에 대한 개념이 변호사도 그렇지만 판사들도 없었지요. 판사를 하다가 변호사로 가는 게 일반적이었으니까요. 너무 난감한데, 선배가 부탁을 하니까 전하지 않으면 안 될 것 같은 그런 분위기였어요.

그런 분위기가 이해가 안 됐어요. 아무리 선배라 해도 이런 부탁은 안 된다고 말해야 하잖아요. 그런데 저도 그런 말을 못 하겠더라고요. 핑계에 불과하지만 선배를 딱 부러지게 거절하면 안 되는 분위기가 있잖아요. 저 자신도 거절을 못하는 데서 더 나아가 전달까지 하고 있더라고요. 이건 아닌데, 하면서도 저도 마찬가지였죠. 이런 제 개인적인 체험이 실제로는 중요한 동기가 됐어요.

이범준 제가 다른 곳을 많이 취재해 보지는 않았지만 사법부가 우리 사회에서 가장 깨끗하다는 사실은 부정하기 힘듭니다. 지금 말씀하신 내용이 꽤나 과거 일이고, 당시는 기자들이 돈봉투를 받았다는 시절입니다. 독자들께 참고로 말씀드립니다.

** 진경준 전 법무부 기획조정실장이 서울대학교 재학 시절부터 친구인 김정주 NXC 대표에게 넥슨 비상장주식 1만 주를 비롯한 9억 5331만여 원 상당의 뇌물을 받은 혐의로 2016년 기소된 사건. 서울중앙지법은 대가성이 없다며 무죄를 선고하면서, "진경준과 김정주는 일반적인 친한 친구 사이를 넘어 서로 지음(知音)의 관계에 있다고 보인다"는 이유를 들었다.

<u>김영란</u> 당시에는 공사구분, 친소관계, 직위고하 등이 뒤엉켜 딱딱 나뉘지지 않았어요. 판사들은 자기합리화를 하더라고요. '부탁은 받았지만 법대로만 하면 문제없다.' '면전에서 선배 부탁을 거절하지 못했지만 부탁대로 해 주지는 않으니 괜찮다.' 하지만 열 번 부탁받고 한 번도 못 들어주면 마음의 빚이 돼요. 한 번 정도는 들어줘야 할 것 같이 느껴지죠. 그게 너무 짐이 되는 거예요. 친한 선배라면서, 가까운 친척이라면서 왜 나한테 짐을 지울까 싶죠. 짐 지우는 사람도 원망스럽고, 거절 못하는 내 자신도 원망스럽죠.

판사들은 변호사를 소개해 달라는 청탁도 많이 받아요. 내가 재판하는 사건이 아니니 소개해 줄 때도 있었죠. 가까운 동창이 연락해서 딸이 이혼하는데 변호사 좀 소개해 달라고 할 수도 있잖아요. 그런 부탁을 받으면 도대체 실력 좋은 변호사를 소개해 줘야 하나, 가까운 변호사를 소개해 줘야 하나 그것부터 고민이 돼요. 저는 거절은 못하고, 가까운 사람을 소개하는 건 부담이 되니까, 객관적으로 평이 좋은 사람을 소개하게 되긴 했어요.

<u>이범준</u> 법률시장은 특이한 곳입니다. 대부분의 시장은 소비자가 상품의 가치를 알고 돈을 치릅니다. 하지만 법률시장은 소비자가 가치를 모르고 돈을 지불하지요. 정작 변호사의 가치를 제대로 아는 것은 판사들인데 의뢰인들로서는 접촉할 방법이 없고요. 그런 면에서 좋은 변호사를 소개받는 것이 큰 이득입니다. 아무튼 앞서 말씀하신 판사 시절에 학교 선배인 변호사가 옆방 판사에게 로비해 달라고 부탁했다는

사건은 어떻게 됐나요.

김영란   결과는 모르지요. 해결이 되든 안 되든 더 이상 연락이 안 오니까요. 그렇게 생각하면 인간관계라고 포장은 되었지만 철저히 소비되는 관계인데 그때는 그런 내막이 보이지 않았지요. 제 스스로 결과에 대해 알아보지 않은 것은 청탁을 하면서도 제 마음속에는 '내가 아무리 백번 이야기를 해도 저 판사는 법대로 해결해 주겠지'라는 생각이 있었기 때문이에요. 그러니까 이 판사가 설마 이걸 안 되는데 되게 하겠어?라는, 믿음 아닌 믿음을 가지고 전달하는 거지요. 다른 방의 판사님께 선배의 청탁을 전달한다는 것도 결국 자신의 인간관계를 그 판사에게 떠넘기는 것이니까 마음이 편치 않지요. 백퍼센트 다 전달하지는 않았지만, 돈도 안 빌렸는데 늘 빚진 것 같은 기분? 전달을 해도 빚진 것 같고 안 해도 빚진 것 같은 기분. 그래서 전달을 안 하고 한 것처럼 행동하게 되기도 하고요.(웃음) 왜 그래야 하는지 늘 의문이 있었어요. 인간관계라는 게 뭔데, 무슨 빚을 진 것도 아닌데 왜 이런 채무자 같은 기분을 느껴야 하는지 화가 나기도 하더라고요. 그래서 그런 청탁을 함부로 못하게 해서 (저 같은) 공무원을 좀 보호해 줘야겠다는 생각이 들었어요.

이범준   저도 가까운 사람의 부탁을 받아 아는 판사에게 전달했다는 판사들의 얘기를 종종 듣습니다. 청탁한 판사들 설명은 비슷합니다. 사실과 법리를 살펴보니 당연히 잘될 사건이라 놓치지 말고 살펴봐 달라고 했다는 거죠. 청탁받은 판사들 설명도 비슷합니다. 법조계 은어로

'자연뽕 사건', 원래 그렇게 될 사건이라는 겁니다. 청탁이 오간 것은 맞지만 결론은 정당하다는 거죠.

김영란 그렇죠. '자연뽕', 이 말의 어원이 궁금한데요, 그 단어를 들으니 제가 가정법원에서 소년심판을 담당했을 때의 경험이 떠오르네요. 소년심판*을 1년 동안 했는데, 재판에 참여하는 직원이 자연뽕 사건으로 돈을 많이 벌었던 것 같아요. 당시 소년심판 사건은, 죄질이 무겁고 가족의 보호가 충분하지 못한 소년으로 보아서 소년원에 보낼 거냐, 부모나 기타 보호자가 소년을 보호할 능력이 있다고 보아서 그들에게 그 보호를 맡기느냐, 부모 등에게 돌려보내지만 재범의 위험성이 있다고 보아서 보호관찰기관의 보호관찰을 붙이느냐, 세 가지 선택밖에 없었어요. 크게 보면 부모에게 보내느냐 소년원에 보내느냐 두 가지죠. 소년심판에 참여하는 직원이 판사들의 기준을 알기가 비교적 쉬웠죠. 제가 하는 소년심판에 참여한 직원도 저의 기준을 아니까 부모에게 돌려보낼 게 분명한 자연뽕 사건을 골라내기 쉬웠겠죠. 그런데 경계선에 있는 사건들이 있어요. 죄명이 강도상해나 강간치상 등인 경우는 소년원으로 가기 십상인데 그런 사건들도 구체적으로 들어가면 달라질 수 있거든요. 그런 경우는 자연뽕 사건이 아니지요.

소년심판은 재판을 시작하기 전에 위탁변경 사건을 먼저 결정하는 경우가 있어요. 형사법정**에서는 소년이니까 강도나 강간이라도 합의가 되면 항소심에서 집행유예로 많이 풀려나지만, 윤간처럼 질이 나쁘면 일단 소년부 송치라고 해서 소년심판을 하라고 보내거든요. 그 경우 소

---

* 죄를 범하였거나 범할 우려가 있는 10세 이상 19세 미만 소년에 대한 재판. 가정법원 또는 지방법원 소년부 판사가 하며, 보호처분이 필요하다고 판단되면 소년원 송치나 보호관찰처분을 결정한다.

** 소년사건은 소년보호사건과 소년형사사건으로 소년법에 따라 구분된다. 소년보호사건은 소년부 판사가 심판하고 소년형사사건은 일반 형사부 판사가 재판한다. 소년부 판사에게 심판받는 소년은 보호자에게 맡겨지거

년의 신병은 구치소를 나와서 소년분류심사원에 보내져요. 그러면 보호자들은 소년심판을 기다리면서 위탁변경을 신청해요. 소년심판을 받는 동안 신병위탁 장소를 소년분류심사원에서 부모로 바꿔 달라는 거예요. 형사재판의 보석 같은 거죠. 전관 변호사들이 많이 하지요.

항소심에서 소년부 송치가 된 아이들은 피해자와 합의가 되어 온 아이들이지만, 저는 예외 없이 위탁변경신청을 불허하고 소년원에 보내 버린 거예요. 단기 소년원 송치가 없던 때라 판사로서는 기간을 정하지 않은 채 소년원에 보내는 결정만 할 수 있었어요. 소년원에 보내지면 그곳에서 교정 교육을 받다가 심사를 해서 석방되는데요, 그러다 보니 얼마나 소년원에 있어야 할지 모르게 되죠. 부모들 입장에서는 소년원에 보내는 결정이 내려지지 않도록 전력을 다할 수밖에 없었지요. 그래서 막 개업한 전관 출신 변호사가 선임되는 경우가 많았어요. 그런데 저는 강력범죄이지만 합의가 되었고 소년이라고 해서 소년부로 보내진 사건을 예외 없이 위탁변경신청을 불허하고 전부 소년원에 보내 버린 거예요. 나중에 들어 보니, 어느 전관 변호사가 "그렇게 아무것도 모르는 판사가 마음대로 재판할 수 있냐"고 엄청나게 비난하고 다녔더라고요. 제가 변호사를 만나고 나면 입장 곤란해질까 봐 변호사가 판사실로 찾아오기 전에 위탁변경신청 불허가를 얼른 결정해 버렸거든요. (웃음)

이범준 자연뽕의 어원을 찾아보았는데요. '나이롱뽕'이란 화투놀이가 있다고 합니다. 여기에서, 받은 패가 이미 승리를 결정짓는 경우가 있

나 소년분류심사원에 위탁된다. 소년분류심사원에 위탁된 소년의 보호자는 보호자에게 보내 달라는 위탁변경신청을 언제든지 낼 수 있다. 소년부 판사에게 오는 소년은 경찰서장 등이 형사재판 없이 바로 보낸 경우, 형사재판에서 소년부로 보낸 경우가 모두 있다.

다고 해요. 그런 패를 자연뽕이라고 한답니다. 그리고 지금 얘기하는 청탁은 주로 형사사건이잖아요. 소년심판도 넓은 의미에서 여기에 속하고요. 민사사건의 경우는 원고와 피고라는 개인들의 싸움이고 서로가 감시자인 반면, 형사사건은 검사와 피고인의 싸움이고 피고인을 봐줘도 상대적으로 항의를 적게 받게 되죠. 피해자가 있지만 재판의 당사자가 아니고요. 그렇다 보니 이른바 전관예우 얘기도 많고 유명한 변호사들도 많이 수임하죠.

김영란 제가 지금보다 고지식할 때였는데 양형은 기준이 명확해야 한다고 생각했어요. 유명 변호사를 선임했다거나 변호사가 아예 선임되지 않았다거나 하는 이유로 차이를 두어서는 안 된다고 생각했지요. 이런 경우에 '고지식하다'라는 말이 맞는 말인지도 모르겠지만 어쨌든요. 사람을 칼로 찌르고 돈을 빼앗는 강도상해나, 여성을 강간하고 다치게 만드는 강간치상 같은 범행을 저지르는 아이들이니 예외를 두어서는 안 된다고 생각했던 거지요.

그런 아이들도 부모들이 변호사를 선임해 오면 금방 풀어 주는 경우가 많았는데, 이해하지 못하겠더라고요. 그래서 다른 판사들한테 물었더니 "소년에게는 기회를 줘야 한다. 부모가 그렇게 쫓아다니고 변호사를 선임한다면 부모가 자녀에게 관심이 있다는 뜻이다. 부모에게 맡겨 보는 게 좋다"는 의견이었어요. 일반범과 소년범은 기준이 좀 다르다는 말인데, 일리는 있다 싶었어요. 하지만 결국은 부모가 돈을 써서 풀어 주는 것이니, 어떤 나쁜 짓을 해도 돈으로 해결할 수 있는 세상이라는 잘못된 관념을 아이에게 심어 줄 수도 있거든요. 짧은 구금을 거쳐 나오더라도 깊이 반성하는 아이가 있을 수도 있고요, 부모가 뒤를 봐 주고 빼 주는 일이 반복되어서 끝까지 그렇게 사는 경우도 있을 수 있 어요. 둘 중에 무엇이 옳은지는 알기 어렵죠. 하지만 자신이 저지른 일 에 대해 적절한 대가를 치러야 한다는 교훈은 줘야 할 것 같더라고요.

제가 엄격하게 기준을 적용하다 보니 제 법정에 들어오는 직원들은 결 론이 어떨지 대략 아는 거예요. 그런데 사건이 어떻게 되겠냐고 가끔 묻 는 직원이 있었어요. 자연뽕이 아닌 사건이었겠지요. 어느 날도 와서 묻 기에, 사건 표지의 죄명을 보니 준강도치상이더라고요. 절도를 하다가 강도로 돌변하는 범죄지요. 가령 처음에는 물건만 훔쳐서 나오려고 했 다가 도망치면서 누군가에게 상처를 입히는 거죠. 범죄 의도가 절도에 서 강도로 변하는 거죠. 제가 내용도 읽지 않은 상태에서 "이런 게 되겠 어요"라고 말했거든요. 그러고서 기록을 보니 다리를 잘 못 쓰는 소년이 돈이 없어서 택시요금을 못 치르게 되자 제대로 된 흉기도 아니었는데 무언가로 택시기사를 찌르고 도망치다가 잡힌 거였어요. 가정환경도 어 렵지만 몸도 불편한 소년이 처음부터 강도를 저지를 생각은 없었고 무 임승차한 잘못이었던 거죠. 당황해서 그랬던 것 같아서 그냥 보호관찰 처분을 했어요. 부모에게 돌아가서 정기적인 보호관찰만 받는 걸로요.

그런데 그 직원이 아마도 그 사건에 대해 청탁을 받았던 모양이에요. 제 방에 쫓아와서 따지는 거예요. "아니, 이거 안 된다고 하시지 않았 습니까?" 저한테 그렇게 말하더라고요. 그때 깨닫게 되었지요. 제 사건을 갖고 뒤에서 뭔가를 하고 있었구나 하는 걸요. 그 사건으로 무언가 돈을 받았다가 내가 안 풀어 준다고 하니까 돌려줬구나, '강' 자가 들어 있으니 좀 많이 받았겠지, 그런데 풀어 주었으니 돈을 돌려준 게 억울했나 보구나, 짐작하게 되었지요. 그 친구가 항의하는 걸 보고 기가 막혔지만 어떻게 혼을 내야겠는지 모르겠더라고요. 어안이 벙벙하다가 갑자기 제가 "그럼 앞으로 내가, (김 계장이었는지 박 계장이었는지 기억이 안 나지만) 김 계장에게 다 물어보고 재판할게요." 이렇게 말해 버린 거예요.(웃음) 하도 기가 차니까 반어법으로 말했던 거지요.

이범준 영화의 한 장면 같네요. 영화 〈부당거래〉에서 류승범이 연기한 검사가 정만식이 연기한 수사관에게 경찰 내사(內査) 자료를 알아보라고 합니다. 수사관이 "내사에 관련해서는 경찰 쪽에서 불쾌해하는 심리가 좀 있어요"라고 답하고요. 그러니까 류승범이 유명한 대사를 합니다. "나 대한민국 일개 검사가 정말 경찰을 아주 불쾌하게 할 뻔했어. 내가 아주 큰 실수를 할 뻔했구먼. 내가 잘못했어, 내가. 경찰들이 불쾌할 수 있으니까 일들 하지 마. 경찰들 불쾌한 일들 하지 마. 경찰한테 허락받고 일해." "내 얘기 똑바로 들어. 호의가 계속되면 그게 권린 줄 알아요." 맥락은 완전히 다르지만요.

인간관계와 청탁의
틈바구니에서

김영란 뭐 비슷한 느낌이 없다고는 못하겠네요. 그랬더니 이 사람이 깨달은 거예요. 아차, 너무 나갔구나 했겠지요. "아, 죄송하게 되었습니다"라고 사과를 하고 가더라고요. 그때는 가정법원 합의부 재판에서 재판장을 배석하는 판사를 할 때였지요. 소년사건을 배석판사들이 6개월씩 돌아가며 단독으로 재판했거든요. 그래서 합의부 재판장이신 부장판사와 같은 사무실을 쓰고 있었어요.

부장판사님이 무슨 일이냐고 묻기에 상황을 이야기했더니, 혼을 내야지 그냥 보냈냐고 뭐라 하시더라고요. 그다음부터는 그 직원이 일절 제게 사건 이야기를 하지 않더라고요. 이른바 자연뽕 사건에 대해서만 뇌물을 받았을지 모르겠어요. 그런데 그 경계선에 있는 사건이라야 돈을 많이 받을 수 있는 거잖아요. 그러니 절 원망했을 수도 있었겠지요. 사실 직원이 와서 청탁하는 경우가 간혹 있거든요. 이것도 참 거절하기가 어려워요.

판사가 거절하거나 심한 말을 하고도 근무를 또 계속 같이해야 하잖아요. 그러면 결국 관계가 까칠해지거든요. 어쨌든 마음은 편치 않은 거죠. 재판장에게 와서 이야기하는 직원도 있더라고요. 그 재판장이 배석판사들에게 별 이야기를 하지는 않아요. 각자 알아서들 하는 거지요.

하지만 알아서 한다는 게 참 애매모호하지요. 알아서 '잘' 해 줄 수도 있고 알아서 '내버려' 둘 수도 있고요. 그래서 저는 사실 이런 판사 시절의 경험 때문에 공무원에게, 뇌물을 받지 마라, 올바르게 행동해라, 말하기 이전에 인간관계에서 오는 부담을 덜어 주는 장치가 필요하다는 생각을 하게 됐어요.

이범준 직원들이 판사들에게 청탁을 한다는 얘기는 놀랍네요. 전에 회사가 관련된 사건이 있었는데 2년 정도 진행이 되지 않고 있어서, 상황을 알아보라는 지시를 받은 적이 있어요. 말은 알아보라고 했지만 재판을 빨리 열어 달라는 요청이었지요. 변호사가 재촉을 해도 안 되니까 출입기자를 시킨 거죠. 그렇게 오래 재판이 열리지 않은 것은 매우 비정상적인 것이고 생각해 보면 물어볼 만도 했습니다. 그때가 법원 출입을 시작한 서른 살 무렵이었어요. 그걸 물어보고 두고두고 마음에 부담이 됐던 기억이 있습니다. 아무튼 청탁이라는 게 인간관계를 파고드는 것이란 게 여실히 드러나네요.

김영란 제가 소년사건을 하면서 또 어떤 경험이 있었냐면요, 휴가철이었는데 한 직원이 휴가비를 봉투에 넣어서 가져오더라고요. 저는 그 이유를 모르고 일단 거절했지요. 나중에야 아까처럼 자연뽕인 사건에서 어느 정도 쏠쏠한 수입이 있었던 거라고 짐작하게 되었지요. 제게 휴가비를 들고 온 직원은 휴가비를 안 받았더니 도장을 하나 새겨 왔어요. 제가 워낙 작고 볼품없는 도장을 쓰고 있으니까 새로 새겨 온 거지요. 제가 지금도 그 도장을 갖고는 있는데 판결문에는 못 쓰겠더라고요. 판결문에 쓰는 도장은 따로 만들어서 바꾸었지요. 당시에는 나에게 왜 이런 걸 갖고 오나, 나에게 뭘 잘 보여야 하나 생각했지요.

소년사건의 경우 아이들이 붙들려 있어서 절박해진 부모들이 직원이나 방호원까지 붙잡고 하소연하고 하는 와중에 봉투가 오갈 수 있는 소지가 많잖아요? 당시 가정법원 입구 방호원이 조사받고 문제가 된 적이 있어요. 제가 담당했던 사건은 아니었는데요, 조사했더니 통장으로 정말 차곡차곡 돈이 들어와 있더라는 거예요. 그 사건은 판사가 아이를 부모에게 돌려보내지 않고 소년원에 보내니까, 부모가 법원장에게 진정을 해서 알려지게 되었거든요. 그 방호원이 여러 건에 대해 그런 식으로 돈을 받았던 거지요. 본인은 자연뽕인 줄 알고 받았는데 판사는 풀어 줄 수 없는 사안이라고 판단하여 소년원에 보내자 문제가 터진 거지요.

당시는 법인카드가 없던 시절이지만, 이른바 실비(實費)라는 명목의 돈이 있었어요. 형사기록으로 보면 경제부처에는 과장이 갖고 있는 실비가 굉장히 많았어요. 세금 다루는 부처 등에서는 아래에서 위로 상납되는 금액도 있었다는 말을 들었어요. 그런 게 한번 터지면 뇌물죄로 갈 수도 있지만, 대부분 잘 터지지도 않았고 보험 용도니까 대가성이 없다고 해서 처벌되는 경우도 드물었죠. 판사실에도 실비가 있었어요. 변호사들이 많은 돈은 아니지만, 재판하느라 고생했다며 언제 판사들 식사나 하시라면서 총무를 맡고 있는 판사님에게 놓고 간단 말이지요. 총무는 다 선배 법조인이고 특정 사건에 대한 대가성 있는 돈이 아니고 하니까 거절을 못하는 거지요. 실비를 놓고 갈 수 있는 자격이 있는 변호사가 있고, 없는 변호사도 있어요. 판사들을 개인적으로 전혀 모르고 사법연수원을 갓 나온 변호사라면 못 놓고 가지요. 결국은 예전에 함께 근무했던 판사나 선후배 관계인 변호사 등 놓고 갈 수 있는 자격이 있는 사람만 놓고 가는 거죠. 제가 사법연수원 시절 10·26이 있었고, 국가보위비상대책위원회(국보위)가 들어섰을 때, 국보위에서 판사들이 뇌물을 받고 재판한다고 생각하고 몇몇 잘나가는 변호사들을 불러다가 조사했던 적이 있어요. 조사해 보니 판사들에게 실비 준 걸 빼곡하게 적어 놓은 변호사들이 나왔잖아요. 총액이 일정 금액을 넘는 사람들은 사표를 받았거든요. 그중 나중에 헌법재판소 재판관이 되신 분도 있다고 들었어요.

이범준 말씀하신 그분이 헌법재판관이 되신 게 20여 년 전입니다. 지금이라면 그렇게 쉽게 되지는 못했을 겁니다. 언론의 감시나 사회의 엄격함이 떨어진 시절 같습니다. 군사정권이 부정을 문제 삼아 사표를 받은 법조인을 민주화 이후에 대법원장이 헌법재판관으로 지명했다는 것도 아이러니하네요.

김영란 그때는 걸린 사람이 억울하다고 생각했던 시절이지요. 고약한 재판장에게는 실비를 안 주는 경우도 있고요. 그러니까 이게, 다 썩어서라기보다는 인간관계에 공사가 뒤섞여 버리는 바람에 어디까지가 인간관계 속에서 용인되는 것이고 어디까지는 안 되는 것인지 불명확한 데서 온 부분이 많지요. 공적인 업무에 사적인 관계가 영향을 미치는 걸 의식하지 못했던 것 같아요. 게다가 판사들은 엘리트라는 자부심이 막강하기 때문에, 실비를 받더라도 재판 결과에 영향받지 않는다고들 주장하고 스스로 믿는 것 같았어요. 과연 그걸 믿을 수 있을지, 영향을 받지 않는 건도 많았겠지만 결정적인 때 정말 영향을 전혀 받지 않을 것인지, 큰 액수의 뇌물이 아니라 몇만 원짜리 봉투이기 때문에 와서 따지지도 못할 거라고 생각하는 것인지 두루 의문이지요.

청탁을 막아 줄
제도가 필요하다

__이범준__ 법원 직원의 청탁 사건을 수사 의뢰를 하지 않으셨고, 당시 부장판사도 '왜 혼내지 않았냐'고만 하셨다는 건데요. 공무원이 직무 과정에서 범죄를 알게 되면 신고할 의무가 있다고 형사소송법에 정해져 있지 않습니까. 당시 법원이든 사회든 쉽게들 청탁하는 분위기였으니 그런 일을 직접 겪으시고도 수사 의뢰를 자제하신 거죠?

__김영란__ 지금은 그런 일들이 일어나지도 않겠지만 요즘 같으면 수사 의뢰했어야 하는 건이지요. 사실 공무원은 범법 행위를 보면 고발할 의무가 있지요. 그런데 잘 행해지지는 않아요. 더구나 당시 함께 일하는 직원을 수사 의뢰한다는 발상을 하기란 쉽지 않았지요. 그런 청탁을 못하게 해야지라고만 생각하는 거죠. 사실인지는 알 수 없지만 하도 청탁

이 많으면 일부러 거꾸로 판결해서 청탁을 못하게 하는 판사들도 있다고 들었어요. 민사는 청탁이 거의 없었는데 소년사건에서는 청탁이 많았지요. 소년사건은 민사사건과는 달리 판사 재량권이 크잖아요.

이범준 아까 변호사를 소개해 달라는 부탁에 가까운 변호사와 실력 좋은 변호사 가운데 고민하셨다고 말씀하셨는데요, 가까운 변호사는 사건을 맡은 재판부와 가까운 변호사를 말씀하시는 건가요?

김영란 저와 가까운 변호사라는 뜻으로 말한 거였어요. 실력 좋은 변호사라는 건 모르는 변호사이지만 법률 실력이 뛰어나니 추천할 만한 사람을 뜻하죠. 준비서면을 써 내거나 법정에서 변론하는 걸 보면 실력이 좋은지, 성실한지, 실력도 별로이고 무성의한 변호사인지 알 수 있으니까요. 그것도 굉장히 중요한 정보예요. 공적인 일을 하면서 알게 된 정보를 가까운 지인에게 써먹는 거죠. 물론 대가관계가 없다 해도요. 그래서 변호사를 추천해 달라는 말을 과연 판사가 들어줘야 하는 것인지, 그것도 괴롭더라고요. 일반인들은 판사가 제일 정확하게 알 거라고 기대하지요. 실력이든 재판부와의 친소관계든 종합적인 정보에 접근하기 유리한 위치니까요. 때로 저는 그 사건에 대해 잘하는 변호사가 누구인지 먼저 알아보고 와서, 후보군 중에서 물어보면 예, 아니요로 답해 줄 수는 있다고 말하기도 했어요. 판사는 변호사 추천해 주면 안 된다고 단호히 말하게 된 지가 얼마 안 되었어요.

이범준 재판에 닥쳐 보면 누가 좋은 변호사인지 아는 것은 값을 매기

기 힘들 정도로 엄청난 정보라는 걸 알게 됩니다. 거기에다 판사의 이름을 대면서 찾아간다면 소송 당사자에게 대충 따져도 수억 원대의 가치가 되죠. 정보가 중요한 재화인 것은 분명합니다. 다른 얘기지만 기자들은 보도를 위해 정보를 모으는 것이 업무인데도, 고급 정보를 얻으려면 기자들도 어떤 식으로든 대가를 지불합니다.

<u>김영란</u> 그렇죠. 그래서 변호사를 알려 주면서도 개운하지 않았어요. 아무튼 판사들이 부닥치는 이런 문제들에 대한 실제 매뉴얼이 정말 부족하구나 싶었어요. 판사는 사법연수원에서 판결 쓰는 교육만 주로 받았으니까, 실제로 변호사 추천을 부탁받을 때나 다른 사람이 청탁을 해 올 때 어떻게 행동해야 하는지 알기 어려웠지요. 세세한 매뉴얼을 만들어 놓고 지키도록 해야 할 필요를 느꼈지만 그런 매뉴얼은 없었어요. 제 판사 시절의 경험이 국민권익위원장(권익위원장)의 업무 수행에 영향을 많이 미쳤다고 할 수 있지요.

<u>이범준</u> 2006년에 대법원 규칙으로 법관윤리강령을 만들었습니다. 판사들이 관련된 법조비리가 잇따라 터지던 때입니다. 겨우 일곱 개 조항이고 내용이 없습니다. 허탈하더라고요. 제가 일본에 잠깐 있었는데요. 은행에 계좌를 만들러 갔더니 행원이 외국인 상대법을 찾는다고 업무 매뉴얼을 꺼냈어요. 어림잡아도 2천 쪽은 되겠더라고요. 이걸로 끝이 아닙니다. 일본 후지TV 프로그램 중에 〈매뉴얼 소사쿠대〉라고 있습니다. 수색과 창작의 일본어 발음이 모두 '소사쿠'인데, 이 두 가지 의미를 담은 제목입니다. 매주 특정 상황의 매뉴얼이 존재하는지 국내

외를 가리지 않고 찾아보고, 없으면 그때부터 만드는 프로그램입니다. 그래서 수색과 창작입니다. 한번은 외계인을 만났을 때 대응 매뉴얼이 주제였어요. 방송사에서 미국항공우주국(NASA)과 유엔(UN) 본부까지 연락하지만 결국 못 찾습니다. 그러자 국방전문가인 방위대신 출신 이시바 시게루(石破 茂) 중의원과 함께 매뉴얼을 만들었습니다. 이런 나라여서인지 서점에 가면 매뉴얼 만드는 매뉴얼도 수두룩합니다.

김영란 일본은 지나친 매뉴얼사회라고들 하지만 우리는 지나치게 매뉴얼이 없는 사회지요. 있는 매뉴얼도 잘 안 지키는 것은 말할 것도 없고요. 더구나 판사들은 윤리라는 건 판사들이라면 저절로 알게 되는 것이라고 생각하고, 강령을 만들어 주입시킨다는 것 자체에 대해 거부감을 가지는 편이지요. 하지만 저는 구체적인 강령이 필요하다고 생각해요. 가능한 한 매뉴얼에 구체적으로 담아야 하고, 매뉴얼에 미처 담지 못한 문제에 대해서는 윤리사무소에서 답을 알려 줘야 한다고 생각해요. 판사들뿐 아니라 공기업이든 사기업이든 윤리사무소를 두고 윤리에 관해 질문을 하면 답을 주는 전담부서가 있어야 한다고 생각해요. 예를 들어 법원의 경우라면, 동창이든 가족이든 변호사를 소개해 달라는 청탁이 있을 때 대응 방법에 대해 매뉴얼을 찾아보도록 하고, 매뉴얼에 없으면 전담부서에 질문하게 해서 답을 해주는 시스템이 있어야 한다는 거지요. 가까운 가족이 아니라면 소개해서는 안 된다든지 하는 답을 주는 부서요. 가령 유엔 본부에도 윤리국이 있어요. 반기문 전 사무총장이 처음 만들었는지 아닌지 문제가 됐던 곳이죠. 이런 윤리국들이 하는 일이 그런 것들이거든요. 윤리국은 감시하는 기관이 아니라 이해충돌 상황에 대한 판단을 내리는 곳이지요.(이해충돌에 대해서는 나중에 자세히 얘기 나누기로 하죠.)

판사들은 법에 어긋나는지 아닌지를 판단하는 데 훈련된 사람들이지 윤리에 대해 세세하게 판단하는 사람들은 아니지요. 예를 들어 뇌물이냐 아니냐 따질 때 금품수수가 먼저이고 청탁이 나중에 이루어져서 시간적으로 분리되면 뇌물이 아니라고 하잖아요. 그렇다면 그 부분은 뇌물죄가 아니라 윤리의 문제가 되겠지요. 뇌물 여부는 판사가 판단할 일이지만, 윤리 문제까지 판사 개개인에 맡겨 둘 일은 아니라는 거지요. 국회의원이면 국회의원 윤리강령이, 건설 업무면 그에 해당하는 윤리강령이, 언론인이면 언론인 윤리강령이 있어야 하죠. 직역별 윤리강령이 필요한 거지요. 공무원 행동강령은, 2003년 부패방지위원회 시절에 만들어졌는데 행정부 공무원에게만 해당하는 강령이고 사법부나 입법부 공무원에게는 해당하지 않아요. 사법부나 입법부에서는 구체적인 강령을 만들라고 해도 만들지 않았지요. 행정부조차도 행동강령을 어긴들 제대로 처벌하지도 않고요. 그래서 제가 아무도 지키지 않는 행동강령이 아니라 지켜야 하는 법을 만들어야겠다고 결심하게 된 거죠.

소액이 무섭다

이범준 삼성 구조조정본부 법무팀장이던 김용철 변호사가 쓴《삼성을 생각한다》라는 책을 보면 언론인은 소액에 매수가 가능한 직업이더라, 라고 돼 있습니다. 진실 적시(摘示)에 의한 명예훼손이죠.(웃음) 제가 2000년대 초반에 기자가 됐는데 돈봉투를 받는다는 것은 과거의 얘기로만 들어 봤습니다. 딱 한 번 지방에 법무부 관련 행사 취재를 갔는데 지역 유지라는 분이 돈봉투를 주려고 했습니다. 봉투가 나타나니 반감이 확 들더군요. 오히려 평소에 밥 사고 작은 선물 주고받으면서 쌓는 인간관계가 힘이 센 것 같습니다.

김영란 그렇게 생각하면 판사도 소액에 매수 가능하지요. 소액이라서 부담이 없는 거예요. 큰 금액이면 기자든 판사든 오히려 안 받는 사람이 더 많겠지요. 그리고 밥 사고 상품권 주는 게 다 사람 사이에 오가는 정이라고 생각하지요. 그런 걸 규제하자고 나서니까 저더러 '방부제만 먹고 사는 여자'라고들 하시던데요.(웃음) 모르는 사람이 그런 소액을 가지고 와도 정을 쌓아야 하니까 받아야 하나 질문을 해 보면 정을 쌓는다는 말이 얼마나 그럴싸한 포장인지 알 수 있지요. 소액이라도 아는 사람이 줄 때만 받으니까요. 예를 들어 서울 서초동 법원은 크니까 아는 사람끼리만 그런 정을 쌓겠지만, 작은 규모의 지방 법원이면 근처 개업 변호사 수가 빤하잖아요. 판사 수도 얼마 안 되니 명절 때 전체 법원에 상품권을 돌리기도 했는데 그걸 판사들이 받아야 하나 말아야 하나 고민이 되죠. 저도 거절하기가 참 어려웠어요. 저에게만 주면 안 받았겠지만 한방에 있는 판사들에게 다 주는데 저만 안 받기가 그렇더라고요.

이범준 제가 기자가 되어 삼성에서 처음 받은 상품권에 '시착권'이라고 적혀 있었어요. 저는 그때만 해도 순진해서 옷을 입어 볼 수 있다는 뜻인 줄 알았는데 20~30만 원짜리 상품권이더라고요. 이미 받은 상태여서 굉장히 오랫동안 부담이 되었습니다. 서울시에서 버스·지하철 환승할인이 가능한 교통카드 시스템을 만든 곳이 LG CNS 컨소시엄이었어요. 이 무렵 LG 홍보실이랑 밥을 먹었는데 교통카드를 주더라고요. 지하철역에서 잔액을 확인해 보니 10만 원이 들어 있었습니다. 다음 날 등기우편으로 돌려보냈는데, 지금도 그 영수증을 가지고 있습니다. 사실 그 자리에서 선후배 세 명과 같이 받았는데 저만 돌려보낸 거죠. 당시 LG 홍보팀과 어색한 사이가 된 것은 물론이고요.

김영란 변명이지만 저도 딱 거절하고 싶은데 옆 판사들 눈치가 보여서 못하겠더라고요. 그리고 주는 사람이 평소 잘 알던 사람이 아니라 사법연수원 나온 지도 얼마 안 되는 잘 모르는 변호사고, 남들이 하니까 자기도 할 수 없어서 하는 그런 경우라면 돌려주기가 더 어려웠어요. 내 것은 받지도 않는다는 식으로 받아들일까 싶어서 거절을 못하겠더라고요. 이러니까 참, 인간관계라는 말이 좋은 말인가(웃음) 생각해 보게 되지요. 그런 인간관계를 끊지 않고 판사가 올바른 판단을 할 수 있을까요. 모든 인간관계를 버리라는 말까지 하고 싶어지더라고요.

사법연수원 시절 사법연수원 부원장이 상을 당하셨을 때 상가에 갔다
왔던 연수원 동기들이 그랬어요. 동네 사람들이 이분이 너무 청렴하고
모든 청탁을 거절하신 분이어서 오히려 인심을 잃었다더라. 하기에 따
라서는 인간관계를 잃게 되긴 합니다. 그래서 공무원을 위해, 인간관계
도 잃지 않으면서 청탁도 거절할 수 있게 해 줘야겠다 싶었어요. 당시
우리 경제가 급속히 성장할 때였지만 공무원 월급이 대기업 과장, 부
장처럼 오르지는 않았어요. 집에서 넉넉히 용돈 받아 쓸 수 있는 사람
과 그렇지 않은 사람이 있으니 쉽게 말할 수도 없는 문제였고요. 당시
에도 개개인의 윤리적 기준에 따라 해결하라면 부담이 될 수 있는 부
분이어서, 집단 윤리가 필요하다고 생각했습니다. 관련된 기관의 수장
이 되리라는 건 상상도 못했지만요.

이범준 제가 시착권을 돌려주지 않은 이유에는 삼성에서 받았다는
점도 있는 듯합니다. 그렇다고 LG는 만만하다는 뜻은 아니고요. 삼성
일로 마음에 부담이 생기니 이후 LG에는 돌려준 것 같습니다. 반면 어
느 지역 유지가 주려고 하는 돈봉투를 거절한 것은 현금이기도 했지
만 정체를 알 수 없는 사람이라는 이유도 있습니다.

김영란 기자의 경우에도 대기업이 주는 상품권은 안심하게 되는 효
과가 있는 거겠죠. 대기업하고의 어떤 특별한 관계 때문이 아니라 다
주는 것이다, 이렇게 희석 효과가 생기니까요. 일률적으로 다 돌리는
거였을 테죠. 그전에는 기관장들이 기자들에게 봉투를 돌리곤 했어요.
특별한 기자에게만 준 게 아니라고 말할 수도 있지만, 각 기자 입장에

서는 기사 잘 써 달라고 준 것으로 생각할 수 있으니 문제가 될 수도 있는 거지요. 하지만 나한테만 준 것도 아니고 특정 기사를 지칭한 것도 아니니 희석될 수 있는 거고요.

공무원들이 민원창구에서 민원인으로부터 돈을 받기도 했어요. 이른바 급행료라는 거지요. 그러다가 아는 사람에게만 받는 걸로 바뀌어 갔지요. 금액은 커졌지만요. 예를 들어 법원에서는 같이 근무하던 사람이 나가서 법무사가 되면 그쪽을 통해 받고, 판·검사는 변호사를 통해서 받는 거지요. 모르는 사람으로부터는 안 받는 식으로 되었지요. 받되 친분을 쌓는 거지 뇌물은 아니라고 생각한 거지요.

<u>이범준</u> 대기업 중에는 사안이 발생했다고 일일이 신문사로 찾아오지 않는 경우도 많고요. 그렇지만 기자들은 알게 모르게 톤을 조정할 수도 있는 거고요. 어떻게 보면 일종의 자기검열 효과를 주는 것 같습니다. (웃음)

처벌법이 아닌 청탁을 거절할 매뉴얼

<u>김영란</u> 이 법(청탁금지법)의 구조는 어쨌든 해결 방법을 제시하는 거예요. 돈을 주거나 청탁을 해 오면 이렇게 회피하라, 이해충돌 상황이 생기면 이렇게 회피하라. 공무원에게 그런 상황에서 빠져나올 수 있는

매뉴얼, 즉 받지 않아도 되는 구체적인 방법을 제시하는 법이죠. 당신의 청탁을 받으면 내가 처벌받으니 나는 청탁을 받을 수 없소, 다시 한 번 더 청탁하면 신고하겠소, 하는 거죠. 누군가 자동차에 금품이 든 박스를 놓고 가면, 지체 없이 돌려주면 되지만 그럴 수 없을 경우 기관장에게 신고하라고 되어 있지요. 그런 식으로 방법을 마련해 준 법이에요. 그게 이 법의 기본 구조인데, 충분히 구현을 못한 것인지 여러 말썽이 생기고 있는 거지요. 게다가 아무도 매뉴얼을 정한 법이라 생각 안하고 뇌물죄를 처벌하는 법이라고 생각들 하더라고요.

어쨌든 인간관계를 끊게 하는 것이 옳은지 말들이 많지만, 공직에 인간관계를 섞으면 곤란하다고 생각해요. 공적인 업무를 의심받을 수 있는 관계는 끊어야지요. 그 기준을 자세히 정해 주고 지키게 해서 공직자가 공직을 출발하면서부터 오염을 방지하도록 하는 거지요. 하위직 공무원 시절에는 인간관계를 누리며 살다가 갑자기 고위공직자가 되고 부장판사가 되고 대법관이 되어서 달라질 수 있을까요? 그렇게 생각하면 청탁금지법을 고위공직자에게만 해당되도록 하자는 일각의 주장을 받아들이기는 어려웠지요.

이범준 거절할 수 있게 해 주는 법이라는 말씀이네요. 우리가 누군가의 부탁을 거절하기 힘든 이유는 인간관계 때문이고, 인간관계는 일대일 관계가 아니라 커다란 구조 속의 하나인 경우가 많습니다. 제가 기사로 법조인 누군가를 강하게 비판하고 나면 취재원이 우수수 떨어집니다. 제 경우 사회생활 대부분이 법조기자 경력입니다. 이렇다 보니 취재원이 사라지는 정도가 아니라 인간관계가 무너지는 셈입니다. 비판 기사를 내보내기 시작하면 정말 생각지도 못한 데서 전화가 걸려옵니다. 기자가 전화를 안 받을 수도 없고, 제 자신을 보호하기 위해서라도 모진 소리도 하는데요. 그러고 나면 일일이 말하기 힘든 괴로움을 겪습니다. 그나마 기자는 사회에서 그러려니 하고 봐주는 게 있어서 버티는 편이고요.

<u>김영란</u> 제게 너는 아닌 걸 아니라고 말하며 살아왔냐고 누가 묻는다면, 저도 그리 자신이 없거든요. 아닌 걸 아니라고 말하는 데는 굉장한 용기가 필요해요. 그러니까 아닐 때 아니라고 말할 수 있는 문화를 어떻게 키울 것인가 하는 고민을 많이 하게 되었지요. 저는 이 법이 그에 대해 조금이라도 훈련을 시켜 준다고 생각해요. 청탁이 들어오면 부정한 청탁이니 거절하라고 말하는 법이니까요. '누구든지 부정한 청탁을 해서는 아니 된다. 부정한 청탁을 받으면 부정청탁임을 알리고 이를 거절하는 의사를 명확히 표시하라. 그런데도 동일한 부정청탁을 다시 할 경우 신고하라' 이렇게 되어 있거든요? 제가 이 법을 만든 의도는 '아닐 때 아니라고 말해라'예요.

저도 공직생활을 하면서 가까운 친구가 부탁하면 면전에서 안 된다고 못했고, 선배가 부탁해도 마찬가지였거든요. 아니라는 말을 명확하게 하는 것도 훈련이 필요하지요. 우리는 오히려 윗사람에게 노(No) 하면 버르장머리 없는 사람이라고 배우잖아요. 그러나 적어도 공직자라면, 버르장머리 없는 사람이 되어야 하고 이 법이 그런 훈련을 시키는

법이 되어야 한다고 생각했어요. 제가 No라고 말을 못하는 성격입니다. 심지어 권익위원장직을 수락한 것도 어떤 면에서는 No라고 말 못하는 이 성격 때문이었지요. 그래서 부정한 청탁을 개인의 능력으로 막도록 내버려 두지 말고 시스템으로 막자, 그런 생각으로 이 법을 만들게 됐지요. 우리 사회에서 갈수록 그런 시스템이 더 필요해지고 있다고 느낍니다.

그런데 No라고 못하는 이유가 처음에는 인간관계 때문이었는데, 나중에는 점점 더 발을 담그고 빠져들면서 못하게 되는 거거든요. 그러면서 결국 자신도 이익을 챙기게 되고요. 에라, 이미 빠진 거 내 이익이나 더 챙기자 하는 거죠. 고위공직자들 행태를 보면 잘 알 수 있잖아요. 기왕 흙탕물에 발을 담근 몸 이득이나 챙기자, 이렇게 되는 거죠. 어떤 분이 변호사 개업을 했는데 정말 변호사 하기가 힘들다고 하시더라고요. 평소 활달한 성격이어서 변호사가 적성에 잘 맞고 성공할 것 같았는데 그렇게 말씀하기에 의외라고 생각되었지요. 변호사를 시작한 지 얼마 되지도 않았는데 그렇게 말씀하니까요. 그래서 제가 더 열심히 하셔야 하는 거 아니냐고 했지요. 그랬더니 "지금도 발목까지 진창에 빠져 있는데, 목까지 담그라고요?" 하시더라고요. 오래전 일인데도 인상적이어서 지금도 생생해요. 마음이 너무 아팠어요. 왜 그렇게 선망하는 직업을 가진 엘리트들인데 진창에 목까지 담가야 하는지, 그런 사회를 그냥 두고 볼 것인지 그분을 보면서 느끼는 게 많았어요.

이범준 전관 변호사들도 고민이 많군요. 전·현직 판사와 함께하는 자리에서 보면, 전관 변호사는 판사를 만나면서 미안해하고 판사는 마지못해 나오는 인상도 들더라고요. 저 같은 기자까지 끼어 있으니 더욱 어색한 자리였겠지만요. 물론 구체적으로 제각각입니다. 사법부도 좁은 바닥이라 분명히 법복을 벗은 변호사인데 법원에 영향력을 행사하는 거물이 있고요. 그런 경우 경력이 짧은 판사들은 오히려 변호사에게 비위를 맞추는 모습도 보입니다.

<u>김영란</u> 그게 참 그래요. 어제까지는 옆방에서 일했던 선배인데 단번에 안면을 바꿀 수가 없지요. 밥 한번 먹자는데 거절하기도 어렵고요. 거절하라고 명확하게 규정하는 윤리강령 없이 거절할 수는 없다고 생각해요. 그래서 사법부에서 법관윤리강령을 구체적으로 만들어야 할 필요가 있지요. 아주 가까운 변호사 친구와 밥을 먹을 때조차도 같이 내거나 제가 내거나 하지 않으면 한 번도 마음 편했던 적이 없어요. 왜 불편한 걸 참고 밥을 먹어야 하는지 모르겠더라고요. 계속 그렇게 하다 보면 약간 무뎌질 수 있는데, 무뎌지지 않도록 처음부터 지켜 주면 되잖아요. 그깟 밥 하나 먹는 것 가지고 정(情)도 못 나누고 너무 심한 것 아니냐며 말하는 사람들도 있지만, 그깟 밥 한 끼가 발목까지, 결국 목까지 잠기게 하기 때문에 처음부터 규정을 만들어 지키게 할 필요가 있지요. 어떤 부장판사의 경우 때로 후배들을 모아 놓고 거하게 밥 사면서 결국 계산은 스폰서 불러 하시더라고요. 본인 돈으로는 절대 안 사시고요. 본인 돈으로 안 살 거면 밥을 왜 사나 싶었어요. 변호사를 불러서 밥값을 내게 하는 그 발상을, 저는 끝까지 이해하지 못했어요.

권익위원장으로서
해야만 하는 일

이범준 다른 얘기를 좀 여쭤 볼게요. 대법관 퇴임하시고 변호사로 개업하지 않으신 건 워낙 유명한 얘기고요. 퇴임 후 권익위원장으로 가셨는데요. 대법관까지 마치신 분이 가기에는 자리가 좀 옹색하지 않나 그런 말도 많았고요. 결과적으로는 대법관 김영란은 모르는 사람이 많았지만, '김영란법'의 김영란은 모르는 사람이 없게 됐습니다.

김영란 제가 2010년 8월에 대법관 퇴임하고 나서 그다음 달에 이명박 당시 대통령에게 훈장을 받으러 갔어요.(대법관직에서 퇴임하면 청조근정훈장을 모두 받아요.) 이 전 대통령이 왜 변호사를 안 하냐고 물으시더라고요. 당연히 변호사를 할 텐데 안 한다는 것이 인상적이었나 봐요. 그때 저를 기억해 둔 것 같아요. 그런데 당시 청와대 비서실장이 남편(강지원 변호사)에게 먼저 전화해서 권익위원장 자리를 제안했어요. 남편에게 얘기를 전해 듣고 저는 안 하겠다고 했고요. 청와대 측에서 계속 설득하기에 다른 대법관들에게 전화해 보기도 했어요. 누(累)가 된다고 말씀하시는 분들이 있으면 그 핑계로 거절할 작정이었지요. 그런데 의외로 그렇게 누가 될 것 같지는 않다는 이야기들을 많이 하시더라고요. 그래도 저는 며칠간 계속 거절하다가 결국 거절할 핑계를 만들지 못하고 수락해 버린 거지요. 2011년 1월에 국민권익위원회(권익위원회)로 가기로 정해지자 민주당 원내대표이던 박지원 씨가 연민의 정을 느낀다고 그랬잖아요.* 그 외에도 제가 욕을 엄청 많이 먹었어요. 저조차도 대법관 출신이 가도 괜찮은 자리인지 아직도 확신이 없어요.

다만 저는 권익위원회 업무는 부패방지, 행정심판, 고충처리니까 (법원과 유사하게) 준사법기관적 성격이 있다고 생각했어요. 행정에 대한 감시 업무나 조정 업무를 할 수 있는 제3자적 기관이라는 거지요. 국가인권위원회와 비슷하게요. 그렇다면 대법관 업무와 그리 부딪치지 않고 오히려 유사점이 있을 수도 있다고 제 마음과 타협을 하고 가기로 한 거였습니다.

이범준 권익위원장이 되지 않으셨다면 청탁금지법을 만드는 데 나서지 않으셨을 것 같은데요. 권익위원장이 되시면서 법안을 만들자는 생각을 굳히신 건가요.

김영란 권익위원회 업무 중 부패방지 업무는 제도를 만드는 정책 업무예요. 사건 해결이 주된 업무가 아니고요. 업무로 주어졌으니 생각하기 시작했던 거지요. 권익위원회에서 부패방지를 위하여 하던 기존 업무 외에 더 근원적인 게 없을까, 부패방지 정책에서 가장 시급한 게 무엇인가 생각해 봤지요. 제 경험을 토대로 공무원을 청탁과 스폰서 관계에서 해방시켜야겠다고 결론 내렸어요. 공무원은 출발하면서부터 스폰서들이 접근하기 시작하니까요. 처음부터 관계를 어떻게 맺을지를 알려 주는 매뉴얼이 있어야 하고, 권한이 점점 더 커져도 부패하지 않고 행사할 수 있게 해 줘야겠다고 생각했습니다.

---

* "대법관이 장관도 아니고 장관급인 권익위원장으로 가는 것은 어쩐지 어울리지 않고 (중략) 서글픈 생각이 든다. 우리나라 대법관들이 그런 곳으로 갈 수밖에 없을 정도로 권력 지향적인가, 우리가 얼마나 존경했던 김영란 대법관인가, 참으로 연민의 정을 느낀다." 2011년 1월 6일 민주당 의원총회 발언.

이범준 법관들은 업무의 성격상 수동적이고 소극적이잖아요. 하지만 교수님께서 청탁금지법의 국회 통과에 아주 적극적으로 나섰습니다. 정치인 출신이라도 이렇게 열심히 하기는 힘들었을 거라는 생각이 드는데요. 김두식 경북대학교 법학전문대학원 교수와 대담집《이제는 누군가 해야 할 이야기》도 내셨고요. 퇴임 이후에도 활동을 이어 가 법안을 통과시킨 것은 쉬운 일이 아니었을 것 같습니다.

김영란 권익위원장이 된 이상, 제대로 해야 하잖아요. 이름만 올려놓고 임기만 채우고 나올 수는 없고 어떻게든 잘되게 해야 하는 책임감이 있었지요. 그러던 중 사표를 내놓고 수리가 안 되고 하는 와중에 대외활동도 축소시키면서 그 대신 무엇을 할까 생각해 봤어요. 월급 받고 있는 사람이 사표 냈다고 사무실에 앉아서 시간을 죽일 수는 없었지요. 곰곰 생각하다가 권익위원장을 하면서 느낀 바를 정리해서 알리는 것이 좋겠다 싶었어요. 그 방법으로 우리나라에서 반부패학을 전공한 권위자 몇 사람과 제가 대담집을 내면 어떨까 했고요. 그런데 반부패학에 대해 대담할 만한 대중적인 교수가 떠오르지 않았어요. 그러다가 김두식 교수를 떠올렸지요. 그분의 저서《불멸의 신성가족》이 가진 문제의식과 제가 갖고 있는 문제의식이 비슷해서요.

또, 공직에 있으면서 사익과 충돌 지점에 있을 때의 행동에 관한 매뉴얼이 필요하다는 점을 널리 알려야겠다고 생각했지요. 정에 사로잡혀 맺어 온 관계가 공익에 나쁜 결과를 빚을 수도 있고, 공정하게 일해 왔지만 저 사람과 저 사람은 가까운 관계니까 봐준 거라는 의심을 살 수도 있잖아요. 정으로 하는 일들이 우리 사회에 반드시 좋은 것만은 아니라는 생각을 전파해서 입법의 필요성을 느끼게 하고 싶었지요. 이 법이 꼭 시행되지는 않더라도, 우리 사회에는 이 법이 제시하는 수준의 윤리의식과 윤리 기준이 필요하다고 사람들을 설득해야 한다고도 생각했어요. 법안 통과도 물론 목적이었지만, 그보다 공직자뿐 아니라 우리 국민 스스로 윤리 기준에 대해 생각해 보게 하자는 목표가 있었어요.

사실 법을 만들 때 부칙에다가, '이 법은 공포 후 1년이 경과한 날부터 시행한다. 다만 처벌규정은 공포 후 2년이 경과한 날부터 시행한다.' 이렇게 해 놨어요. 여러 부작용도 대비하고, 권익위원회에서 홍보하고 연습한 다음 체화하는 기간을 두자는 거였죠. 저는 사람들이 이 법이 제시한 기준을 받아들이는 게 무척 중요하다고 보았어요. 호응이 없다면 만들어도 소용없는 법이니까요. 과거 미국의 금주법처럼요. 이 법이 왜 필요한지 스스로 학습할 수 있게 하는 과정이 필요하다고 생각했지요. 대담집도 그런 의도로 낸 거고요.

이범준 청탁금지법이 여론의 지지를 받으면서 입법화에 성공한 또 다른 계기로 2014년 4월 16일 세월호 침몰 사고가 꼽힙니다. 청탁금지법 헌법소원 사건 헌법재판소 결정문에도 세월호 참사가 입법 계기였다고 적고 있습니다. 세월호 사고는 대한민국의 부정이 켜켜이 쌓여 일어난 참사라는 공감대가 있었다는 평가가 많습니다.

김영란 네, 저도 이 법은 국회 담당 상임위원회인 정무위원회를 거치면서 사라져 버릴 수도 있다고 생각했어요. 세월호 사고가 아니었다면 통과가 어려웠을 거라는 데 동의해요. 세월호 참사 이후로 정부에서 대책을 만들어야 하는데 마땅한 대책이 없었잖아요. 그런데 이 법이 총체적인 부패에 대한 대책을 담고 있으니까 국무총리실에서 누군가가 대책으로 넣었다고 하더라고요. 국민들이 납득할 수 있는 뭔가를 해야 하니까요. 그러고서 정무위원회에 통과를 요청한 거지요. 야당은 원래 찬성했었고, 여당은 청와대에서 추진하니까 여야 이해관계가 일치해서 통과시키기로 했다는 거지요.

당시 정무위원회 간사가 김용태 새누리당 의원, 김기식 민주당 의원 두 분이었어요. 법안심사소위원회를 거치면서 두 분 의원이 왜 EBS와 KBS는 들어가 있는데 MBC는 없냐면서 언론사 다 넣자고 하고, 또 사립학교도 다 넣자고 해서 전격적으로 법의 적용 대상이 확대되었다고 들었어요. 또 확인할 수는 없지만 언론사를 넣으면 법제사법위원회로 넘어가서 결국 기자들 때문에 이 법이 폐기될 것이다라는 농담 같은 희망도 있었다고 하고요. 법제사법위원회 갔을 때 위원장이 표현의 자유 침해라면서 굉장히 반대했지요. 그전에 저에게, 법제사법위원회 오면 꼭 통과시키겠다고 전화를 두어 번 하셨는데, 언론 부분을 넣은 뒤부터는 반대로 돌아서셨지요. 제게 전화하셨길래 제가 언론 부분을 반드시 넣어야 한다는 입장은 아니었지만, 이미 들어가 있는데 그냥 넣고 가는 게 낫지 않겠냐고 했지요. 본회의에 빨리 올려서 통과시키지 않으면 시간이 없는 상황이었으니까요. 그랬더니 그 뒤로는 연락이 없으시더라고요. (웃음)

이렇게 좀 무리하게 통과가 되었지요. 검사 출신인 권성동 새누리당 의원, 김진태 새누리당 의원 이런 분들도 반대의견을 냈지요? 기권하신 분도 있고. 하지만, 의외로 전체적으로는 반대도 크지 않게 통과가 되었지요. 그런데 언론 부분 때문에 대통령이 거부권을 행사해야 한다는 말도 있었고, 법 적용 대상자가 너무 많다는 이야기도 나왔지요. 저는 어차피 전 국민이 대상이라 생각했어요. 부정청탁하면 다 걸리니까요. 저로서는 법의 통과도 중요했지만, 청탁하고 접대하고 접대받고 하는 모든 게 문제가 된다는 경각심을 갖도록 하는 게 더 중요한 목표였어요. 그런 생각이 뒷받침되어야 이 법이 받아들여지는 거라고 생각했어요.

이범준 청탁금지법 제안이 법관으로서 경험에서 시작됐고 이후 여러 어려움을 뚫고 입법에 성공한 과정을 들었습니다. '김영란법'이란 별칭이 무색하지 않다는 생각이 듭니다. 그런데 입법과정에서는 국회안이 원안과 얼마나 부합하느냐는 논쟁이 있었습니다. 교수님께서 이 법의 소유권을 확실히 장악했다는 방증인데요. 원안과 시행법이 어떻게 다르고 원안의 핵심은 무엇이었는지 본격적으로 들어보고 싶습니다.

2
<u>권익위의 김영란법,</u>
<u>국회의 김영란법</u>

부정청탁 및 금품 등 수수의 금지에 관한 법률,
김영란법의 정식 명칭이다.
현재 시행 중인 법은 원안자인 김영란 교수가
생각한 것과는 조금 다르다.

금지되는 부정청탁이란 무엇인지,
민간은 어디까지 포함해야 하는지,
3·5·10은 어떻게 나온 것인지 등등
김영란법의 시작에 관해 듣는다.

적용 대상과
부정청탁의 정의

이범준 이 법의 정식 명칭은 '부정청탁 및 금품 등 수수의 금지에 관한 법률'입니다. 하지만 시민 대부분은 '김영란법'이라고 부릅니다. 입법 단계부터 지금까지 계속 그렇습니다. 국회 입법 논의 과정에서도 언론들이 원안자에게 물어보자고들 했고요. 후임 권익위원장의 답변에는 별로 관심들이 없었습니다. 법안이 통과된 다음에도 누구 때문에 밥을 못 얻어먹는다고들 했고요. 아마도 사람들은 지금 시행되는 청탁금지법이 교수님이 권익위원장 시절 만든 법과 내용이 같다고 생각하는 것 같습니다.

김영란 2011년 6월 14일 국무회의에서 제가 장차 이런 입법을 하겠다고 말했어요. 그리고 이틀 뒤 〈문화일보〉가 사설에서 '김영란법'이라고 이름을 붙여서 초기부터 계속 그렇게 된 거였어요. 작명자는 언론사였던 셈인데, 책임은 결국 저에게 돌아오게 되었네요.(웃음)

이범준 국회를 통과한 청탁금지법의 위헌 여부에 대해 언론에 입장을 밝히신 적이 있지요. 헌법재판관도 아니고 국회의원도 아닌 법안의 원안자에게 위헌성에 대해 묻는다는 건 드문 일입니다. 이 법에 대한 교수님의 영향력을 시민이나 언론도 인정하는 것이지요.

<u>김영란</u>   2015년 3월 3일 국회에서 청탁금지법이 통과되니 언론사에서 저를 찾기 시작했어요. 저는 어떤 전화도 받지 않았지요. 제 손을 떠났고 권익위원장이 따로 있는데 아무 권한 없는 제가 생각을 얘기해 봤자 책임질 수도 없는 거니까요. 다음 날 3월 4일에 오스트리아 빈에서 회의가 있어 출국을 해야 했어요. 제가 공항으로 가는 동안 저를 찾는 기자들이 뒤늦게 제 출국 사실을 알게 되었지요. 그런데 언론사마다 인천국제공항에 상주하는 기자들이 있었던 거예요. 그 기자들이 연락을 받고 인천국제공항에서 저를 기다린 거죠. 저는 그럴 거라고는 꿈에도 생각 못했고요.

그날 제가 프랑스 파리로 간다는 보도가 나왔는데, 사실 파리에서 빈으로 갈아타는 비행기였어요. 제가 체크인하는 걸 기자들이 보고 있었던 거죠. 그렇게 주변에 기자들이 있다는 것도 모르고 데스크에서 돌아섰더니 그때부터 플래시가 터지더라고요. 너무 당황해서 화장실로 피해서 생각해 보니 피할 일이 아니더라고요. 그래서 제가 다녀와서 기회를 만들어 보자고 기자들에게 그런 식으로 이야기를 했어요. 그러고는 다시 피했다가 시간이 임박해서 게이트로 갔더니 게이트에까지 와 있더라고요.

빈에서 회의가 끝나고 마지막 날은 참석자들이 다 모여서 하는 행사가 있었는데, 제가 일정을 마치고 돌아오면 귀국 날짜가 이미 알려졌을 테니 공항에서 난리가 나겠다는 생각이 들었어요. 그래서 양해를 구하고, 마지막 날 행사에는 참석하지 않고 하루 전에 입국했지요.

그리고 집에서 조용히 생각을 정리했어요. 그런 뒤 학교로 와서 로스쿨 원장님과 상의를 했어요. 원장님이 학교에서 간담회를 하자고 해서 제게 연락처를 남긴 기자들에게 제가 직접 전화나 문자로 알렸지요. 결국 각 언론사에서 다 알게 되었고요. 그때 100명 가까이 왔는데, 저는 그렇게들 많이 올 줄 모르고 자료를 50여 부 프린트했지요. 로스쿨 원장님이 직접 다 프린트해 와서 나눠 줬는데 모자라서 더 해 오기도 했고요. 이걸 왜 미리 안 주었냐고 하는 기자도 있어서 제가 직전까지 고치느라고 미리 드릴 수가 없었다고 해명하고 그렇게 간담회를 시작한 거예요. 부분적으로 생중계도 되었지요.

이범준 입법에 커다란 역할을 하신 건 맞지만, 곤혹스러울 만큼 책임을 안고 계신 것 같아 안타깝습니다.(웃음) 처음 입안한 법안과 통과된 법률은 어떻게 다른가요?

김영란 입안한 법안과 통과된 법률이 무엇이 다르냐. 근본적으로는 이해충돌방지 규정이 다 빠졌고, 그다음 교육기관 중 사립학교와 학교 법인이 들어갔고, 민간기업임에도 언론사가 들어갔고요. 엄청난 차이지요.

이범준 여러 가지 논란이 있었지만, 기자인 제가 가장 많이 들었던 위헌론인 언론사와 사립학교 등 포함에 대해서는 어떤 입장이신가요?

김영란 (기자회견이라고 해야 할지 간담회라고 불러야 할지 모르겠는데) 그날 저는 언론사 등 민간부문도 언젠가는 대상이 되어야 한다는 입장이기에, 들어갔다는 사실을 두고 위헌이라고 말하고 싶지는 않다고 했지요. 그게 제 입장이지요.

그런데 언론사를 넣고 나니까 이게 커다란 마케팅 효과가 있었어요. 언론에서 좋은 점, 나쁜 점 등등 엄청나게 많이 다루었던 것이지요. 물론 나쁜 점을 더 많이 다루긴 했지만요.(웃음) 공무원만 해당됐다면 이렇게까지 마케팅 효과가 크지 않았을 거예요. 좋은 효과든 나쁜 효과든요. 아마도 이 법의 입법과정에 대한 입법학적 고찰을 한다면 매우 재미있을 거라는 생각이 들어요. 아직도 경제가 어려운 이유가 이 법 때문이라고(김영란 저 때문이라고) 생각하는 사람들이 꽤 있어요. 그렇지 않아도 경제가 어려운데 왜 이런 법을 만들어서 우리를 이렇게 못살게 만들었냐고 하더라고요. 그래서 언론사와 사립학교 항목은 제가 넣은 게 아닙니다, 라고 말하면, "아, 그래요? 그러면 그렇지" 하는 사람도 있어요. 김영란 씨가 그렇게 정했을 리가 없다는 거예요. 엄청난 노이즈 마케팅의 결과지요.(웃음)

이범준 언론사나 사립학교 등을 포함시킨 주인공이 교수님은 아닐지라도 결과적으로는 법의 취지에 벗어나지 않기 때문에 반대 입장은 아니시라는 거군요. 이 밖에 공직자 등에게 자신의 배우자가 금지된 금품 등을 받은 경우 신고하도록 하고 어기면 과태료를 부과하는 부분도 논란이 됐습니다.

김영란 원안에서는 금품수수가 제한되는 범위를 공직자 등의 민법상 가족으로 했어요. 형제자매, 직계존비속, 직계존비속의 배우자 등등, 민법 제779조에 따른 가족을 넣었더니 법이 좀 복잡했어요. 한집에 사는 며느리, 한집에 사는 사위, 한집에 사는 시부모, 한집에 사는 처부모 등은 넣어야 할 것 같아서 그렇게 했는데, 너무 복잡하다는 의견이 많았어요. 그래서인지 통과된 법에서는 배우자만 남겨졌지요. 배우자는 공직자의 직무와 관련하여 어떤 금품을 받아서도 안 되고, 배우자가 금품을 받은 사실을 알면서도 신고하지 않은 공직자는 그 금액이 100만 원을 넘으면 형사처벌의 대상이 되고 그 이하면 과태료를 물게 되어 있지요.(제8조4항) 제 입장에서는 원래보다 축소된 것이니까 위헌이라고 보기는 어려웠지요.

또 많이 달라진 점은 부정청탁의 정의예요. 저는 부정청탁이라는 건 형법에도 나오고 공직윤리법에도 나오는 개념이기 때문에 '부정청탁이란 법령을 위반하게 하거나 지위 또는 권한을 남용하게 하는 등 공정한 직무수행을 저해하는 청탁 또는 알선이다'라는 개념 정의만 해놓았어요. 그런데 너무 추상적이고 포괄적이라는 비판이 있자, 통과된 법은 제5조1항에서 부정청탁이란 이런 것이라고 열다섯 가지 행위유형을 정해 두었어요. 그러다 보니 많은 행위유형들을 제대로 담을 수가 없었지요. 예컨대 기자들에게 하는 부정청탁은 행위유형에 들어 있지 않더라고요. 이 법으로는 기자들이 부정청탁의 대상이 될 수 없게 되어 있어요. 언론 부분을 갑자기 집어넣는 바람에 빠진 걸로 보여요.

이범준 청탁금지법이 방지하고자 하는 부정청탁이 무엇이냐에 관한 문제죠? 형법의 뇌물이나 배임수증재 조항에 '부정한 청탁'이란 표현이 등장하고, 법원이 수십 년에 걸쳐 뭐가 부정한 청탁인지 판례를 만들어 놨다는 말씀이시죠. 그러니까 부정청탁이 뭔지 확립된 개념이 있는데 굳이 청탁금지법에서 따로 규정할 필요가 있느냐는 말씀이네요. 사실 포괄적 입법에 관해서는 헌법재판소도 필요성과 정당성을 설명하고 있습니다. 그대로 옮겨 보면 '일반적으로 법률은 그 규율 대상이 복잡 다양하며 변화가 많은 반면 그 문장은 되도록 간결하게 표현하여야 한다는 요청이 따르기 때문에 법률의 구성요건은 필연적으로 일반적·포괄적으로 규정될 수밖에 없다. 따라서 처벌법규의 구성요건이 다소 광범위하여 어떤 범위에서는 법관의 보충적인 해석을 필요로 하는 개념을 사용하였다고 하더라도, 그것만으로는 헌법이 요구하는 처벌법규의 명확성에 반드시 배치되는 것이라고는 볼 수 없다. 그렇지 않으면, 처벌법규의 구성요건이 지나치게 구체적이고 정형적이 되어 부단히 변화하는 다양한 생활관계를 제대로 규율할 수 없게 될 것이기 때문이다(90헌바27)'입니다.

<u>김영란</u>　맞아요. 포괄적인 개념 규정만 해도 충분하다고 본 거지요. 다만 추상적으로 개념 규정만 해 놓으면 논란이 분분해질 여지가 크니까, 이런 것들은 부정청탁이 아니라는 방식으로 규정을 만들었어요. 예컨대 '기한 안에 처리해 줄 것을 요구한다', '법률관계 확인을 요구한다', '질의상담 형식으로 법령·제도·절차에 대해 설명이나 해석을 요구한다', '신문이나 방송에 기고하면서 어떤 제도가 필요하다고 주장한다' 등은 부정청탁이 아니라고 못 박는 거죠. 부정청탁이 '안 되는' 사례

만 구체적으로 예시했습니다. 그런데 국회의원들이 제게 질문을 많이 했어요. 국회는 민원을 받아 입법하는 기관인데 이렇게 되면 업무 마비가 온다고요. 어디까지가 부정청탁인지 잘 알 수도 없다고요. 그래서 국회의원들이 저와는 반대로 부정청탁의 유형을 열다섯 가지로 나열하고 또 예외조항까지도 구체적으로 나열했어요.

저는 열한 가지 예외를 두었는데, 통과된 법에서는 제5조2항에서 일곱 가지로 줄였더라고요. 저는 선출직 공직자나 정당, 시민단체가 법령 등의 제정·개정·폐지, 정책 건의하는 부분 등은 부정청탁이 아니라는 규정을 만들면서 그 정도면 국회의원의 직무는 보호된다고 생각했는데, 국회의원들은 거기에 선출직 공직자 등이 공익적인 목적으로 제3자의 고충민원을 전달하는 것이라는 항목(제5조2항 3)을 쓱 집어넣었어요. 그건 부정청탁이 아니라는 거지요. 이런 예외조항으로 국회의원들은 이 법 대상에서 싹 빠졌다는 말이 나오게 된 거지요. 기자들이 국회의원의 민원 전달이 부정청탁 유형에서 빠진 것에 대해 거세게 비난하였고, 그것이 과장되게 알려지면서 사람들이 모든 항목에서 국회의원이 빠졌다고 알게 되었지요. 국회의원들이 그 부분에서만 빠졌다고 아무리 해명을 해도 사람들이 곧이듣지 않더라고요.

국회의원들이 제3자의 민원 전달을 못하면 무슨 일을 하냐고 제게 말하기에 제가 역으로 물었어요. 그게 국회의원들의 업무냐고요. 정책을 만들고 입법하고 제도 개선하고 하는 건 얼마든지 할 수 있고 제3자의 민원은 사실 그들이 직접 제기하면 되는 건데, 국회의원이 꼭 전달하겠다는 건 국회의원의 영향력을 행사하겠다는 거지요. 그랬더니 국회의원들이 답을 안 하시더라고요. 저는 국회의원이 안 되어 봐서 잘 모르겠어요. 어쨌든 이 법에 국회의원들이 쏙 빠져서 국회의원들이 나쁜 것처럼 알려져 있는데, 이건 언론에서 약간 과장해서 쓴 것이라고 생각해요. 물론 민원 전달을 예외조항으로 집어넣지 않았다면 더 좋았겠지만 말이죠.

<u>이범준</u> 당시 언론 보도 중 2016년 7월 〈중앙일보〉 사설의 제목은 '김영란법 적용 안 되는 국회의원 300명'입니다. 그렇지만 내용에는 "19대 의원들은 그것도 모자라 '선출직 공직자(국회의원) ·정당·시민단체 등이 공익적 목적으로 제3자의 고충민원을 전달하는 경우'는 법 적용을 배제한다는 특권적 예외조항까지 신설했다"라고 돼 있습니다. 하지만 교수님 지적대로 애매하게 쓴 언론사들이 적지 않습니다. 3·5·10을 비롯해 모든 경우에서 예외인 것으로 오해하기 쉬운 기사도 있습니다.

<u>김영란</u> 앞에서 말한 대로 통과된 법은 법에서 정한 열다섯 가지 유형만 부정청탁이 되는 거예요. 이번에 박근혜 전 대통령이 안종범 당시 대통령비서실 정책조정수석에게 K재단, 미르재단 법인을 설립해 이러이러한 업무를 하게 하라고 지시한 것이 이 법에 따라 부정청탁이 되려면, 인가 업무에서 법령을 위반하는 경우(제5조1항 1)여야 해요. 그런데 법령을 위반해서 법인을 설립하게 했다든지 하진 않았을 것 아녜요. 포함이 안 되겠죠. 최순실 씨가 이화여자대학교에 딸을 입학시켜

달라고, 성적을 올려 달라고, 출석을 조정해 달라고 한 것은 부정청탁에 해당되겠더라고요.* 이처럼 행위유형을 제한해 두었기 때문에 구체적으로 들어가면 걸리는 경우가 많지 않게 되어 있어요. 유형별로 세분화하는 것이 입법적으로 옳은 방식인지 의문이 있어요. 이상민 당시 법제사법위원장도, 본인도 이걸 보면 뭐가 부정청탁이고 아닌지 도저히 알 수 없다고 비판했지요.

이범준 저는 열다섯 개 부정청탁 정의 조항 모두에 들어 있는 '법령을 위반하여'라는 부분을 볼 때마다 궁금했던 것이, 법령 안에 법령을 위반한다고 하면 순환논리가 아닌가 하는 거였습니다.

김영란 청탁금지에 대한 법령을 위반한다는 뜻이 아니라, 그 업무와 관련된 법령(조례·규칙 포함)을 위반하는 걸 말하는 거지요. 예를 들어 청탁금지법 제5조1항 3호는, 채용·승진·전보 등 공직자 등의 인사에 관하여 법령을 위반하여 개입하거나 영향을 미치는 행위를 들고 있죠. 그러니까 누가 채용에 관하여 부정청탁을 하였다고 하려면 개입하거나 영향을 미치는 행위인 건 맞는데 '법령을 위반하여' 개입하거나 영향을 미친 행위냐를 따져야 하는 거죠. 유형마다 '법령을 위반하여'라고 넣는 바람에, 내부 규정 같은 것을 다 검토해 봐야만 어떤 청탁이 부정청탁인지 여부를 알 수 있는 거예요. 예컨대 인허가 면허 등에 관한 청탁을 하면서 인허가 관련 조례나 규칙에 '위반되지만' 해 달라고 청탁하면 처벌 대상이 되고, 그게 아니면 부정청탁이 아닌 거죠. 그런데 누가 청탁을 그런 식으로 하겠어요. 이 법은 금품수수보다 청탁금지가

---

* 최순실 씨는 이화여대 학사비리와 관련 업무방해 혐의로 기소돼, 2017년 6월 23일 서울중앙지법에서 징역 3년을 선고받았다.

더 중요한데, 청탁금지에 걸리지 않고 빠져나갈 수 있도록 교묘히 만들어 놓은 법이지 않나 강력한 의문이 드는 지점이지요. 부정청탁은 처벌하지 않겠다는 국회의 의사 표시라고 생각할 수밖에 없는 거죠. 부정청탁의 정의를 나열식으로 유형화한 것과 유형화한 각 조항마다 '법령을 위반하여'라고 한계를 그은 이 부분은 시급한 개정이 필요해요.

청탁금지법에서 규정한
15가지 부정청탁 행위

제5조1항

1. 인가·허가·면허·특허·승인·검사·검정·시험·인증·확인 등 법령(조례·규칙을 포함한다. 이하 같다)에서 일정한 요건을 정하여 놓고 직무관련자로부터 신청을 받아 처리하는 직무에 대하여 법령을 위반하여 처리하도록 하는 행위

2. 인가 또는 허가의 취소, 조세, 부담금, 과태료, 과징금, 이행강제금, 범칙금, 징계 등 각종 행정처분 또는 형벌부과에 관하여 법령을 위반하여 감경·면제하도록 하는 행위

3. 채용·승진·전보 등 공직자등의 인사에 관하여 법령을 위반하여 개입하거나 영향을 미치도록 하는 행위

4. 법령을 위반하여 각종 심의·의결·조정 위원회의 위원, 공공기관이 주관하는 시험·선발 위원 등 공공기관의 의사결정에 관여하는 직위에 선정 또는 탈락되도록 하는 행위

5. 공공기관이 주관하는 각종 수상, 포상, 우수기관 선정 또는 우수자 선발에 관하여 법령을 위반하여 특정 개인·단체·법인이 선정 또는 탈락되도록 하는 행위

6. 입찰·경매·개발·시험·특허·군사·과세 등에 관한 직무상 비밀을 법령을 위반하여 누설하도록 하는 행위

7. 계약 관련 법령을 위반하여 특정 개인·단체·법인이 계약의 당사자로 선정 또는 탈락되도록 하는 행위

8. 보조금·장려금·출연금·출자금·교부금·기금 등의 업무에 관하여 법령을 위반하여 특정 개인·단체·법인에 배정·지원하거나 투자·예치·대여·출연·출자하도록 개입하거나 영향을 미치도록 하는 행위

9. 공공기관이 생산·공급·관리하는 재화 및 용역을 특정 개인·단체·법인에게 법령에서 정하는 가격 또는 정상적인 거래관행에서 벗어나 매각·교환·사용·수익·점유하도록 하는 행위

10. 각급 학교의 입학·성적·수행평가 등의 업무에 관하여 법령을 위반하여 처리·조작하도록 하는 행위

11. 징병검사, 부대 배속, 보직 부여 등 병역 관련 업무에 관하여 법령을 위반하여 처리하도록 하는 행위

12. 공공기관이 실시하는 각종 평가·판정 업무에 관하여 법령을 위반하여 평가 또는 판정하게 하거나 결과를 조작하도록 하는 행위

13. 법령을 위반하여 행정지도·단속·감사·조사 대상에서 특정 개인·단체·법인이 선정·배제되도록 하거나 행정지도·단속·감사·조사의 결과를 조작하거나 또는 그 위법사항을 묵인하게 하는 행위

14. 사건의 수사·재판·심판·결정·조정·중재·화해 또는 이에 준하는 업무를 법령을 위반하여 처리하도록 하는 행위

15. 제1호부터 제14호까지의 부정청탁의 대상이 되는 업무에 관하여 공직자등이 법령에 따라 부여받은 지위·권한을 벗어나 행사하거나 권한에 속하지 아니한 사항을 행사하도록 하는 행위

청탁금지법에서 규정한
7가지 예외 행위

제5조2항

1. 「청원법」, 「민원사무 처리에 관한 법률」, 「행정절차법」, 「국회법」 및 그 밖의 다른 법령·기준(제2조제1호나목부터 마목까지의 공공기관의 규정·사규·기준을 포함한다. 이하 같다)에서 정하는 절차·방법에 따라 권리침해의 구제·해결을 요구하거나 그와 관련된 법령·기준의 제정·개정·폐지를 제안·건의하는 등 특정한 행위를 요구하는 행위

2. 공개적으로 공직자등에게 특정한 행위를 요구하는 행위

3. 선출직 공직자, 정당, 시민단체 등이 공익적인 목적으로 제3자의 고충민원을 전달하거나 법령·기준의 제정·개정·폐지 또는 정책·사업·제도 및 그 운영 등의 개선에 관하여 제안·건의하는 행위

4. 공공기관에 직무를 법정기한 안에 처리하여 줄 것을 신청·요구하거나 그 진행상황·조치결과 등에 대하여 확인·문의 등을 하는 행위

5. 직무 또는 법률관계에 관한 확인·증명 등을 신청·요구하는 행위

6. 질의 또는 상담 형식을 통하여 직무에 관한 법령·제도·절차 등에 대하여 설명이나 해석을 요구하는 행위

7. 그 밖에 사회상규(社會常規)에 위배되지 아니하는 것으로 인정되는 행위

한우와 굴비를
선물할 수 있다

이범준 교수님은 이 법에서 중요한 것이 청탁금지라 하셨지만, 사람들이 가장 궁금해하는 것은 바로 금품수수, 그러니까 밥값이랑 선물 등등입니다. 법안의 취지를 제대로 이해하지 못한 어떤 사람은 기자와는 더치페이를 해도 3만 원을 초과해서 먹으면 안 된다고 말하는 경우도 봤습니다. 사실 국회를 통과한 시행법은 금액의 과다 문제 이전에 이해 자체가 잘 안 되는 부분이 있기는 합니다.

김영란 원안에서 달라진 또 다른 부분이 금품수수예요. 원안은 원칙적으로 어떤 명목으로도 금품을 받으면 안 되고, 100만 원을 기준으로 해서 넘으면 형사처벌이 되고 이하면 과태료 처벌을 하는 것입니다. '원활한 직무수행 또는 통상적인 사교·의례의 목적으로 제공되는 음식물·경조사비·선물' 항목 등을 예외조항으로 넣고, 그 금액 기준은 대통령령으로 정하도록 하였고요. 대통령령이 정한 금액, 예컨대 3만 원 이하의 음식은 직무 관련자들끼리여도 원활한 직무수행이라고 보고 함께 먹을 수 있도록 만들었어요. 나중에 입법과정에서 오히려 이를 완화하는 여러 움직임이 있었고,* 이에 대한 여론이 안 좋으니까 정홍원 국무총리가 총리실로 이성보 권익위원장, 국민수 법무부차관을 불러서 합의한 게 국회 통과안이에요.

---

* 2013년 박근혜 정부는 직무관련성이 없으면 금액의 과다를 막론하고 과태료만 부과하는 수정안을 제시했다. 이에 다수 언론이 "법무부가 망가뜨린 김영란법, 국회가 추진하라" 등의 사설로 비판했고, 노회찬 전 정의당 대표는 "박영란법 아니라 김영란법 통과시켜야 한다"며 원안 통과를 요구했다.

국회 통과안은 직무관련성과 상관없이 100만 원 초과의 경우만 형사 처벌을 받는다는 부분은 원안과 같아요. 그런데 원안은 직무관련성과 상관없이 100만 원 이하를 받으면 과태료를 부과할 수 있게 했는데, 국회 통과안은 직무와 관련하여 받은 경우만 과태료 처분을 할 수 있게 했더라고요. 그러니까 직무관련성이 없으면 100만 원 이하의 금품은 아무런 제한이 없어요. 그렇게 해 놓고 나서 예외로 '원활한 직무수행 또는 사교·의례 또는 부조의 목적으로 제공되는 음식물·경조사비·선물'이 들어갔지요. 지금까지 판례는 직무관련성이 있다면 대가성도 있다는 것이었는데, 이제는 직무관련성은 있지만 대가성이 없는 새로운 영역이 생긴 거지요. 결과적으로 국회 통과안의 해석은 좀 복잡하게 되었지요.

원안을 만들 때는 '원칙적으로 어떤 금품도 받으면 안 된다', '100만 원이 넘으면 형사처벌하고 이하면 과태료가 부과된다', '원활한 직무수행 등 목적으로 대통령령이 정한 금액은 예외다'라고 단순하게 생각했어요. 그런데 국회 통과안은 '원칙적으로 100만 원 초과의 금품은 받으면 형사처벌된다', '직무와 관련하여서는 100만 원 이하의 금품도 받으면 과태료가 부과된다', '원활한 직무수행 등 목적으로 대통령령이 정한 금액은 예외다' 이렇게 바뀐 거죠. 100만 원 이하의 금품은 직무와 관련하여 받으면 안 되는 것이니까, 한우나 굴비라고 해도 100만 원이 넘지 않으면 직무와 관련이 없이 받는 것은 아무런 제한이 없어요. 청탁금지법 때문에 한우나 굴비 소비가 줄어들었다는 것은 이 부분이 알려지지 않은 탓도 있는 걸까요? 아니면 그 정도 고가의 선물은 직무와 관련 없이는 선물을 하지 않는다는 것일까요?

이범준 현행 청탁금지법으로는 직무관련성이 없으면 한 번에 100만 원 이하의 금품은 수수가 가능하고, 회계연도마다 300만 원까지 가능 하죠. 20만 원짜리 한우세트를 설과 추석에 받아도 아무런 문제가 없 는 거네요. 식사도 직무관련성만 없으면 3만 원 아니라 30만 원짜리를 먹을 수도 있는 거고요.

김영란 맞아요. 직무와 관련 없으면 비싼 밥을 먹고 한우나 굴비도 선 물하는 것이 이 법도 살리고 농어촌도 살리는 길인데, 그 부분에 대한 정확한 인식이 잘 안 되어 있는 것 같아요. 그러면서 한우나 굴비 등에 는 이 법의 적용을 완화하자는 주장이 많이 나오던데요. 지금도 직무 관련성이 없으면 한우나 굴비를 선물할 수 있는데 이를 더 완화한다 는 것은 직무관련자에게도 한우나 굴비를 선물할 수 있게 하자는 말이 되는 거지요. 그 부작용이 만만치 않을 것 같아요. 한우나 굴비는 직무 관련성이 있어도 금액 제한 없이 선물해도 된다고 하면 한우나 굴비를 선물하려는 사람이 많아질 것이고, 그렇게 되면 선물하지 못하는 사 람은 찍히게 되거나 찍힐지 모른다고 염려하게 될 거고, 직무의 염결 성이나 공직에 대한 신뢰는 물 건너가 버리는 거지요. 이 법이 시행되 기 전에는 경제형편에 따라 한우나 굴비를 선물하지 않아 왔던 사람들 도 이제는 마치 그걸 선물하지 않으면 업무에 나쁜 영향을 받을 것 같 아서 울며 겨자 먹기로 선물을 하게 될 거거든요. 이 법이 시행되지 않 던 때보다 더 나쁜 결과를 가져오게 되겠지요. 이 법 시행 이후 10만 원

이하의 부조금은 허용된다고 하니까 5만 원 정도의 부조금만 해 오던 사람들이 항의하는 경우도 봤어요. 10만 원이라는 기준을 설정한 것이 너무 높다고요. 그런 부작용이 있는 거죠.

다시 돌아와서 '원활한 직무수행 또는 사교·의례·부조의 목적'의 해석이 제가 생각한 것보다 더 복잡하더라고요. 직무와 관련된 사람이라도 원활한 직무수행을 위한 것이면 대통령령에 정한 금액 이내의 밥을 먹고 하는 게 허용되는데, 원활한 직무수행에 해당하지 않는 경우에는 처벌 대상이 되잖아요. 그 구분이 어렵더라고요. 권익위원회에서는 '공정한 직무수행을 저해할 수 있는지를 개별적으로 판단'한다고 하던데요. 조사 대상자나 불이익 처분 대상자로부터 선물을 받는다든지 하는 것은 원활한 직무수행 또는 사교·의례·부조의 목적을 벗어났다는 거죠. 원활한 직무수행이 꼭 시간적인 연속성과 같이 가는지도 궁금해요. 예를 들어, 이 법의 적용대상자와 비적용대상자 두 사람이 만나서 3만 원 이하의 밥을 먹고 비적용대상자가 계산한 사례를 들어 보죠. 직무와 관련한 것이 아니라면 100만 원만 넘지 않으면 아무런 제한이 없으니까 논외로 하고요. 직무와 관련하여 밥을 먹었다면 원활한 직무수행 목적인지 아닌지가 문제가 되겠지요. 직무를 처리하다가 식사시간이 되어서 함께한 것이라면 아무런 문제가 없겠지요. 그런데 직무처리하다가 식사시간을 놓쳐서 헤어졌다가, 다음 날 함께 식사한 것이라면 원활한 직무수행의 목적이 없는 것으로 될 공산이 크지요? 그러니까 일단 '공직자와 제공자와의 관계, 수수 경위와 시기, 직무관련성의 밀접성 정도 등'을 따진다는 게 권익위원회의 방침인가 봐요. 제 개인적으로는 3만 원 이하의 식사는 대접해도 문제를 삼지 않는 것으로 법을 더 단순하게 해석하는 것이 어떨까 생각하는 편이에요.

이범준 그렇게 하는 것이 합리적임이 드러나는 대목이 사람들은 이미 3만 원 이하 식사에 대해서는 예외 없이 원활한 직무를 위한 것으로 생각합니다. 일부 기업에서는 여기에서 더 나아가서 보도자료를 배포한 날은 원활한 직무수행의 목적으로 3만 원 이하를, 그렇지 않은 날은 출입기자인데도 직무관련성 자체가 없는 것으로 보고 그 이상을 사기도 합니다.

김영란 제가 입법 예고할 때 이 법은 1년 동안 시행해 보고 2년째부터 처벌규정을 작동하게 만들었는데요, 사실 이 법의 적용 대상인 사람들에게 보내는 선물이 얼마나 되는지 추산도 해 보고, 경제적인 면을 포함한 사회적 영향도 추산해 보는 등 준비하는 기간을 1년 내지 2년으로 잡았던 거예요. 이게 국회에서 늦게 2015년 3월에 통과되면서, 부칙에서 1년 6개월 뒤부터 시행한다고 만들어졌지요. 그게 2016년 9월이고요. 1년 6개월의 준비기간도 저는 준비기간으로서 좋다고 생각했는데, 위헌 논쟁에 함몰되는 바람에 준비가 전혀 안 된 채 시행이 되어 버렸지요. 그러면서 추석이 닥치고, 설이 닥친 거죠. 그래서 화훼업체나 한우 농가의 타격이 더 커진 거죠. 준비기간 동안 부작용을 최소화하고 체질을 강화시키는 등의 노력을 했더라면 더 좋았겠지요.

예전에 세계무역기구(WTO)의 각종 협정을 통해 시장을 개방할 때마다 영화 산업이나 농축산업 등 피해가 예상되는 업종에 대한 대책이 문제 되었지요. 그 후 충분하지는 않았지만 고비를 넘겼잖아요. 그런데 이 법은 1년 6개월 동안 위헌 논쟁만 하다가 끝나 버렸어요. 그래서 준비도 없었고요. 그런 상황에서 경제가 계속 어려워지고 대통령이 탄핵되는 정치적인 사건이 터지고 한 거죠. 엎친 데 덮친 격이었죠. 길게 봐서는 어느 정도 포기할 부분은 포기하고 강화할 부분은 강화되어야 하기 때문에, 정부에서 여러 지원을 하면서 연착륙할 수 있도록 하는 정책이 분명 필요하지요. 정부에서 여러 단계로 충격 흡수 장치를 두겠다면 반대하지는 않아요. 결국은 지금까지와 같은 방식의 접대나 선물 등은 없어져야 한다고 생각합니다. 시기의 문제일 뿐이죠. 그 방향이 옳다면 나머지는 다 기술적인 문제죠.

친정어머니 상을 2016년 12월에 삼성서울병원에서 치렀는데 장례식장 사람들이 저를 다 알아보면서 "당연히 꽃을 안 받으실 거죠?"라고 묻더라고요.(웃음) 받으려 해야 받을 수가 없는 거죠. 병원 측에서 자기들이 알아서 돌려보내겠다고 하더라고요. 그래서 양승태 대법원장님 것 하나만 받았을 거예요.

체질 강화 하니까 생각나는데 우리는 졸업식 같은 때 말고는 꽃 선물을 잘 안 하잖아요? 어느 텔레비전 프로그램에서 한 어머니가 아들 자랑을 하시는데, 아들 둘이 무슨 날이면 어머니에게 항상 꽃 선물을 한다는 거예요. 무슨 날이 아니어도 꽃바구니에 '그냥 드리고 싶어서요'

이렇게 적어서 선물하기도 하고요. 어머니가 사진을 찍어서 다 저장해 놨더라고요. 핸드폰을 보여 주며 자랑하시대요. 어쨌든 꽃을 소비하는 방식도 좀 달라져야겠지요? 묘안이 없을까요? 누군가가 승진했다고 난(蘭) 하나 주문해서 보내고 이런 식의 소비는 한계가 있잖아요.

감사한 마음은
캔커피로만 전달이 되나

이범준 법 시행 이후 문화가 실제로 바뀌고 있습니다. 지금 제 주변에도, 예전에는 봉투도 받았을 것 같은 선배들인데 얻어먹을 때 봐도 3만 원 넘으면 약간 주저하더라고요. 법이 사람을 바꾸는구나 하는 느낌이 듭니다.

김영란 저는 이게 법이라고 생각을 하지 않고요, 매뉴얼이라고 봐요. 일종의 윤리강령이라고 생각하는 거죠. 처벌규정이 없어도 지켜야 할 것을 정해 둔 것이거든요. 이건 하지 마라, 이건 하라고 한 규정이 중요한 거죠. 행동강령에 이미 3만 원, 5만 원 조항이 들어 있었는데도 처벌규정이 없으니 안 지키니까 할 수 없이 법으로 올리고 처벌규정을 둔 거죠.

법이 문화를 바꿀 수 있느냐. 원칙적으로 법은 좇아가는 것이라고 한다면 법이 문화를 바꿀 수는 없는 거지요. 이 법의 경우 우리 문화가 바뀔 수 있는 하이타임이었으니까 통과된 것이고 사람들이 수긍하게 된 거죠. 문화는 저 먼 곳에 머물러 있는데 법을 이렇게 만든다 해서는 절대 문화를 바꿀 수 없어요. 동시다발적으로 영향을 미쳐서 이렇게 바뀐 것이지, 법이 문화를 선도한 것이라 생각하지 않아요. 딱 그 문화가 이미 거기까지 와 있었기 때문에 법이 받아들여진 거지요. 우리가 관습에 너무 익숙해져서 미처 고치지 못하고 있었을 뿐 의문 제기는 계속되어 왔고, 변화의 순간이 도래한 거죠. 법 하나 만들어서 어떻게 문화를 바꾸겠어요. 독재정치를 하는 시절도 아닌데.(웃음)

이범준 제가 만나는 취재원 대부분이 법조인인데, 청탁금지법을 가장 잘 지키는 집단일 것 같습니다. 어쩌다 보니 저도 그렇고요. 3만 원 넘으면 로펌 대표 변호사나 대법관과도 더치페이를 하니까요. 그런데 잘은 몰라도 산업부나 경제부 기자들은 조금씩 경계를 넘는 것 같아서 제가 의심하고 있습니다.(웃음) 2017년 대통령선거에서 후보자들 간에 3·5·10 이야기가 나오며 올리겠다는 후보, 고치겠다는 후보 등이 있었습니다. 대통령령에 정해진 식사·선물·축의금 상한금액이 바뀔 경우 이 법이 후퇴하면서 무력화되는 징조라고 보시나요?

김영란 한우, 굴비 등의 문제는 앞에서 얘기했듯이 자칫하면 이 법을 만들기 전보다 더 후퇴할 수 있어서 문제가 있다고 봅니다만, 금액을 조금 수정한다고 해서 무력화가 될 거라고 생각하지는 않아요. 그러나 금액을 조금 더 올리는 게 무슨 의미가 있나 싶어요. 청탁금지법 시행령 제45조에는 2018년 12월 31일까지 타당성을 검토하여 개선 등의 조치를 하여야 한다고 규정하였지요. 독특한 규정인데요, 그런 규정을 둔 이유를 생각해 볼 필요가 있어요. 어떤 경우에도 바꿀 수 없다는 건 아니지만, 원칙적으로는 그때까지는 손을 안 대는 게 좋겠지요.

저는 3·5·10을 계속 문제 삼는 데에는 이 법에 문제가 많아서 경제를 더 어렵게 한다는 프레임을 설정하려는 의도가 있는 것은 아닐까 의심하게 되더라고요. 문제가 있는데도 절대로 바꾸어서는 안 된다고 할 생각은 없지만 혹시 검증되지 않은 프레임 안에서 결정되는 건 아닐까 생각해 볼 필요는 있겠지요.

__이범준__ 신문사 편집국에는 저녁 7시쯤 가판 신문이 나간 뒤에 기사 수정을 요구하며 찾아오는 사람들이 더러 있어요. 청탁금지법 시행 초기였는데 아침에 보니 회사에 음료수 10개들이 세트가 있는 거예요. 전날 회사에 왔던 기업에 일일이 전화해서 누가 놓고 갔는지 찾아냈고 돌려준 적이 있거든요. 그래서 한동안 다들 빈손으로 오다가, 다시 비타민 음료수를 가져오는 사람들이 생겼습니다. 하지만 '소액 매수 거절'이라면서 음료수에 손도 대지 않는 사람도 있습니다.

__김영란__ 제가 검찰시보를 할 때, 동네 깡패 같은 사람들이 삼청교육대에 많이 끌려갔거든요. 그런데 거기 가서도 말썽 일으키면 구속기소하도록 했어요. 삼청교육대로 가게 된 범죄를 가지고 영장을 발부받는 거죠. 그러나 원래 삼청교육대에 끌고 갈 때 뚜렷한 범죄에 대한 처벌조

로 끌고 간 게 아닌 경우가 많아서 문제가 있었지요. 제게 배당된 한 사건은 할머니하고 다투다가 자기 집 부엌에 방화했다는 사건이었어요. 삼청교육대로 갈 때부터 증거가 부족했던 사건인지라 무혐의 결정을 할 수밖에 없었지요. 삼청교육대로 돌아가지도 않고 풀려난 거죠. 그런데 할머니가 녹이 슨 오렌지 주스 두 캔을 들고 오셨더라고요. 제가 기어이 그걸 안 받고 돌려보냈는데, 보내면서도 할머니께 너무 미안한 거예요. 제가 안 풀어 줬다면 모르겠는데 풀어 줬으니까 할머니께 주스 하나라도 받으면 안 되겠더라고요. 캔 하나의 의미가 캔 하나라고 해버릴 것은 아니라고 할까요. 카네이션도 한 송이 백 송이가 문제가 아니라 꼭 카네이션을 선물해야 한다는 강박관념, 그런 것에서 좀 자유로워지면 우리가 다 자유롭지 않겠나 그렇게 이해해 주면 좋지요.

제 친구 대학교수들은, 캔커피 정도는 그냥 먹는다고, 학생이 사 온 걸 왜 돌려보내느냐고도 해요. 캔커피 하나, 카네이션 하나는 '통상적인 사교·의례'라고 해석될 수도 있겠지요. 사회상규에 따라 그 정도는 허용된다고 볼 수도 있겠고요. 그런데 권익위원장이 저한테 그러더라고요. 카네이션 한 송이가 되냐 안 되냐 이런 얘기가 오가던 시기에, 중학생들이 권익위원회 앞의 횡단보도를 건너고 있길래 물었더니, "카네이션 한 송이도 선생님에게 못 사 들고 오는 애들도 있어요"라고 대답하더라는 거예요. 그래서 '아, 카네이션 한 송이도 안 되겠구나'라고 생각했다고 해요. 공직자와 민원인, 선생님과 학생 사이의 정도 다 좋지만 기준이라는 관점에서 볼 때는 획일적으로 처리하는 게 서로에게 더 편한 점도 있어요. 정은 다른 식으로 나눌 수도 있으니까요.

이범준   학교에서는 학생들이 실제로 캔커피를 안 가져오나요? 참고로 기자들한테는 5만 원 넘는 선물은 불가능해졌기 때문에, 기자들이 10~20만 원에 매수가 된다는 불명예에서는 벗어났습니다.(웃음)

김영란   학생들이 전에는 수업 시작 전에 누가 샀는지도 모르겠는데 음료수를 놔두다가 요새는 안 하더라고요.(웃음) 마실 것 하나, 캔커피 하나 정도야 어떠랴 싶고, 그걸 교수가 받았다고 신고한들 그게 얼마나 처벌이 되겠어요. 하지만 그걸 용인했을 때, 캔커피 하나라도 챙기는 학생과 안 챙기거나 못 챙기는 학생이 생기게 되고, 캔커피 하나가 더 큰 것이 되고 할 수도 있지요. 교수들에게 뭔가 많이 하는 학생들도 있잖아요. 그래서 권익위원회에서도 엄격하게 해석하기로 정한 것 같아요. 그러니까 캔커피 하나가 어떠랴를 문제 삼기보다는 학생과 교수 사이에 감사를 물질로 표현하는 게 바람직한지를 문제 삼으면 어떨까요? 문제를 더 추상화하고 근원적으로 봐 줬으면 좋겠어요.

김영란 교수가 생각한 김영란법의 정식 이름은,
공직자의 사익추구방지법이었다.
원안의 3분의 1을 차지하던 이해충돌방지 부분을 고려한 것이다.

하지만 입법과정에서 모두 빠지면서 시행법에는
부정청탁금지와 금품수수금지만 남았다.
'금수저 방지법'으로도 불릴 만한
이해충돌방지가 왜 필요한지 물었다.

3
사실 금수저를
막아 내고 싶었다

이해충돌방지가 빠진
청탁금지법

<u>이범준</u> 청탁금지법의 원안과 시행법의 차이에 대해 말씀하셨습니다. 가장 커다란 차이는 이해충돌방지조항들이 모두 빠진 것입니다. 원안은 크게 세 줄기로, 부정청탁금지, 금품수수금지, 이해충돌방지입니다. 이 가운데 하나가 사라진 것입니다. 법의 목적을 밝힌 제1조를 봐도 원안은 이렇습니다. '이 법은 공직자에 대한 부정청탁을 금지하고 부정한 금품 등의 수수를 금지하며, 공직자의 직무수행과 관련한 사익추구를 금지하여 공직과의 이해충돌을 방지함으로써 국민의 공공기관에 대한 신뢰를 확보하고 공직자의 청렴성을 증진함을 목적으로 한다.' 그런데 입법과정에서 '공직자의 직무수행과 관련한 사익추구를 금지하여 공직과의 이해충돌을 방지함으로써'라는 이해충돌방지 부분이 모두 빠졌습니다.

<u>김영란</u> 권익위원장 당시 간부들하고 위원장실 원탁에 둘러앉아 일주일에 한두 번씩 회의를 하는데요. 그 자리에서 제가 청탁을 전부 금지하고 청탁하면 처벌하는 법을 만들면 어떻겠냐고 이야기를 했어요. 늘 해 오던 생각이었죠. 제가 청탁에 대한 거부감 이야기를 처음부터 많이 했잖아요. 청탁이 있으면 사람들이 그 청탁을 들어주기 위해 무리하게 되고, 청탁을 못하는 사람들은 불이익을 받고요. 비슷한 조건을 갖춘 두 명 중 한 명을 뽑을 때라면 자연스럽게 청탁한 사람을 뽑겠지요.

오래전이지만 공공기관의 한 프로젝트에 응모해서 당연히 뽑힐 거라고 예상했는데 탈락했던 친구 얘기를 들었어요. 뒤늦게 알아봤더니, 점수가 탁월했는데도 응모한 사람이 누군지 모르고 어떻게 일할지 모르겠어서 다음 순위인 아는 사람을 뽑았다는 답변을 들었다고 하더라고요. 그래서 좀 황당했거든요. 제출된 안은 근사하지만 실제로 수행하는 사람들이 공무원들과 말이 안 통할 수도 있다는 불안이 앞섰다는 거지요.

제 친구도 아는 사람들이 비교적 많은 편이었는데, 자신은 워낙 준비를 많이 한 것이고 해서 선정되지 않을 거라는 걱정을 하지 않았다는 거예요. 반드시 돈이 오가고의 문제가 아니라 해도 누군가가 말만 건네줬어도 되는 경우도 있다는 거지요. 말 한마디 건네줄 수 있는 누군가가 주위에 있는 것과 없는 것이 결과에서 너무 차이가 나는 거죠. 청탁받은 사람 입장에서도, 똑같은 조건이라면 자기에게 누군가 말을 해 온 사람을 뽑는다는 거지요. 그렇다면 그런 말을 건네줄 사람이 아예 없거나, 아까 제 친구처럼 말을 건네지 않아도 될 거라고 생각하고 넣었는데 선정되지 않은 사람들은 부당함을 느끼게 되는 거지요. 이런 식으로 돈과 연루되지 않은 청탁 자체도 폐해가 크죠. 일반적으로 누가 돈을 주고 미리 관계를 맺은 다음 청탁을 하거나, 청탁한 후에 뇌물을 준다거나 하는 게 문제잖아요? 그래서 단순하게 청탁 자체를 금지하면 되지 않겠냐고 생각했죠. 청탁을 금지하는 법을 만들자고 했더니, 직원들이 좋다고 하더라고요. 그래서 태스크포스(TF)를 만들어 보자고 했죠.

이범준 사람들이 원하는 출세라는 게 결국 아는 사람들이 많다는 것이더라고요. 기자들처럼 업무로 엮인 수준은 안 되고 어렵지 않게 부탁할 수 있어야 합니다. 가령 유명 대학이나 좋은 직장의 선후배처럼 오랫동안 이어진 관계입니다. 눈에 보이지 않는 그 카르텔의 힘이 실로 엄청난 것이고, 밖에서 깨고 들어가기가 쉽지 않습니다.

김영란 그 팀이 제가 정확히 기억나지는 않지만 한 대여섯 명 되었을 거예요. 그중 변호사 자격이 있는 직원도 있고, 변호사는 아니어도 입법 업무를 해 봤던 직원도 있고, 행정고시 출신의 젊은 사무관인데 외국 자료를 찾는 데 능통한 직원도 있고. 이런 식으로 알아서 팀을 짜 왔어요. 그런데 그 팀이 초안을 만들어 왔길래 어떻게 만들었냐고 물었더니, 공무원 행동강령이 이미 있으니까 그걸 기준으로 만들었다고 하더라고요.

행동강령에 보면, 이해충돌방지도 있고 알선청탁 등의 금지도 있고 금품수수금지도 있거든요. 이 행동강령을 뼈대로 해서 이 법을 만들어 왔다는 거지요. 그런데 이해충돌방지조항이 너무 복잡하고 많더라고요. 그래서 물었더니 그 직원들은 이해충돌을 방지하는 것이 훨씬 더 중요하기 때문에 그렇게 했다더라고요. 외국 사례를 보더라도 이해충돌방지 사례가 훨씬 더 규정이 많고 자세하다는 거예요. 미국에서는 존 F. 케네디 대통령 시절에 만들어서 시행해 오고 있다고요. 실제로 1962년에 미국에서 '뇌물, 부정이득 및 이해충돌방지법'을 만들어서 시행하고 있어요. 정확한 용어는 'Bribery, Graft and Conflict of Interest Act'인데, 이것을 많이 참고한 거죠.

컨플릭트(conflict)란 말은 갈등을 의미하지요. 포털사이트에서 서비스하는 옥스퍼드 영한사전(Oxford Advanced Learner's English-Korean Dictionary)을 보면 '이해관계로 인한 갈등'이라고 나옵니다. 컨플릭트 오브 인터리스트(conflict of interest)를 찾아보면 '이해의 충돌', '두 가지 일·목적·역할 등이 동시에 동등하고 공정하게 양립하기 어려운 상황'이라고 설명되어 있어요. 우리말로는 '이해충돌', '이해상충' 등으로 번역되고요. 이해충돌방지법이란 공직의 수행과 사적인 이해관계에서 갈등이 있을 경우에 이를 어떻게 해결할 것인지에 관한 규정을 말하는 거지요.

당시 직원들은 이해충돌 문제만 제대로 해결해도 부정청탁이나 금품수수보다 훨씬 더 큰 효과를 거둘 수 있다고 했어요. 원래 원안을 보면, 조문 자체도 부정청탁금지나 금품수수금지 부분보다 이해충돌방지 부분이 훨씬 더 많았어요. 그런데 저는 우리나라에서는, 이해충돌 단계로 나가기 전 단계를 거쳐야 하겠다 싶었어요. 청탁금지와 금품수수금지가 그것이지요. 돈을 받지 않는 청탁도 금지한다, 청탁이 없는 금품수수도 금지한다는 것 두 가지이지요. 그런데 두 가지가 합쳐져서 일어나면 뇌물죄가 되는데, 따로따로 일어나면 뇌물죄로 처벌하지 못하는 경우가 생기잖아요? 그걸 막기 위해서 각각 따로 금지규정을 둔 것이지요. 그런데 그 두 가지가 이해충돌방지와 합쳐지면 결국 공직자라는 직위를 이용해서 개인적인 이익을 추구하는 것을 막자는 것으로 본질이 확장되거나 뚜렷해지는 거죠.

이범준 사실 뇌물을 규정한 형법 제129조1항을 보면 '공무원이 그 직무에 관하여 뇌물을 수수, 요구 또는 약속한 때'라고만 돼 있습니다. 그런데 법원이 해석으로 직무관련성 외에 대가성을 추가했어요. 이렇게 되면서 이른바 당장 대가성이 안 보이는 '보험성 뇌물'은 처벌하지 못하게 됐습니다. 청탁금지법은 이렇게 추가된 대가성은 요구하지 않고, 한 번에 100만 원이 넘는 경우 뇌물죄가 정한 직무관련성조차 묻지 않고 규제하죠. 물론 관련성이 있으면 엄격하게 처벌하지만요. 그래서 이제는 부정한 청탁만 해도, 이유 없이 금품만 건네도 처벌됩니다. 그런데 교수님의 당초 목적은 뇌물죄에서 빠져나가는 영역을 막으려는 게 전부가 아니었다는 말씀이네요.

김영란 궁극적으로는 금품수수와 부정청탁만 막아서는 안 되고 그 직위를 이용해 사익을 추구하는 다른 유형을 다 막으려 한 거지요. 그 부분을 종합해 모아 놓은 게 이해충돌방지인 거죠. 처음에 제가 이 법을 만들 때, 공직자의 사익추구방지법이라고 이름 붙였어요. 공직자가 공적인 직위를 이용해 사익을 추구하는 것을 근본적으로 막자는 뜻을 담았던 거지요. 이해충돌방지와 관련한 규정들이 직접적인 사익 추구를 막는 규정들이었기 때문에 의미가 있는 거였거든요. 결국 이 세 가지가 한 세트로 가야 한다고 판단한 것이었지요.

부정청탁금지나 금품수수금지도 그런 일이 생기면 이러이러하게 처리하라고 하는 매뉴얼식 규정이고, 정해진 대로 처리하지 않았을 때 처벌조항을 두는 거잖아요. 이해충돌방지도 똑같이, 개인적인 이익과 공적인 이익이 충돌할 때는 이러이러하게 충돌을 회피하라는 매뉴얼식 규정입니다. 쉽게 예를 들면 판사가 재판을 하는데 당사자가 가까운 가족이라면, 그 재판을 하지 말고 다른 재판부로 넘기라는 거죠. 그런 절차가 재판에서는 이미 통용되고 있는데요, 행정공무원도 어떤 행정 사무를 보는데 그 당사자가 친척이라면 직접 그 사무를 보지 말고 다른 동료에게 넘기라는 겁니다. 그런 방식으로 이해충돌의 국면에서 취할 수 있는 방법을 규정한 겁니다.

이해충돌방지조항은 사적 이해관계가 있는 특정 직무의 수행을 회피·기피 등을 하도록 하고, 직무와 관련된 외부활동에 제한을 두었어요. 공직자와 그 가족에 대해서 공직자의 직무와 연관된 사람과의 거래도 제한하고, 소속 기관 등에 가족 등의 채용을 제한하고, 공용재산 등의 사적사용을 금지하고 미공개정보 이용을 금지하는 규정 등으로 만들어졌지요.

이범준 청탁금지법의 입법과정을 보면 이해충돌방지조항이 빠지면서 부정청탁금지나 금품수수금지만 남았습니다. 그리고 두 가지 규제 대상에 공무원 외에도 언론사나 사립학교가 들어갔습니다. 국회회의록을 살펴봐도 두 가지 가운데 무엇이 먼저 결정된 것인지 판단하기가 어렵습니다.

김영란 청탁금지법이 입법 예고된 이후부터 이해충돌방지가 아까 이야기했듯 조문이 훨씬 많으니까 너무 복잡하고 지키기 어렵다는 비판이 많았어요. 국회에서는 세월호 사고 이후 서둘러 입법하려는 절박한 필요성이 있었는데, 이것까지 넣어서 심의하기는 너무 바쁘다, 일단 부정청탁과 금품수수를 금지하는 게 더 급하니 그것부터 하자, 그렇게 된 것 같아요.

당시 이해충돌방지에 대한 내용이 너무 다양하니까, 그 다양함을 어디까지 규제하겠냐는 데 대해 이런저런 말들이 많았어요. 게다가 민간 언론사와 사립학교를 넣었잖아요? 그 경우 어디까지가 규제 대상인 이해충돌인지 하는 문제가 일반 공직자의 경우와도 달라져야 할 테고요. 재검토해야 할 부분이 많아졌으리라고 생각해요. 그래서 미룬 것 같아요.

기본권 보호를 위해
국가가 민간에 개입하는 경우

이범준 이해충돌방지법을 조속히 추가하라고 주장하는 사람들 가운데 정의 조항의 '공직자 등'에서 '등'을 없애 원안대로 수범자를 공직자로만 한정하라는 경우가 있습니다. 하지만 미국 이해충돌방지법을 보면 금융업 종사자, 스포츠업 종사자가 포함됩니다. 이해충돌방지법을 만들지 못하는 것이 청탁금지법 대상에 언론인과 사학재단 관계자가 들어 있어서는 아니겠죠?

김영란   이해충돌방지뿐 아니라 모든 규제에서 민간을 어디까지 넣고 어디까지는 자율로 할지는 나라마다 달라요. 그 사회의 구조나 문화, 입법 방식 등에 따라 달라질 수 있죠. 근본적으로는 민간기업에 국가가 어디까지 개입할 수 있는가라는 게 문제죠. 예를 들어 프랑스나 스웨덴에서는 대기업 이사 중 여성 비율을 30퍼센트 이상으로 하지 않을 경우 제재를 받거든요. 이런 식으로 순수한 민간영역으로 보이는 데도 일정 부분 국가가 개입하고 있단 말이죠. 우리나라에서도 간부가 하도급업체를 선정할 때 자기 가족을 선정하는 걸 규제하는 식의 자체 규정을 두고 있는 기업도 있다는 얘길 들었어요. 회사 전체의 공정성을 의심받지 않는 것이 중요하니까요. 또 업체가 사주들의 친인척에게 일감을 몰아준다거나 하는 부분도 문제가 되고 있잖아요. 이런 부분은 그 성질상 공직자 이해충돌방지와 유사하다고 볼 수 있죠.

이범준   비슷하게 민간기업이라도 장애인을 법이 정한 만큼 채용하지 않으면 불이익을 받고요. 국가가 공공기관만 규제해서는 사회에 영향을 제대로 못 미치니까, 사적영역에도 효력을 미치도록 하는 법률이나 판례도 많고요.

김영란   노동관계법 같은 경우가 특히 그래요. 대기업과 그 근로자 간 관계인데 왜 국가가 나서서 근로기준법을 만들고 규제하는지를 생각해 보면 알기 쉽죠. 기본권이라는 게 본질적으로 국가와 시민 간 관계를 규정한 것이라고 하면 기업과 근로자 사이에 국가가 개입할 수 없는 거지만, 그 기본권을 보호하기 위해서는 민간영역에 맡겨 두기만 해서 안 될 경우 국가가 개입하는 거죠. 장애인 채용은 이렇게 하라는 식으로. 그런데 그 방식이, 예컨대 10퍼센트 채용을 하지 않을 경우 벌금을 내는 방식이 있고, 10퍼센트 채용을 하면 인센티브를 주는 방식이 있을 수 있지요. 어떤 경우에 패널티를 부과하고 어떤 경우에 인센티브를 주는지는 개입하는 사안의 본질이 무엇인지를 살펴야 답이 나오겠지요. 민간에 개입하는 방식은 다양할 수 있어요.

이범준 법률을 최종적으로 해석하는 사람이 대법원의 대법관입니다. 대법원의 대법관들도 각각 생각이 다르고 그에 따라 판례도 변경되는 거지요? 가령 민법이 있고 민법의 특별법인 노동법이 있는데, 어느 쪽에 더 무게를 두는지는 대법관마다 다르고요.

김영란 그렇지요. 특히 노동법 사안에서 그런 경우가 많더라고요. 어쨌든 민간단체라고 해서 사적자치의 원칙에 모든 것을 맡겨 둘 수는 없어요. 공정거래법을 만든 이유도, 시장에 맡겨 두더라도 힘의 균형이 현저하게 차이가 나는 경우에는 일정 부분 국가가 개입하기 위한 거거든요. 그런 식으로 어디까지 무슨 명분으로 국가가 개입하는 게 허용되는지가 사안마다 달라져요. 이해충돌방지에 있어서도, 권익위원회 원안처럼 공공기관에 한해서만 적용되도록 만들 수도 있고, 또는 입법된 청탁금지법처럼 공공성이 강한 언론사나 사립학교까지 적용되도록 만들 수도 있죠. 예를 들어 사립학교 이사장이 자기 친인척만으로 교사와 교직원을 뽑는다면, 그에 대해 사적자치원칙이 적용된다고 해서 그냥 두어도 되느냐, 아니면 그런 경우 널리 공개적으로 채용하도록 교육부에서 개입하는 것도 허용해야 하지 않느냐 따져 봐야겠지요. 교육의 자주성이 어디까지 허용되는지 하는 문제와 연관이 있겠지요. 교육부가 어느 정도 개입하게 한다고 해도, 그에 따르지 않을 경우 제재를 할지, 따를 경우 인센티브를 줄지도 문제지요. 단계마다 어떤 선택을 할지는 그 나라의 전체 사회 수준과 입법 방식이나 수범자들의 수준 등을 다 고려해야 하는 거죠. 그러니까 쉽게 이야기할 수 없는 문제죠.

'금수저 방지법'

이범준 이해충돌이라는 말은 영어를 그대로 옮겨서인지, 부정청탁이나 금품수수처럼 쉽게 이해되지가 않습니다. 적어도 공무원 등의 가족들이 부당한 이익을 볼 수 있다는 점을 부각하자면 '금수저 방지법'이라고도 할 수 있을 듯합니다. 이렇게 이름을 붙였다면 입법과정에서 빠지지 않았을지도 모르고요. 아무튼 법조계만 해도 누구의 자녀다, 사위다, 며느리다 해서 유·무형의 혜택을 입는 경우가 많습니다. 이해충돌방지법이 있다면 금수저를 막을 수가 있을까요.

김영란 이 법이 모든 상황, 모든 사람을 완벽히 만족시키고 공정하게 할 수는 없다는 데 자괴감이 드네요.(웃음) 외교부를 예로 들어 보지요. 외교관 자녀들은 어릴 때부터 외국에서 많이 살게 되니까 대부분 외국

어에 능통하겠죠. 그런데 외교부에서 외교관을 뽑는 공채가 아니라 외국어 능통자를 특채하면서 자기 가족을 뽑은 장관이 있다고 쳐요. 실제로 그 비슷한 일도 있었잖아요. 그러면서 외국어를 잘하는 사람을 뽑았는데 뭐가 문제냐고 할 수 있겠죠. 외교관의 자녀라고 해서 무조건 안 뽑을 수는 없잖아요. 상대적으로 외국어를 잘하는 편일 테니까요. 공채를 해서 뽑혔을 경우는 문제가 없겠죠. 그러나 특채로 자기 가족을 뽑는 것은 불공정할 수 있으니 그렇게 하지는 말자는 것이 이해충돌방지의 정신이죠. 이해충돌방지조항에서 이런 식의 제한을 넣자는 것이거든요.

또 다른 예로 어떤 용역계약을 할 때도 자기 가족을 그 상대방으로 해서는 안 된다는 거지요. 다만 공개경쟁절차에 의한 조달계약 등은 예외가 되지만요. 우리나라에서는 소송절차에서 소송 당사자나 변호사가 법관의 친인척일 경우, 회피하거나 제척하거나 기피하는 규정을 두고 있지요. 회피란 판사 본인이 스스로 피한다는 거고, 기피는 당사자가 그 판사를 피할 수 있도록 한다는 거고, 제척이란 법적으로 판사가 당연히 배제되는 걸 말하는 거잖아요. 재판에는 이런 절차가 있는데 일반 다른 업무와 관련해서는 없으니까 그걸 넣자는 거였지요.

그랬더니 우리나라에서 진정한 금수저는 갈 곳이 없다고 비난하더라고요. 예를 들어 부모가 도지사면 그 도에서는 아예 살 수가 없다, 아무것도 못하니까. 부모가 국무총리면 국무총리 아들딸은 한국에서 살 수가 없다, 이런 비난이지요. 이해충돌이란 사적이익과 공공이익이 충돌할 가능성이 있는 상황을 일컫습니다. 충돌가능성이 있는 상황에 직면하게 되면 그 충돌을 방지하도록 업무를 처리할 방법을 정해 두자는 것이 '이해충돌의 방지'이지요. 외교부장관이 자기 딸이 정말 천재적인 외국어 능력자여서 특채를 했다 합시다. 그래서 특채를 했는데 뭐가 문제냐, 외교부장관의 딸은 한국에서 외국어 능력을 팔아서 살 방법이 없는 거냐 하고 물어 온다 쳐요. 그러면 저로서는 공정성을 의심받는 게 문제니까 공개경쟁으로 뽑으라는 것이라고 답할 수밖에 없지요.

다른 예를 들면 고위공직자의 경우 이전에 자신이 2년 이내 재직했던 단체나 그 단체의 대리인이 직무관련자이면 해당 단체와 관련된 특정 직무를 2년간 수행해서는 안 된다는 규정이 있어요. 시민단체 같은 곳에 있다가 어떤 부처의 고위간부로 왔는데 자신이 시민단체에 프로젝트를 주는 업무를 하게 된다고 할 때, 그 프로젝트를 자신이 있던 단체에 줄지 말지 정하는 업무를 직접 하지는 말라는 거죠.

공무원 행동강령을 보면, 이해관계 직무의 회피라는 규정이 있어요. 사촌 이내의 친족이 직무관련자인 업무를 공무원이 수행해야 하는 경우에는 그 직무를 회피하거나 회피 여부에 대해 직근 상급자와 상담 후 처리하라고 되어 있거든요. 이미 이해충돌방지조항이 행동강령에 있기 때문에 당연히 법에 들어가야 한다고 생각하고 권익위원회 TF 팀에서 넣은 거고요. 행동강령에 있는 걸 좀 더 구체화해서 넣는 거니 큰 문제가 안 될 거라고 생각했던 거지요. 그러나 행동강령에 그런 규정이 있다는 사실이 알려지지는 않은 편이었지요. 그러다 보니 시기 상조라고들 생각지 않았을까 싶습니다.

이 규정들이 좀 복잡하다 보니, 이해충돌방지법의 필요성이라든지, 이 법이 국무총리 자녀들이면 한국에서 살 수 없도록 하는 그런 법은 아니라든지 하는 설득에 실패한 것 같아요. 금수저 방지법으로서의 측면도 있긴 하지요. 그런데 이 법을 만들 때는 '금수저'라는 말이 아직 보편화되지 않았어요. 그렇게 했으면 좋았을 걸 그랬네요. 요즘은 금수저라고 하면 머리에 확 박히잖아요. 그런데 '이해충돌' 이러니까 머리에 안 박힌 것 같아요. 그게 설득에 실패한 이유구나.(웃음)

__이범준__ 이해충돌방지법이 필요한 여러 분야가 있는데, 퇴직공직자들이 로펌이나 세무법인, 특허법인 등에 가서 사실상 로비스트로 활동하는 것이 개인 문제에 그치지 않습니다. 공직에 있는 사람들도 앞으로 내가 저 회사에 가야 한다고 생각하면 회사의 이런저런 편의를 봐줄 수도 있고, 결국 부정청탁의 단계까지 가지 않아도 이미 이해충돌이 생기잖아요.

__김영란__ 물론 그런 문제들이 생기지요. 그런데 퇴직공직자 문제는 행정자치부가 관장하는 공직자윤리법에 규정돼 있어요. '퇴직공직자의 취업제한 및 행위제한 등'이라는 부분이 있어요. 퇴직공무원이 근무하던 곳에 있는 공직자에게 부정청탁을 하면 형사처벌을 받아요. 그래서 청탁금지법에서는 퇴직공무원에 관한 규정을 둘 수 없었어요. 공직자

윤리법에서 해야 하는 문제여서요. 그러나 언젠가는 퇴직공무원과 현직공무원의 윤리 문제는 통합되어야겠지요. 다만 반대의 경우, 즉 민간인이 공무원이 되었을 때의 규정은 이해충돌방지조항에 두었어요. 실제로 박근혜-최순실 게이트에서 드러났듯 삼성 임원 출신이 미얀마 대사가 됐고, 그 전에도 삼성 출신 정보통신부장관이 있었잖아요. 그럴 경우 이해충돌, 이해상충이 생길 수도 있다고 보고 자기가 속했던 기관과의 행위를 제한하는 규정을 둔 거지요. 앞에서 말했듯 고위공직자가 자신이 재직했던 단체의 업무를 처리하는 데 제한을 둔 경우 외에도 임용되기 전 재직했던 기관에서 자기가 수행했던 업무 내역을 임용되기 전 다 밝히도록 하는 등의 규정이에요. 이해관계 상충이 생기는 업무는 못 하게 하려고 또는 투명하게 하려고 둔 거지요.

정보를 이용하는 사람들

이범준　이해충돌방지법에는 미공개정보를 취득해서 돈을 벌거나 타인에게 이용하게 해서는 안 된다는 조항이 있었죠? 미공개정보를 이용하는 것은 지금도 범죄가 아닌가요? 과거 한 중앙일간지 기자가 기업 내부정보를 이용해 동생의 주식투자를 도왔다가 증권거래법 위반 등으로 유죄가 선고된 경우가 있습니다.

김영란　지금은 증권거래 등에서 내부자거래를 막는 등 부분적으로 금지되어 있는 경우가 있지만, 이해충돌이 생길 수 있는 업무처리에 대한 원론적인 금지규정이 없거든요. 고위공직자가 직무와 연관성이 있는 주식을 보유하고 있을 경우 백지신탁*을 하는 등의 제도와, 행동강령에서 직무관련정보를 이용한 거래를 제한하는 규정이 있는 정도이지요. 그래서 미공개정보를 자신의 사적이익을 위해 이용할 수 없다는 원칙을 정하고 위반하면 형사처벌을 받도록 했는데요. 예를 들어 삼성의 경영자가 재판을 받고 있는데 담당판사가 유죄로 재판부 합의를 한 후 선고하기 전에 가지고 있던 삼성 주식을 판다면 그게 미공개정보의 이용이겠죠. 또는 입찰 같은 데서 미공개정보가 엄청 중요하겠죠. 공사를 수주하는데 적정가로 정한다고 할 경우 적정가가 10억 원이라는 정보를 안다면 10억 원에 가깝게 쓰겠지요. 입찰할 때 10억 천만 원 쓴 사람과 11억 원 쓴 사람이 있다면, 10억 천만 원 쓴 사람이 뽑힐 거 아녜요. 그런 식으로 미공개정보를 이용해서 자기와 가까운 친지가 수주하도록 하는 행위를 금지할 필요가 있지요. 그런데 이해충돌방지 부분이 다 빠지면서 그것도 빠졌어요.

이범준 다른 것보다 정보가 예민한 문제입니다. 강남 개발할 때 공직자들이 강남에 땅 사 두고 개발하던 시절도 있었지만, 지금은 정부나 대기업 내부정보 같은 것들이 훨씬 쉽고 크게 돈이 되는 사회여서요. 사실 식사 자리라는 게 정보를 교환하는 기회의 성격이 큽니다. 기자들에게 밥 사는 사람들도 자기에게 유리한 정보를 주거나 정보를 알아내려는 것이고요.

---

* 고위공직자들의 직무공정성을 담보하기 위해 보유주식 총가액이 3천만 원을 초과하는 경우 은행 등에 맡겨서 처분하게 하거나 그 기관에서 알아서 운용하도록 하는 제도. 대상자는 대통령, 국무총리 등 정무직 공무원과 1급 이상 공무원, 고등법원 부장판사급 이상 법관과 검 사장급 이상 검사, 중장 이상의 장군, 정부투자기관의 장·부기관장과 상임감사 등이다. 2005년 공직자윤리법 개정과 함께 도입됐으며 이후 위헌법률심판이 제기됐으나 2012년 헌법재판소가 합헌으로 결정했다.

<u>김영란</u>   예전에 제가 그린벨트 이야기를 들었어요. 선을 그었다고 하잖아요. 어느 유관 부처 장관실에 결재를 받으려고 하는데, 결재가 안 나고 계속 그냥 있더래요. 그래서 조사해 봤더니 그분 땅이 딱 걸리더라는 거예요. 그래서 그분 땅을 피해 가게끔 고쳐서 올렸더니 결재가 났더라나요. 미공개정보를 전형적으로 이용하는 거죠.(웃음) 강남 개발할 때도 그 부근에 미리 부동산을 많이 사 둔 공직자들이 있었겠죠. 제가 법원에서 재판할 때 보니까, 옛날 한국토지공사 직원의 부인이 이혼소송을 하면서 이렇게 주장하더라고요. 한국토지공사 직원이면 자기 명의로 토지 개발하는 곳의 땅을 취득할 수 없도록 되어 있어서 남편이 본인 이름으로 땅을 안 사고 주변 친인척을 동원해 엄청난 땅을 사서 소유하고 있다, 그 땅도 다 남편 것이니 재산 분할을 해 달라. 그러나 입증이 안 되는 거죠, 심증은 가는데. 그런 식으로 미공개정보 이용이 사적인 이익과 연결될 수 있는 거죠.

<u>이범준</u>   폐안된 이해충돌방지법안 가운데는 물품과 직위의 사적이용 금지라는 부분도 있던데요.《이제는 누군가 해야 할 이야기》를 보면, 김두식 교수께서 포스트잇 이야기를 여러 차례 하시더라고요. 학교에서 받은 포스트잇을 강의에는 써도 되지만, 내가 책을 읽을 때는 쓰면 안 된다는 얘기요. 조무제 전 대법관은 창원지법원장 시절에 자신의 집인 부산에서 창원까지는 버스를 이용하고 터미널부터 법원까지만 공용차를 타셨다고 하고요. 교수님도 대전고등법원 부장판사 시절에 그러셨다고 알고 있고요.

김영란 고등법원 부장판사부터는 차관급이어서 기사가 있는 공용차가 지급되잖아요. 처음 고등부장이 되면 지방에 있는 고등법원으로 발령이 나고요. 저는 운전을 못하니까 시외버스 터미널까지만 태워다 주면 거기서 시외버스 타고 집에 왔거든요. 운전을 할 수 있었다면 직접 운전해서 왔을지도 모르겠어요.(웃음) 어쨌든 지금은 이해관계가 상충되는 경우 어떻게 해야 하는지나 공용물의 사적이용을 어디까지 해야 하는지에 대해, 우리가 꼭 더치페이에 익숙하지 않아서 혼란스러운 것처럼, 익숙하지 않은 부분이 있어요. 더 간단하고 단순하게 조문을 만들어서 이해충돌방지조항이 통과되도록 최선을 다했다면 좋았겠다는 생각을 해요. 언젠가는 입법이 이루어져야 한다는 건 너무 당연하고요. 지금이라도 불명확하다고 느껴지는 부분이 있다면 고쳐서라도 빨리 입법했으면 좋겠어요.

자신의 사적 이해관계가 있는 직무를 하지 말라든지, 친인척이 사업을 하면 그 친척과 거래를 할 때 제한을 둔다든지, 공용물을 사적으로 사용하지 말라든지, 공개채용이 아니면 가족을 채용하지 말라든지 등등은 너무 당연한 조항들이거든요. 아마 국회 논의 단계에서 세부적으로 생길 수 있는 여러 부작용이나 관행과 어긋나서 생길 수 있는 문제 등이 제대로 검토되지 않았다고 본 것 같아요. 이미 행동강령에 있는 규정도 있는데 그런 규정조차도 고려가 안 되었나 싶고요. 어쨌든 그게 아쉽게 남았어요.

희미해지는
민간과 공공의 경계

이범준 금수저라는 말이 유행하는 것은 패배를 인정할 수 없는 상황 때문인 것 같습니다. 가령 법관 임관의 경우 과거에는 단순하게 사법연수원 성적에 따랐습니다. 문재인 대통령이 사법연수원을 2등으로 수료하고도 임관하지 못했기 때문에, 그게 부당하다고 모두가 생각하는 것이고요. 하지만 지금은 대학입시부터 로스쿨 입학, 법관 임관까지 정성적인 요소가 너무나 많습니다. 이런 절차도 형식적으로는 모두 공개절차를 거치지만 일부에서는 의심을 하는 상황이고요. 사법시험 시절에는 법조인 자제가 법조인이 되는 경우가 드물었는데, 로스쿨이 도입되고 나니 지금은 상당히 많습니다.

김영란 사법시험 시절에는 당락을 결정하고 법관이나 검사로 임관하는 과정을 성적순으로 철저히 해 왔지요. 객관적으로 한다는 데 대한 신뢰가 있어서 출세의 사다리가 된 거잖아요. 이와 대조적으로 지금 로스쿨은 금수저를 양산하는 거라 해서 반대들 하고 있지요. 왜 그런 반대가 계속되는지를 잘 살펴서 임용과정의 객관성과 투명성을 지켜 신뢰를 확보해야죠.

이범준 사실 이제는 민간과 공공의 경계가 애매해졌습니다. 법조계를 보면 과거에는 사법연수원을 나와서 법관이나 검사를 하다가 잘 풀리면 고등법원 부장판사나 대법관을 하는 것이고, 그렇지 않으면 변호사를 합니다. 이렇게 공직에서 민간으로 가는 경우에도 여러 문제가 있었지만 어쨌든 민간이 공직에 끼치는 영향이 상대적으로 적었습니다. 지금은 10년 이상 변호사 경력이 있는 사람 가운데 법관을 뽑는 방식으로 바뀌었습니다. 단순화하자면 좋은 로스쿨 나와서 좋은 로펌에 들어가야 판사가 될 수 있습니다. 그런데 로스쿨이 학생을 뽑거나 로펌에서 변호사를 뽑는 데는 자율성이 크다는 거죠. 더는 과거와 비교할 수 없는 현실이지만, 부당한 경쟁이라는 느낌을 주는 것은 어쩔 수가 없습니다. 다른 예를 들면, 민간영역인 언론사의 경우에도 입사해서 기자가 되면 언론인 경력을 바탕으로 공적인 분야로 진출하기가 상대적으로 쉽습니다.

김영란 로펌 같은 민간사업체에서 자기네 사업에 유리한 사람들을 채용하는 걸 어디까지 어떻게 막을 수 있을지 문제지요. 대형 로펌에 설립자 변호사가 있는데, 그 변호사의 아들이나 손자가 로스쿨을 간신히 졸업해서 변호사 자격을 땄고, 자기 손자여서 자신의 로펌에서 채용했다, 그러면 어떻게 되는 거예요? 공개채용에서는 도저히 될 수가 없는 성적이었다면요? 매출액 일정 금액 이상의 사기업은 뭐든지 공개채용하라, 아들을 뽑고 싶어도 공개채용을 통과하면 뽑아라, 이런 거 할 수 있을까요? 그런데 '매출액 규모를 기준으로 한 전체 사기업'으로 정하지 말고 공공영역을 정해서 일정 규모 이상의 로펌, 일정 규모 이상의 종합병원, 일정 규모 이상의 언론사, 적어도 이런 곳은 모든 사람을 공개채용해라, 하는 식의 방법이 있을 수 있겠지요. 드라마를 보면,

대기업 자제들은 아무런 훈련도 받지 않고 외국에서 들어와 바로 실장님이 되는데, 본부장하고 실장님이 그렇게 예사로 되는 이 나라에서 받아들여지기 어렵겠죠.(웃음)

이범준 시행 중인 청탁금지법이나 일단은 빠진 이해충돌방지법의 대상은 공직자 그러니까 세금으로 월급을 받는 사람으로 제한해야 한다는 사람들도 많습니다. 국민이 월급을 주니까 통제 대상이라는 생각에서 출발하는 건데요. 그런 분들의 입장에서는 사회가 깨끗해지는 것도 좋고 다 좋은데 왜 민간을 규제 대상에 포함시켜서 해결하려는 것이냐는 겁니다. 물론 이 법이 매뉴얼적인 법이라고는 하셨지만, 시각 자체를 달리하는 분들은 설득이 안 되는 것 같습니다. 어떤 분들은 언론이나 사학은 헌법이 보호하는 분야인 만큼 이 정도 규제는 받아들여야한다고 하고요.

김영란 처음 저의 아이디어는 세금을 받는 사람에 대한 부패를 막자, 공직부문이 맑아지면 민간부문을 어떻게 할 것인지는 그때 가서 생각하자는 거였어요. 그런데 국회가 세금을 받는 공직자만의 문제가 아니라, 방금 말씀하신 것처럼 공공성이 강한 영역의 문제라고 관점을 바꾼 거잖아요. 공공성이 강한 부문에 있는 사람은 공직자와 똑같은 기준을 적용하자는 거죠. 두 관점이 다 일리가 있지요. 어느 게 더 옳고 더 그른 문제는 아니라고 생각해요. 공공성을 기준으로 하는 관점도 좋은 관점이지요.

그런 기준에서 본다면, 국회에서 입법한 것도 입법자의 입법 권한 범위 내라고 볼 수 있지요. 권익위원회나 정부에서 입법 제안한 단계에서는 왜 권한도 없이 넓혔냐 이렇게 말할 수 있겠지만, 국회에서 한 거니까 다르죠. 국회에서 정부의 입법안을 검토하면서 그 관점을 공공기관에서 공공성이 강한 기관으로 넓혀 입법한 거죠. 이해충돌방지도 국회가 똑같이 선택할 문제라는 생각을 하게 되네요.

이범준 2015년 개봉한 〈내부자들〉이란 영화를 보고 제가 '저기 나오는 검사는 대충 비슷하지만 기자는 좀 아니다'라고 생각했어요. 그런데 얼마 못 가서 한 중앙일간지 주필에게 비슷한 일이 있었던 것으로 드러났잖아요. 기자들이 다들 "영화가 현실이었다"고 놀라워했어요. 하지만 돌이켜 보면 이른바 주요 언론사 기자들이 상당한 유·무형의 이익을 얻고 있습니다. 제대로 인식하지 못하는 사이에요. 고위공직자나 대기업 사장이 시간을 내서 밥까지 사 주면서 이런저런 얘기를 들려주는 자체가 특별한 혜택이죠.

김영란 외국에서는 우리처럼 대놓고 공직자에게 선물을 준다거나 청탁하는 게 없으니까 사실 이해충돌이 더 중요한 문제거든요. 그런데 우리는 그 이전 단계도 잘 안 되고 있으니까 이해충돌까지 못 나간 게 아닌가 싶어요. 이해충돌방지법이 도입되어 있는 나라들이 많다고 들었어요. 미국은 1962년, 캐나다도 2006년에 만들었어요. 글로벌한 기준으로 보면 경제협력개발기구(OECD)에서도 이해충돌에 대한 가이드라인을 만들어서 각국에 권유하고 있어요. 우리나라도

OECD 가입국이잖아요. 이명박 정부 시절이던 2010년에 서울에서 열린 주요 20개국(G20) 정상회의에서 반부패행동계획을 채택했어요. 그 내용 중에도 공직자 이해충돌방지와 관련된 구체적인 행위 기준을 정하고, 엄격하게 시행하라는 권고가 있어요. 복잡하고 불편하다고 해서 안 할 문제가 아니에요.

저도 직원들이 이해충돌방지라고 처음에 이야기하니까 한 번에 잘 들어오지 않더라고요. 행동강령에는 '이해관계 직무의 회피', 이렇게만 되어 있거든요. 그런데 행정부 공무원들이 외국에 2년 이상 나가잖아요. 그곳 행정기관에 근무하기도 하고 대학에 가 있기도 하는데, 행정부 공무원들은 그 개념을 다들 잘 알고 있더라고요. 특히 미국에서는 이 법이 보편적으로 시행되고 있다고 해요. 그곳에서 익숙해지다 보니 제가 쓴 '사익추구금지'라는 말보다 영어를 그대로 옮긴 '이해충돌방지'가 권익위 TF팀원들에게 훨씬 쉽게 느껴졌던 것 같고요. 그런데 입법과정에서는 낯선 용어가 다소 걸림돌이 되었지요.

제가 처음에 법을 만들 때는 '특정 직무'와 '직무'를 별개의 개념으로 정의 규정에 넣었습니다. 특정 직무라는 건 어떤 공무원이 만약 A라는 사건을 처리하고 있다면 딱 그 직무만을 말하는 거고, 그냥 직무라는 건 통상적인 직무를 이야기하는 거라고요. 특정 직무가 이해충돌되는 직무일 때 그 직무 자체만 회피하게 하는 것이라고 설명했지요. 자기 가족이 변호사라고 해서, 다른 가족들은 판사를 못하게 하면 안 되는 거잖아요. 다만, 그 변호사가 가져오는 사건이 하필 가족이 판사로 있는 재판부에 배당되었을 때, 그 사건만 안 하면 되잖아요. 그런 경우와 똑같은 거니까 국무총리 아들이라고 해서 아무것도 못하는 게 아니다, 국무총리가 결재하는 그 직무에서 아들이나 딸이 그 직무와 관련된 사람일 때 국무총리더러 결재하지 못하게 하면 된다, 국무총리가 결재하지 않는 일반 통상적인 사항, 장관 전결이라든가 하는 사항은 아무 상관이 없다, 국무총리가 장관을 지휘할 수 있다 하더라도 장관이 결재하는 사항이면 해당되지 않는다는 거지요.

로펌과 대기업의
부적절한 관계

이범준   변호사들은 이해충돌방지 의무가 있습니다. 변호사법에 있는 쌍방대리금지 조항입니다. 한 로펌에서 원고와 피고를 동시에 대리하지 못합니다. 그런데 그걸 이용해 앉아서 많은 돈을 벌고 있습니다. 대기업들이 특정 로펌과 자문계약을 맺어 두면 그 로펌이 자기 회사를 상대로는 소송을 걸지 못합니다. 그래서 대기업들이 여러 유력 로펌과 자문계약을 맺어 두고 있지요. 이런 경우는 이해충돌을 이용해서 돈을 버는 사례인데요.

김영란   정부위원회에 대형 로펌 출신 변호사들이 포진해 있는데, 그 대형 로펌들은 거의 다 대기업 관련 사건들을 몇 개씩은 맡고 있기 때문에 그 사건들에 대해 공정한 발언을 주저하는 걸 제가 목격했거든요. 사건을 나눠 주는 것이 대기업에서 대형 로펌들을 쉽게 관리하는 방식이죠. 제가 권익위원회에 있을 때 미국의 경우 대기업과 로펌이 자문계약을 어떻게 맺는지 알아보라 했더니, 기업에 따라 올해 우리는 이 로펌과 일하겠다, 이런 식으로 정해 놓는 기업이 있다더군요. 그렇게 하면 그 기업과 로펌은 특별한 관계가 있다고 보니까, 정부위원회를 구성해서 그 기업과 관련된 문제를 논의할 때는 그 로펌 사람을 배제하면 되잖아요? 그런데 대부분의 기업이 그렇게 정해 놓고 일하지는 않는다고 해요. 그래도 미국은 워낙 주마다 법이 다르고 변호사 수도 많고 하니까 정부위원회에서 이해관계가 있는 사람을 배제하면서 운용하는 것이 어렵지 않은 것 같아요.

하지만 우리는 예컨대 어느 대형 로펌의 조세 담당 변호사라면 그 분야에 정평이 있는 변호사일 공산이 크지요. 실력 있다고 평이 나 있으니 조세 관련 위원회에서도 그런 사람들을 위원으로 뽑겠지요. 그러나 대형 로펌일수록 대기업 사건을 많이 다루니까 이 조세 담당 변호사가 정부위원회에서 대기업 관련 사건에서는 제 역할을 못하게 되더라고요.

그런 식으로 로펌과 대기업이, 여러 방식으로 서로 유착관계를 형성하고 도와주는 관계가 생길 수 있지요. 그렇다고 그 사람들을 정부위원회에서 아예 배제하기도 어렵지요. 정부위원회의 위원으로 선정된 변호사가 자기가 속한 로펌의 의뢰인인 대기업과 관련된 사건을 심사하게 되면 그 사건을 회피해야겠죠. 비록 자기가 그 의뢰인이 가져온 사

건을 직접 담당하는 변호사는 아니라고 해도 마찬가지겠지요. 이해충
돌방지법이 없다 하더라도 개별적인 사건마다 제척·회피 규정을 적용
하여 정부위원회를 운용할 필요가 크지요. 로펌은 변호사가 수백 명이
고 변호사 입장에서는 직접 담당하는 사건이 아니라고 반발할 수는 있
지만, 그 범위는 제도의 취지를 감안하여 정하기 나름인 거죠. 그 사건
에서 아예 빼 버리든지, 원칙적으로 안 된다고 하고 아무 관련도 없다
는 걸 소명하게 한다든지. 그런 식으로 저는 구체적인 시스템을 만들
어야 한다고 봐요. 그런데 지금은 시스템을 만드는 문제조차 수면 아
래로 가라앉아 있는 상태죠.

이범준 이건희 삼성전자 회장을 상대로 이맹희 CJ그룹 명예회장이 제
기한 상속 소송, 삼성전자 반도체 사업장에서 일하다 백혈병으로 숨진
노동자들이 산재를 인정해 달라고 제기한 소송에서 삼성을 상대한 곳
이 모두 법무법인 화우라는 곳입니다. 다른 로펌 변호사들에게 물어보
니 자신들은 삼성전자와 자문계약이 돼 있어서 이해충돌 때문에 맡지
못한다고 하더라고요. 삼성을 상대로 소송을 벌이는 것보다는 삼성을
고객으로 확보하는 것이 더 돈이 되는 것 같습니다.

김영란 저도 어느 전관 변호사로부터 들었는데, 모처럼 삼성 측을 상
대로 소송을 해 달라는 의뢰를 받고 살펴보니 자신이 속한 로펌에 삼성
사건이 있어서 결국 삼성을 상대로 한 소송을 맡지 못했다고 하더라고
요. 대기업들은 사실, 보험 들듯이 해서 웬만한 우리나라 대형 로펌을
장악하고 있어요. 들여다보면 문제가 한두 개가 아니라니까요.(웃음)

이범준 제가 아는 의사 출신 일본 변호사가 있는데, 의료 관련 단체 고문으로 있으면서 상당한 보수를 받는다고 해요. 그렇게 많은 보수를 받게 된 이유를 들어 보니, 변호사 활동 초반에 대형병원 상대 의료소송을 잇따라 성공시켰대요. 그러고 나니까 병원들이 그 변호사를 고문으로 앉혀서 자기들에게 소송을 못하게 만들었다고 하더라고요.

김영란 따지고 보면 그런 게 많지요. 업계 최고의 칼을 자기편으로 만들어서 자기를 공격 못하게 하는 거지요. 그런 걸 법으로 일일이 다 규제하자는 뜻은 아니고, 이해충돌방지 관련 제도로 공정성을 최소한으로라도 담보하자는 거지요. 얼마 전에 미국에 있는 한국 교수님(캘리포니아대학교 산타바바라캠퍼스 환경대학원 서상원 교수)이 제게 긴 메일을 보냈는데, 제가 책에 인용해도 좋겠냐고 물었더니, 얼마든지 하라고 하셨거든요. 조금 소개할게요.

> 여기 감옥이 하나 있습니다. 그런데 언제부턴가 이 감옥의 문은 고장이 나 잠기지 않고 항상 열려 있습니다. 눈치를 보던 죄수들은 열린 감옥문을 통해 하나둘씩 유유히 탈옥합니다. 그럴 때마다 이 감옥의 간수들은 이렇게 푸념합니다. "탈옥하지 말라고 그렇게 강조했는데 또 탈옥하다니!" 간수들은 감옥문 고칠 생각은 하지 않고 죄수들의 준법정신 부족만을 탓하고 있답니다. (중략)
> 부패된 사회에서 열린 감옥문, 고양이에게 생선을 맡기는 상황에 해당하는 것이 바로 '이해상충'이라고 생각합니다. '이해충돌'이라고도 하지요. 영어로는 'Conflict of Interest'인데 미국에서는 빈번히 쓰이는 편이라 줄

여서 'COI'라고도 합니다. 국어사전을 찾아봤는데 국립국어원 표준국어대사전, 다음 국어사전, 네이버 국어사전에는 이해상충이나 이해충돌이 나와 있지 않네요. 그래서 그런지 국내 언론에서 이해상충이라는 단어를 쉽게 접할 수 없더군요. 우리 사회에서 '이해상충'에 대한 이해가 보편화되어 있지 못하기 때문이겠지요.

메리엄 웹스터 사전(Merriam-Webster)은 이해상충을 이렇게 정의했네요. "책임 있는 위치에 있는 사람의 공적의무와 사적이익 간 마찰(a conflict between the private interests and the official responsibilities of a person in a position of trust)." 이해상충은 우리가 자주 쓰는 '공사(公私)를 구분 못한다'라는 표현과 비슷하지만 이 둘 사이에는 중요한 차이가 있습니다. 이해상충은 공적의무와 사적이익이 충돌하는 상황에 초점이 맞추어져 있고, 공사구분은 공적의무 대신 사익을 추구하는 행위에 초점이 맞추어져 있는 것이지요. 왜 '행위'보다 '상황'에 초점을 맞추는 것이 중요할까요?

인간은 이해충돌 상황이 되면 의식적이든 무의식적이든 가능한 한 나 자신, 나에게 도움을 준 사람, 내 가족, 내 친구, 내 선후배에 도움이 되는 방향으로 마음이 기울기 마련이기 때문입니다. 흔히들 '팔은 안으로 굽는다', '가재는 게 편'이라고 하지 않습니까? 따라서 공사를 구분 못하는 행위를 방지하기 위해서는 무엇보다도 이해충돌 상황이 발생하는 것부터 원천적으로 뿌리 뽑아야 합니다. 책임 있는 위치에 있는 사람들이 이해충돌 상황에 그대로 노출되는 시스템은 놔두고 그들의 행위와 도덕성만을 탓하는 것은 열려 있는 감옥문은 놔두고 그리로 유유히 탈옥하는 죄수들의 준법정신 부재만을 탓하는 것과 다를 바 없습니다.

그러면서 미국에서는 대학의 교수나 연구자도 이해충돌에 대한 교육을 받고 연구 수임, 제안서 심사 등의 과정에 이해충돌 상황이 있는지를 사전에 담당기관에 보고해야 한다고 하셨어요. 예를 들어 기업으로부터 연구과제를 위탁받기 전에도 연구 책임자가 해당 기업으로부터 식사, 여행경비, 강의료, 컨설팅 계약 같은 금전 또는 현물 지원을 받은 적은 없는지, 또는 연구 책임자가 해당 기업의 주식을 소유하고 있지는 않은지를 사전에 대학 측에 보고해야 한다는 거지요. 연구결과를 학술지에 게재할 때도 연구비의 출처 및 연구내용과 상충되는 이해관계가 없다는 사실을 밝혀야 한다고 하셨어요. 정부의 국책사업 심사위원이 되어서 제안서를 심사할 때도 금전적 이해관계는 물론이거니와 심사 대상 제안서를 작성한 연구자와 지난 5년간 공동연구를 진행한 사실만 있어도 해당 제안서 심사에서 배제된다고 합니다.

만약 이러한 이해관계, 이해충돌 상황을 미리 보고하지 않고 연구 수임과 제안서 심사를 진행했다면 설령 이러한 이해관계가 그 결과에 전혀 영향을 미치지 않았다 하더라도 처벌을 받게 되고요. 그러면서 우리 사회에서 부패 문제를 척결하려면 이해충돌 상황을 근본적으로 차단하고 이를 사전에 공개하도록 하며, 조장·은폐·방조할 경우 의사결정에 미친 영향과는 상관없이 처벌하는 강력한 법과 제도가 마련되어야 한다고 주장하시더군요. 이해충돌방지와 공개에 관한 법 제도가 개선되지 않는다면 우리 사회에서 부패 문제는 반복될 수밖에 없다는 겁니다. 그리고 2016년 불거진 차병원과 박근혜 정부의 의혹을 예로 들어 설명하시는데요.

보건복지위원회 소속 정의당 윤소하 의원실이 작성한 자료를 보면 차병원은 현 정부가 어떤 결정을 내리느냐에 따라 많은 혜택을 받을 수도 있고 큰 손실을 입을 수도 있는 위치에 있었더군요. 다방면으로 사업을 확장하면서 영리 목적 의료서비스가 허가되면 큰 수익을 낼 수 있는 구조였고, 차병원 계열의 차의과대학교는 체세포 복제배아 연구의 규제완화를 복지부에 요구했으며, 연구중심병원에 선정되면 국고지원도 받을 수 있는 상태였습니다. 정부가 해결해 줬으면 하는 대형 민원이 많았다는 얘기지요.

이 경우 정부의 공공의사결정에 영향을 미칠 수 있는 사람이 차병원과 이해관계로 얽히게 되면 이해상충 상황이 성립되는 것이죠. 따라서 책임 있는 위치에 있는 사람이라면 정부의 공정한 의사결정에 영향을 미치지 않도록, 차병원과 이해관계를 만들지 말아야 했음은 물론, 만약 이전부터 지속된 이해관계가 있었다면 이를 조속히 청산하고 소상히 공개함으로써 필요하다면 본인이 공공의사결정 과정에서 완전히 배제될 수 있도록 신속히 조치를 취했어야 합니다.

그런데 현실은 어땠습니까? 박근혜 전 대통령은 차병원 계열사인 차움병원에서 1억 5천만 원짜리 브이아이피(VIP)회원권을 사실상 무상으로 양도받고 각종 의료서비스를 무료로 이용했습니다. 차병원은 불법인 줄 알면서도 무슨 이유에서인지 '길라임'이라는 가명으로 대통령에게 의료서비스를 제공하였고요. 김기춘 전 청와대 비서실장도 4분의 1 가격에 차병원 계열 일본 병원에서 국내에서는 불법인 줄기세포 시술을 받았으며, 비선실세로 지목된 최순실 씨와 그 가족들은 수백 회의 고가 주사제 처방을 받았다고 합니다. 정부 업무에 영향을 줄 수 있는 권력실세가 민원인으로부터 개인적인 향응을 장기간 무상 또는 저가로 제공받은 것이지요. 그러나 세상에 공짜는 없는 법이지요.

다른 모든 의혹을 다 떠나서 국정운영에 책임이 있고 정책결정을 좌우할 수 있는 정점에 있는 대통령과 그 최측근이 그 혜택을 직접 받을 수 있는 민원인으로부터 일반인이 쉽게 받을 수 없는 의료서비스를 무상으로 장기간 제공받았고 이러한 이해관계 사실을 공개하지 않고 지속적으로 유지했다는 그 자체, 즉 이해충돌 상황이 조성되는 것을 피하거나 기존의 이해관계 사실을 공개하기는커녕 오히려 이를 은폐하고 방조했다는 것부터가 정부의 공공성을 심각하게 훼손하는 위험천만한 상황입니다.

차병원이 그렇게 해서 결국 특혜를 받았는지 받지 않았는지, 특혜를 받았다면 얼마나 큰 특혜인지, 또 그러한 결정에 대가성은 있었는지 없었는지, 이러한 것들은 둘째 문제입니다. 대가성이나 특혜가 없었더라도 책임 있는 위치에 있는 사람이 명백한 이해상충 상황에 적극적으로 가담하고 이를 은폐·방조한 것만으로도 형사처벌이 가능해야 합니다.

이해상충 상황 가담, 은폐·방조의 문제는 대통령이 대기업에게 특수관계자가 사실상 소유한 미르재단과 K스포츠재단에 지원금을 낼 것을 종용한 상황, 삼성그룹의 최고경영자를 만나 특수관계자인 정유라 씨에게 승마 관련 지원을 요청한 상황, 주요 정부인사에 특수관계자가 특정 인물을 천거하거나 인사에서 배제할 것을 요구한 상황, 이화여대에서 학사관리와 입학허가를 책임진 분들이 권력실세로 추정되는 인물의 가족에게 학점관리와 입학 편의를 제공한 사실 등 이제까지의 탐사보도, 검찰수사, 국회 국정조사 청문회를 통해 드러나고 있는 수많은 상황에 똑같이 적용될 수 있을 것입니다. 대가성 여부를 떠나서 말입니다.

물론 이러한 이해상충 상황이 상황만으로 끝나지는 않았던 모양입니다.

박근혜 전 대통령은 규제개혁 장관회의에서 줄기세포 연구를 위해 비동결난자 사용을 허가하라는 취지의 발언을 했고, 복지부는 그로부터 2개월 만에 차병원 측이 제출한 '체세포 복제배아 연구계획'을 조건부 승인했습니다. 대통령은 아주 이례적으로 차병원 소유의 연구소인 차바이오 컴플렉스에서 대통령 업무보고를 받음으로써 관련 담당자들에게 본인의 의중과, 차병원이 특수관계자임을 내비쳤습니다. 차병원은 190억 원이 넘는 국고지원을 받았고, 차병원이 바라던 의료서비스 영리화도 이루어졌습니다. 일사천리로 이루어진, 모두 차병원 측에 혜택이 가는 결정들이었습니다. 우연일까요?

물론 청와대는 이 과정에 대가성은 전혀 없었고 모두 정상적인 법과 절차를 통해, 또 공익을 위해 진행됐다고 주장하고 있지요. 그러나 이런 상황에서 대가성을 따지는 것이 과연 의미가 있을까요? 잘 알려진 대로 대가성이나 이들 사건 간의 정확한 인과관계를 규명하는 것은 대단히 어렵습니다. 그러나 그동안 우리 사회가 어떻게 작동하는지 봐 왔다면, 또 그 주인공이 인사권과 정보권을 모두 한 손에 움켜쥐고 있는 대통령이라면, 누가 봐도 이런 상황에서 무대 뒤에서 일어날 일을 어렵지 않게 짐작해 볼 수 있지요. 그렇기 때문에 대가성보다는 이해충돌 상황에 초점이 맞춰져 법과 제도가 정비되어야 하는 것입니다.

제가 언젠가 제약회사 사건을 재판하면서 공정한 전문가의 견해를 듣기 위해 제 친구 약학대학 교수에게 상의했더니, 대부분의 약대 교수들이 제약회사와 관계를 맺고 있다고 하더라고요. 관계가 없는 교수를 찾기 어려울 거라고 하던데요. 어느 전문가가 그 제약회사와 최근 몇 년 안에 대규모 프로젝트를 했다면 사실 그 전문가는 증인의 자격 면에서 부족하겠지요. 그런데 그런 프로젝트를 하지 않은 사람이 없다는 거예요. 우리 법정에서는 실제 재판에서 증인채택 과정에서나 증인신문 전에 그런 프로젝트를 했는지 묻지는 않아요. 물론 반대쪽 변호사가 반대신문을 하면서 이 제약회사와 대형 프로젝트를 했냐고 묻고 그렇다는 답변을 끌어내어서 신빙성을 상당히 떨어뜨릴 수는 있겠지요. 그런 걸 탄핵증거라고 하거든요. 그러나 반대신문까지 가기 전에는 미리 그런 사실을 알리게 하고 그런 사실을 검토한 후 증언을 허용하거나 증인신청을 철회하도록 하는 시스템이 갖춰져 있지 않지요. 이해충돌에 대해서 우리가 민감해져야 하고, 이해충돌 상황에 대처하는 방식을 알리고 훈련도 시키는 게 필요하다고 생각되는 지점이지요.

이해충돌에 민감한
사회를 위하여

이범준 제가 2016년에 어느 대법관 후보자 청문회를 앞두고 제보를 받았어요. 이렇게 저렇게 취재를 해서 자료를 확보해 보니, 그 후보자가 2010~2014년 김앤장 법률사무소 등 대형 로펌에 일곱 차례 의견서를 써 주고 1억 3656만 원을 받았더라고요. 이런 내용으로 후보자가 국회 인사청문회에도 자료를 냈고요. 의견서라는 건 사건 당사자, 변호사가 거액이 걸린 소송에서 유리한 판결을 이끌어 내기 위해 돈을 주고 부탁한 문서잖아요. 인사청문회에서도 문제가 됐는데, 후보자는 별다른 문제가 없는 것 아니냐고 발언하셨고요.

김영란 아예 그 사람을 대법관으로 임명하지 않는 게 중요한 게 아니라 대법관이 되었다면, 되기 전 3년 혹은 5년 사이에 이해관계를 맺었던 기관의 사건은 처리하지 못하게 하는 등 규정이 필요하다는 게 이해충돌을 방지하는 방식이에요. 아까 소개했던 서상원 교수님 이야기가 그런 거죠.

이범준 제가 이 의견서 문제를 취재한 과정을 약간 말씀드리면, 대법관 후보자가 김앤장 법률사무소에서 거액을 받고 의견서를 써 주고 있다는 제보를 받았습니다. 이런저런 과정을 거쳐 결국 국회 청문위원을 통해서 억대의 보수를 받은 사실을 확인한 거고요. 저의 문제의식은 이미 김앤장 법률사무소와 깊은 관계를 맺고 있는 대법관이라면 이해충돌이 일어나는 게 아닌가 하는 것이었습니다. 후보자가 스스로 밝힐 가능성도 없었어요. 대법관에 취임하면 김앤장 법률사무소가 대리한 그 많은 사건도 다 맡아서 선고할 텐데 퇴임한 뒤에 이 사실이 불거지면 큰 혼란이 생기겠다, 청문회 과정에서 반드시 드러나야 한다는 것이었습니다.

김영란 문제가 된 대법관이 지금 김앤장 법률사무소가 대리하는 사건을 처리하는지 하지 않는지 모르겠네요. 그동안 그런 게 문제 된 적이 없었어요. 우리는 이해관계상충, 충돌에 대해 아직 개념이 좀 없는 거예요. 검사나 변호사를 판사로 임용하도록 하자는 법조일원화*가 논의될 때 꼭 고려해야 할 사항이지요. 원래 제안되었던 청탁금지법안에 보면 '고위공직자로 임용되기 2년 이내에 고문·자문·상담 등의 용역을 제공하였던 고객 등과 관계된 특정 직무를 2년간 맡아서는 안 된다'는 규정 등이 있었어요. 특별히 국가안보나 경제 등에서 전문성 활용 등에 필요한 예외적인 경우 등을 제외하였지만요. 사람이 없을 수도 있으니까요. 그러나 원칙적으로는 임용되기 2년 이내에 일했던 업체와 관련된 업무는 2년 동안 맡지 못하게 하는 내용을 넣어 놨던 거예요.

1970년대 워런 버거(Warren Burger) 대법원장 시절의 미국 연방대법원을 다룬 《지혜의 아홉 기둥(The Brethren : inside the Supreme Court)》이라는 논픽션 있잖아요. 워터게이트 사건 특종으로 유명한 〈워싱턴포스트〉 밥 우드워드(Bob Woodward) 기자가 1979년 발표한 작품이지요. 핵심 취재원이 포터 스튜어트(Potter Stewart) 대법관인 것으로 나중에 공개되기도 했지요. 그 책의 한 에피소드를 소개하자면요, 1969년 어느 날 휴고 블랙(Hugo Black) 대법관의 방으로 안면이 있는 한 변호사가 찾아옵니다. 그런데 느닷없이 사건 얘기를 꺼냅니다. 직전에 연방대법원에서 독점금지법 위반 판결을 받은 대기업의 재심 청구에 관한 것이었습니다. 이 사건을 기억하는 블랙 대법관은 변호사를 바로 내보냅니다. 그러자 변호사는 다시 윌리엄 브레넌(William Brennan) 대법관을 찾아가 비슷한 얘기를 하죠. 이 변호사가 왜 이 대법관들에게 갔느냐. 가장 불리해 보이는 사람을 배제하려는 계산이 있었습니다. 두 대법관은 앞서 판결에서 이 대기업에 독점금지법 위

---

* 변호사·검사 등 경력이 쌓인 법조인 가운데 법관을 선발하는 제도. 이전에는 사법시험에 합격하고 사법연수원을 수료한 뒤 곧바로 법관으로 임관했다. 2011년 법원조직법을 개정해 2013년 시행됐다. 이에 따라 10년 이상 경력자를 법관으로 선발한다. 다만 경과 규정을 두어 2013~2017년 동안에는 경력 3년 이상, 2018~2021년에는 5년 이상, 2022~2025년에는 7년 이상이면 된다.

반 의견을 냈던 사람들이에요. 사건 이야기를 듣기만 해도 법관이 사건에서 스스로 빠진다는 걸 알고 악용한 거지요. 아는 변호사가 찾아와서 사건에 대해 이야기를 했다는 것만으로, 즉 사전에 한쪽 당사자로부터 사건을 들었다는 이유만으로 법관이 재판을 회피해 왔으니까요. 이렇게 이해충돌이 굉장히 예민한 분야예요. 그런데 우리나라는 아직 이 부분이 예민하게 받아들여지지 않고 새로운 규제를 만드는 것으로 인식하는 경향이 있지요.

이범준 재판에서는 당사자들이 전문가들의 의견을 받아서 내기도 하고, 또 법원이 직접 전문가에게 감정을 명령해 사실판단에 참고하는데요. 판사로서는 데이터 자체가 믿을 만한지만 판단하나요, 아니면 당사자들과의 관계 등도 보나요.

김영란 아까 제약회사 사례에서 보았듯이 특별히 관계가 드러나지 않으면 판사로서는 감정인이 순수하게 감정했다고 생각하고 기록을 볼 수밖에 없지요. 어떤 관계인지를 미리 밝힌다든지 하는 시스템이 없으니까요. 예전에 교통사고로 인한 손해배상 사건을 처리할 때 보면 어떤 병원의 감정결과가 보험회사에 유리하다, 이렇게 평이 난 대학병원들이 좀 있었어요. 하지만 노동능력을 10퍼센트 상실했다, 50퍼센트 상실했다, 이렇게 의사들이 감정한 것을 판사가 임의로 믿지 않기란 어렵거든요. 상대방 변호사가, 이렇게 걷지도 못하는 사람을 10퍼센트만 상실했다고 하는 건 말이 안 되지 않느냐, 재감정해 달라 요청하면서 환자를 법정에 데려오기도 하지요. 판사가 보기에 환자가 상당한 정도의 노동력을 상실한 것으로 보인다거나 또 환자를 직접 보지 않아도 여러 가지 사고의 경위나 사고의 결과를 봐서 도저히 10퍼센트 상실로 끝날 것 같지 않다거나 좀 의심스러운 정황이 있다면, 다른 병원에다가 재감정을 의뢰할 수 있죠. 그렇게 하면 또 좀 다르게 나올 수도 있어요. 어떤 때는 환자가 법정에서는 움직이지 못하는 것처럼 행동하다가 법정 밖을 나서면 활개 치듯 걸어가는 경우도 있다고 하니까 비전문가인 판사가 쉽게 판단해서는 안 될 문제이기는 하지요.

전문가의 감정에 이해충돌이 있는 상황도 있지만, 부정청탁 및 금품수수가 있었을 수도 있잖아요. 전문가의 감정을 신뢰할 수 있는지 없는지에 따라 재판에 대한 신뢰도가 엄청나게 좌우되죠. 정부에서 무슨 프로젝트를 줄 때도 마찬가지예요. 프로젝트 심사할 때 전문가에게 맡기잖아요. 그러면 그 전문가의 심사에 의존할 수밖에 없어요. 그런 프로젝트는 최첨단인 경우도 많기 때문에 공무원이 하는 건 한계가 있으니까요. 전문가가 이해충돌이 없는 상황에서 아주 공정하게 심사했다는 게 담보되어야만 사회적 신뢰가 가능하겠죠. 전문가의 심사결과를 믿을 수 없는 사회는 사회 전체의 신뢰도가 낮은 사회입니다. 전문가의 감정이나 심사결과에 대한 신뢰를 확보하는 것이 얼마나 중요한 문제인지 몰라요.

<u>이범준</u> 법원이 직접 명하는 감정에 대해서도 감정인의 공정성에 의문을 제기하는 경우도 있습니다. 재판부가 직접 하는 감정은 공정성을 어떻게 확보하나요. 또 당사자들이 의견서를 가지고 올 때 얼마를 주고받았는지 재판부가 물어보지 못하나요?

김영란 재판 당사자가 개인적으로 감정을 의뢰한 경우에는 재판부가 감정료를 얼마나 들였는지 직접 물어보지는 않지요. 그러나 그 경우는 법원에서 직접 감정을 명한 경우와 증거가치가 같다고 보기 어렵지요. 대부분 법원에서 직접 감정을 명하지요. 그럴 때는 감정료를 재판 당사자가 법원에 납부하고 법원에서 감정인에게 지급하지요. 예전에는 그 감정료에 대해서도 말이 많았지만 지금은 많이 투명해진 걸로 알고 있어요. 감정인을 선정하는 절차도 컴퓨터로 무작위로 선정하는 식으로 제도 개선되었고요. 아까 서상원 교수님이 설명하셨던 방식을 감정의 경우에도 도입해서 감정인과 의뢰인이 예전에 어떤 관계를 맺어 왔는가를 밝히도록 하고 그 내용에 따라 그대로 진행하거나 다른 감정인을 선정하거나 하는 데까지 나가야겠죠. 내가 이 의뢰인과 관련해서 몇 차례 감정을 했지만 불리하게 한 적도 있고 유리하게 한 적도 있으나 공정성을 잃지는 않았다, 이렇게 정확히 밝히면 그 사람이 다시 감정을 할 때 아무도 이의제기를 할 수 없죠. 반대로 객관적으로는 그럴 수 없는 상황인데 일방적으로 한쪽에 유리하게 감정하고 많은 돈을 받았다는 게 드러난다면 그 사람의 감정결과는 의심스러워지죠. 감정을 맡길 수가 없는 경우도 있겠죠. 또는 그런 사실을 감추기 위해서 허위의 내용으로 공개했다는 것이 밝혀지면 처벌받는 시스템도 필요하지요. 지금은 허위감정을 한 경우에만 처벌되거든요.

이런 세세한 모든 게 이해충돌과 관련된 사항들입니다. 그게 우리에게 생활화될 수 있도록 하는 그런 특별한 조치가 필요한 거죠. 민간 분야인지 공적 분야인지 따질 것이 아니고 모든 분야에서 이해상충의 경우 어떻게 회피하고 어떻게 공개하게 하고 어떻게 극복하는가가 다 필요한 것이거든요.

이범준 대법관 후보자가 김앤장 법률사무소를 통해 제출한 의견들을 보면 기존 논문이나 학회 발표에서 하던 주장을 그대로 옮긴 경우가 있었어요. 반대로 의견서 내용을 보완해 나중에 논문으로 내는 경우도 많다고 하고요. 이건 학자로서의 연구윤리와도 관계가 있다고 생각되고요. 그런데 이런 의견서들이 재판부가 심증을 굳히는 데 얼마나 영향을 주는 건가요.

김영란 법률 감정 의견도 종류에 따라 다르겠지요. 판사가 파악하기 어려운 외국의 제도나 사례를 잘 소개해 놓았다면 도움이 될 수 있겠지요. 외국에 가서 우리나라의 법 제도에 대해 전문가증인으로 증언한 변호사들이나 교수들 이야기를 들어 보면, 법정에서 충분히 이해가 될 때까지 우리나라 법 제도를 다각도로 설명하게 하더라는 거예요. 외국의 법 제도가 문제 된 사건에서 교수나 외국의 법률가를 통해서 판사가 정확한 지식을 얻는 것은 매우 중요하지요. 그러나 교수가 의견서에서 독자적인 법률 해석을 한다고 해도 판사들에게 큰 영향이 없을 것 같아요. 보험을 전공하신 교수님이 있는데, 보험회사 자문에 엄청 많이 응하시는 분이에요. 그분도 보험회사 의견서를 많이 써 주셨고 보험회사도 그 의견서를 재판부에 많이 가져다 냈지요. 판사들이 다 그랬어요, 결론은 보나마나 보험회사에 유리할 것이다.

법률관계 의견서가 판사들을 얼마나 좌우할 수 있는지는 모르겠지만, 담당 판사들이 그 교수님의 실력을 믿는다면 또 그 의견서가 매우 전문적인 분야를 깊이 있게 다룬 거라면, 그 의견서에 따라 흔들릴 수는 있겠네요. 그러나 판사들이 어느 정도의 전문성을 가진 분야니까 아까 교통사고 감정이라든지 제약회사 감정보다는 덜 예민할 수 있을 것 같아요. 어쨌든 적어도 최근 몇 년에 걸쳐 앞으로 대법관 직무와 관련될 수 있는 이러이러한 일을 했다고 밝히게 하는 제도는 필요하지요. 로펌의 요청으로 많은 의견서를 썼다는 것만 가지고 시비를 걸 수는 없겠지만, 개별적인 사건에서 회피하게 할 수도 있겠지요. 아무튼 구체적인 기준을 정해 가야겠어요. 섬세한 작업이 필요한 일입니다.

이범준 이것도 생기면 거듭된 사례가 쌓이고 판례가 쌓여야겠네요. 기자를 막 시작해서는 사회 문제들을 법만으로 해결할 수 있다고 생각했습니다. 법으로 만들어져서 금지되는 것은 절대로 해서는 안 되는 일이고, 반대로 그 외의 것은 무엇을 해도 상관없다는 식으로요. 하지만 시간이 지나면서 사회에는 부당한 법도 많고, 사람을 움직이게 만드는 것이 법과 처벌만은 아니라고 생각을 바꾸게 됐습니다.

김영란 사실 이런 것들을 전부 법으로 규제할 것이냐 하는 의문은 들지요. 그러나 초등학교 때부터 이해충돌이 있는 상황은 공개하는 훈련을 시켜야 할 것 같죠? 요새 표절 이야기가 많은데, 외국에서는 어릴 때부터 표절하지 않고 글 쓰는 방법에 대해 엄격한 교육을 시킨다고 해요. 우리는 사실 표절하려는 게 아니면서도, 좋은 구절을 무심코

베끼는 경우도 많지요? 똑같은 내용을 단어만 조금 바꾸면 표절이 아니게 되는 경우도 많은데, 어디까지 인용부호를 붙일 건가 판단하기도 쉽지 않지요. 그러니까 어디까지가 표절인지를 교육받고 표절이 아니게끔 글 쓰는 방법이 무엇인지를 익히게 하는 훈련이 필요하다고 생각해요. 마찬가지로 이해충돌방지에 대해서도 기준을 정해 나가고 훈련을 해 나가야 한다고 생각해요. 우리는 아직 이해충돌방지에 대해 개념도 없고 훈련도 안 되어 있어요.

지금 미국 도널드 트럼프 행정부 내각이 이해충돌방지 부분하고 관련되어서 문제가 많다는 지적들이 나오지요? 트럼프 대통령의 딸 이방카가 '이방카 트럼프(Ivanka Trump)'라는 의류브랜드를 가지고 있는데요, 도널드 트럼프의 최측근 참모인 켈리앤 콘웨이(Kellyanne Conway) 백악관 선임고문이 '이방카 브랜드'를 대놓고 홍보한 것이 문제가 되고 있지요. 폭스뉴스에 나와서 "'이방카 브랜드 사라'는 게 내가 여러분에게 하려는 말"이라며 "내가 여기서 공짜 광고를 하려 한다. 오늘 사라. 지금 무료 광고를 하는 것이다. 모두 오늘 가서 사라. 온라인에서도 살 수 있다"고 했다는 거지요. 백악관 로고가 선명한 백악관 브리핑룸에서 정부 고위관료가 이방카가 운영하는 의류 브랜드를 광고한 거지요. 또 이방카 트럼프가 미국의 대형 백화점인 노드스트롬(Nordstrom)에서 매출 부진을 이유로 퇴출당하자 트럼프 대통령은 트위터에 "노드스트롬이 내 딸 이방카를 매우 부당하게 대우했다"며 "이방카는 위대한 사람이다. 언제나 내가 올바른 일을 하게 한다! 퇴출은 끔찍하다!"고 했다지요. 트럼프가 경영하는 호텔에 트럼프가 묵으면서 공무를 보면 호텔비를 지불할 거 아니에요? 그건 이해충돌이 안 되냐, 자기가 속한 기업의 수입을 늘려 주는데. 이런 문제제기도 있지요. 각료 중에도 사업하던 사람들이 많아서 이해충돌 관련 심사가 너무 몰려서 내각 구성이 늦어진다든지 하는 이야기가 많이 나오잖아요.

미국에서는 공직에 취임하면서 그동안 해 왔던 개인적인 이익과 어떤 부분에서 이해충돌이 생길지 면밀히 조사하고 보고하는 걸 공직자윤리국(US Office of Government Ethics)이라는 곳에서 하고 있어요. 아까 그 대법관님 같은 경우 미국이라면 공직자윤리국에서 이해관계충돌 여부를 심사하는 거지요. 우리도 용어가 뭐든, 이해충돌방지든 이해상충방지든 사익추구금지든, 공직에 취임하면서 그동안 해 왔던 개인적인 이익과 공직 가치가 충돌이 생기는 부분에 대해서는 투명하게 모든 과정을 공개하도록 해서 사람들이 공정성을 의심하지 않도록 하는 제도적 장치가 필요한 시점에 왔어요. 그런 의미에서 금수저를 방지하는 가장 강력한 도구가 될 수 있는 거죠. 그러니까 이 법이 사실 국회에서 빨리 통과되어야겠지요.(웃음)

4
헌재, 김영란법에
합헌을 선고하다

청탁금지법에 관한 헌법소원이 헌법재판소에 제기됐다.

시행은 물론이고 공포조차 되기 전이다.

청구인은 법률 전문가들인 대한변호사협회다.

이 때문에 시행일까지 1년 6개월 동안 시행 준비가 아닌

위헌 논쟁에 휘말려 있었다.

시행일을 두 달 앞두고 헌재는 합헌을 선고한다.

헌재의 결론에 대한 김영란의 해설이다.

헌재의 다수의견

이범준 청탁금지법 원안 가운데 이해충돌방지 부분이 아쉽게도 빠진 얘기를 잘 들었습니다. 그렇게 해서 입법에 성공한 청탁금지법이지만 계속해서 위헌시비에 시달렸습니다. 2015년 3월 3일 국회 본회의를 통과하자마자 3월 5일에 헌법소원이 제기됐습니다. 법률이 공포되기도 전입니다. 하창우 협회장 시절 대한변호사협회 등이 청구인입니다. 시행은 2016년 9월 28일 예정이었습니다. 헌법재판소(헌재)는 시행을 두 달 앞두고 7월 28일 합헌을 선고했습니다.

김영란 헌재 결정문에서는 청구인이 문제 삼는 부분을 네 개로 정리해 놨더군요. 첫째, 언론사와 사립학교를 공무원과 함께 취급해 문제다. 둘째, 처벌 대상인 부정청탁의 의미가 불분명하다. 셋째, 3·5·10 기준을 국회가 만든 법률이 아니라 그보다 하위인 정부의 시행령에서 정해 죄형법정주의* 위반이다. 넷째, 배우자에게 신고의무와 처벌조항을 두어 위헌이다.

이범준 이 사건은 헌재에서 공개변론을 열었기 때문에 언론에서도 무엇이 쟁점인지 파악하고 있었습니다. 공개변론을 들어 보고서는 위헌은 아니겠다고 관측하는 사람이 많았습니다. 혹시 위헌이나 헌법불합치가 난다면 배우자 신고의무 부과조항이라고 추측했고요. 결국 헌재가 전체를 합헌으로 결정했는데 하나씩 설명해 주세요.

---

* 범죄에 해당하는 행위가 무엇인지 그에 따르는 형벌은 무엇인지는 반드시 국회에서 제정한 법률로 정해야 한다는 원칙. 이에 따르면 관습이나 하위 법규를 근거로 형사처벌을 해서는 안 된다.

<u>김영란</u> 청구인의 첫째 주장은 청탁금지법이 정의(定義) 조항에서 법 적용의 대상으로 언론사와 사학을 공공기관에, 그 구성원을 공직자 등에 집어넣은 것이 과잉 금지다, 평등권을 침해한 것이다라는 것이 었어요. 법정의견(다수의견)*은 청구인의 주장을 '정의 조항에 언론사 와 사학을 넣어서 공직자와 똑같은 청렴의무를 부과하고, 이를 위반 하면 제재를 가하는 것이 위헌'이라는 주장으로 해석했어요. 그러면 서 정의 조항에 누구를 넣었는지 자체만으로 위헌 여부를 판단할 수 는 없고, 이 법이 금지하는 부정청탁과 금품수수 금지조항과 묶어서 위헌인지 판단하겠다고 했어요.

이렇게 정의 조항을 독자적으로 판단해 봐야 실익이 없다는 법정의견 에 대해서, 정의 조항 판단 실익이 있다는 반대의견(소수의견)이 있었 어요. 정의 조항에서 언론사와 사립학교를 넣은 게 위헌이라면 그다 음 판단까지 갈 필요도 없지 않느냐, 그러므로 정의 조항의 위헌 여부 를 확인하여 주는 것이 가장 근본적이고 효과적인 해결책이다라는 거 지요. 김창종, 조용호 재판관 두 분이셨는데, 정의 조항의 판단 실익이 있고 정의 조항은 위헌이라고 했지요. 이 법 때문에 언론사나 사립학 교라는 민간부문의 자율성이 침해되고, 과도한 국가 형벌권을 민간부 문에 행사하는 것이 되며, 책임과 형벌이 비례해야 한다는 원칙에도 반하고, 또 사립학교와 언론사만 넣은 것은 자의적인 것으로 입법과 정에서도 정무위원회에서 진지한 토론 과정을 거치지 않아 진지성이 결여되었다는 의견이지요.

---

* 헌법재판소는 위헌법률심사에서 재판관 여섯 명 이상 찬 성이 있어야 위헌으로 결정된다. 만약 위헌의견이 다섯 명 에 합헌의견이 네 명이면 법정의견(최종결론)은 합헌이다. 따라서 다수의견과 법정의견이 항상 일치하지는 않는다.

하지만 두 분이 이런 의견을 내면서 사례로 든 헌법재판소의 결정들은 정의 조항에 포함되지 않아 혜택 대상에서 제외되는 경우였어요. 예컨대 보육복지 혜택 대상에서 취업주부는 포함시키고 전업주부를 제외했다면, 전업주부의 입장에서 정의 조항의 위헌을 주장할 수 있다는 거지요. 실제 헌재 결정 가운데는 재외동포법이 정부수립 이후의 이주동포만을 포함시키고 그 이전의 재외동포를 제외시킨 정의 규정이 위헌이라고 본 것이 있습니다. 정의 규정에 따라 혜택을 받지 못하는 대상이 생길 경우 그 정의 조항을 위헌 판단의 대상으로 삼은 것이죠. 그러나 청탁금지법은 혜택을 받는 게 아니라 이 법의 여러 수범조항이나 규제조항의 적용 대상이 되는 문제였어요. 포함이 됨으로써 규제 대상이 되는 문제였지요. 그래서 종전의 헌법재판소 결정과는 다르고, 위헌이 되느냐 안 되느냐는 개별적인 규제에 따라 판단하면 된다는 게 법정의견이었죠.

저는 청탁금지법의 취지가 대통령령이던 공무원 행동강령의 내용을 법에 담은 것이어서 일반 형법과는 다르다고 생각하는데요, 반대의견은 이 법이 형사처벌 조항인 것처럼 판단하고 있더라고요. 이 법의 시행으로 사립학교 관계자나 언론인들의 생활을 국가가 감시·통제할 수 있게 되어서 사실상 교육의 자유나 언론의 자유를 위축시킬 가능성도 있다, 국가의 감시망 아래에 두는 영역이 늘어날수록 그로 인하여 유발되는 사회적 비용 역시 커질 수밖에 없다, 이런 부분들에서 드러나지요. 근본적인 생각 자체에 차이가 있다고 봐요. 저는 처음부터 형벌과는 달리 봐야 한다고 생각했지요. 법이 놓인 위치 자체가 다르니까요.

저는 법정의견에 동조하지만 만약 언론사 등이 대상인 것에 위헌성이 심각하다면 정의 조항에서 배제할 수도 있다고 생각해요. 하지만 법정 의견도 위헌성이 없다는 것이었기 때문에 언론사 등에 이러이러한 규정을 지키도록 한 것이 왜 위헌성이 없는지 일일이 답한 것이지요. 정의 조항을 합헌이라고 본다고 하면서 그 근거를 든 다음 뒤의 세부조항에서 하나하나 합헌이라고 판단하게 되면 많은 부분 중복이 되었겠지요. 그래서 정의 규정 자체에 대한 판단 실익은 없다고 본 거지요. 반대의견에서는 위헌이라고 생각하니까 정의 규정에서부터 문제를 삼은 것 같고요. 그 부분에서는 출발점이 달랐다고 생각되네요.

이범준 이 부분 법정의견은 일반적인 위헌심사 과정을 거칩니다. 단순하게 정리하면 부정청탁이나 금품수수를 막는 것은 위헌이 아니고, 언론사의 임직원이나 사립학교 관계자라고 다르지 않다는 것입니다. 네 가지 쟁점 가운데 이 부분이 핵심이었고, 이 부분이 합헌이되면서 나머지는 별달리 눈길을 끌기 힘들었습니다. 나머지 세 가지도 설명해 주시죠.

김영란 둘째 주장은 부정청탁금지조항에서 정한 부정청탁의 의미나 예외조항에서 규정한 사회상규에 반하지 않으면 부정청탁이 아니라는 부분이나 모두 불명확하다는 것이었어요. 형벌법규는 명확하게 규정되어서 국민이 어떤 행위가 금지되고 그 행위에 대해서는 어떤 형벌이 부과되는지를 예측할 수 있어야 한다는 명확성의 원칙이 있습니다. 그런데 이 법에서 부정청탁이나 사회상규라는 개념들이 예측가능성이 부족하여서 명확성의 원칙에 반한다는 거지요.

법정의견은 부정청탁금지조항에서 구체적으로 열거하고 있는 행위유형과 예외사유를 입법 배경이나 입법 취지 등에 비추어서 보면 어떤 행위가 부정청탁인지 아닌지를 어렵지 않게 판단할 수 있다고 했어요. 그다음에 사회상규란 말이 불명확하다는 주장에 대해서는 판례도 많고 해서 이미 우리 법 해석상 불명확하지 않을 뿐 아니라, 입법 기술상 부득이한 면도 있다고 이야기를 했고요. 이 부분에 대해서는 반대의견이 없어요.

국회 통과안은 무엇이 청탁금지이고 아닌지 일일이 적었으니 불명확해서 문제라고 할 수는 없지요. 오히려 일일이 적어 놓아서 그 세부적인 유형에 들어맞지 않는 것은 법의 적용 대상에 들어가지 않게 되어 버리는 게 더 문제지요. 저의 원안은 사실 열거방식이 아니라 포괄적인 방식이었어요. 공직자윤리법도 포괄적으로 부정청탁을 금지하고, 형법도 부정청탁이라는 말을 포괄적으로 사용하고 있어요. 이에 대한 판례가 많아서 포괄적인 규정도 명확성에 문제가 없거든요. 그러니 열거방식은 더더욱 불명확하다고 볼 수가 없는 거죠. 입법과정에서 일부 국회 법제사법위원회 위원들이 열거함으로써 더 불명확해졌다고 말했어요. 열거된 게 너무 많고 예외도 많다는 거지요. 그런데 그것은 번잡함이지 불명확함은 아니잖아요. 법이 너무 복잡해져서 번거롭긴 하지만 불명확하다고 볼 수는 없으니 법정의견이 맞다고 봐야죠.

셋째 주장은 원활한 직무수행이나 사교·의례·부조 목적으로 허용되는 이른바 3·5·10 기준과 외부강의 사례금 상한을 대통령령에 위임하고 있어 위헌이라는 것입니다. 포괄위임금지원칙에 따라 법률에서 하위법령에 규정될 내용과 범위를 구체적으로 한정해 주어야 하거든요. 그렇지 않고 일반적·포괄적으로 위임하는 것은 위헌이지요. 그런데 청탁금지법에서는 그 금액의 대강을 정해 놓지 않고 포괄적으로 대통령령에 위임하고 있어서 위헌이라는 거예요.

법정의견은 포괄위임금지원칙 위반이 아니라고 했어요. 금품수수금지 조항이 1회에 100만 원을 초과하는 금품수수를 금지하고 있지요. 그런데 관련 조항들을 종합하여 보면 일반 사회의 경조사비 지출 관행이나 접대, 선물 관행 등에 비추어 100만 원을 초과하지 아니하는 범위 안에서 공공기관의 청렴성을 해치지 않는 정도의 액수가 충분히 예측된다는 것이죠. 그래서 그 기준 내에서 위임을 한 것이기 때문에 포괄위임금지원칙에 반하지 않는다고 한 거지요. 강사료의 경우도 예측가능성에 문제가 없다고 보았지요.

반대의견은 100만 원이라는 게 3·5·10만 원이라는 일상 금액하고 너무 동떨어지는 고액이므로 그 안에서 사교, 의례, 선물을 정하라는 게 어떻게 포괄위임이 아니냐고 했어요. 일정한 기준을 정하지 않았고, 예측가능성이 없다는 거지요. 또 그 금액이라는 게 물가 변동에 따라 마구 왔다 갔다 할 금액은 아니기 때문에, 굳이 시행령으로 할 필요도 없는 금액이었다, 오히려 본질적으로 법에서 정해야 했다라는 논지더라고요. 이정미, 김이수, 안창호, 김창종 재판관 네 분입니다.

저는 법에서 반드시 3·5·10만 원 이런 금액을 정할 필요는 없다고 생각했어요. 현행 시행령에서 2018년 12월 말까지 이 부분을 다시 검토한다고 넣어 두었는데요, 우리 관습이나 문화의 변화와 이 법의 정착 등을 고려해서 금액을 수정할 여지도 열어 놓을 필요가 있었다고 생각해요.

이범준 이 부분에서 위헌의견을 낸 안창호 재판관이 2017년 3월 박근혜 대통령 탄핵심판에서 청탁금지법의 시대임을 강조한 독자적인 보충의견을 적었습니다. "우리나라에서는 부정청탁 및 금품 등 수수의 금지에 관한 법률이 2015년 3월 제정되어 2016년 9월 시행되었다. 이 법률은 적용 대상으로 공직자뿐만 아니라 사립학교 관계자와 언론인을 포함하고, 공직자 등의 부정청탁행위 자체를 금지하는 한편 공직자 등의 금품 등 수수행위를 직무관련성이나 대가성이 없는 경우에도 제재할 수 있도록 하고 있다. 이 법률은 공직사회의 부패구조를 청산하여 공직자의 공정한 직무수행을 보장하고 공공기관에 대한 국민의 신뢰를 확보하는 것을 입법 목적으로 한다. 이러한 공정하고 청렴한 사회를 구현하려는 국민적 열망에 비추어 보더라도 대통령의 법 위반 행위에 대해서는 엄정하게 대처하지 않을 수 없다."

김영란 청탁금지법의 역사적 의의를 자리매김해 주신 것이라 생각해요. 마지막으로 배우자가 금품을 수수했을 때 공무원 등이 신고해야 하고, 신고하지 않으면 처벌받는 조항이 자기책임의 원칙에 반한다는 주장이에요. 자기 행위에 대해서만 책임져야 하는데 배우자의 행위에 대해서 책임지게 한다는 거죠. 그리고 배우자의 행위를 신고하게 한 것이 양심의 자유를 침해한다는 주장, 배우자의 금품수수 등에 항상 주의를 기울이고 감시하게 만들어 일반 행동 자유권을 침해한다는 주장도 했어요. 법정의견은 이런 주장들에 대해 일일이 위헌이 아니라고 판단했어요.

형법에서 공직자의 배우자가 뇌물죄와 관련해 처벌받는 경우는 뇌물 전달이에요. 뇌물을 주는 쪽에서 제3자에게 뇌물을 전달해 달라고 건넨 것을 전달하기 위해서 받은 경우 뇌물 전달자가 증뢰물 전달죄*로 처벌되는 것인데, 배우자도 예외가 아닌 것이죠. 이런 경우가 아니라면 공직자의 배우자가 공직자와 직무관련성이 있는 사람에게 금품을 받았다 해도 처벌 대상이 아니에요.

청탁금지법도 마찬가지로 배우자는 금품을 받아도 처벌되지 않아요. 다만 공직자가 자신의 직무와 관련성 있는 사람으로부터 배우자가 돈을 받은 사실을 알았을 경우에 신고하도록 의무를 부과했고요. 신고하지 않으면 처벌할 수 있어요. 그러니까 구성 요건 자체가 배우자가 처벌되는 게 아니라 '내'가 처벌받는 주체가 되는 거고, '나의 신고를 안 함'이라는 행위 자체가 처벌이 되니까 자기책임의 원칙에 반하는 것은 아니지요. 배우자의 행위에 대해 내가 처벌을 받으니 연좌제가 아니냐고 하는데, 배우자의 행위 자체가 처벌이 되는 게 아니라 '나의 신고 안 함'이 처벌 대상인 것이니 연좌제금지원칙에 반하는 것이라고 보기도 어렵지요. 배우자가 받는 것을 허용하면 결국 이 법은 공직

---

* 형법 제133조(뇌물공여등)2항 전항의 행위에 공할 목적으로 제삼자에게 금품을 교부하거나 그 정을 알면서 교부를 받은 자도 전항의 형과 같다.

자 등의 금품수수를 막기 위한 입법 목적을 달성할 수 없는 것 아니냐, 그런 입법 목적의 견지에서 보면 '과잉금지의 원칙'이라고 할 수도 없다는 것이고요.

여기에 대해 위헌의견을 낸 재판관이 네 분이에요. 3·5·10 가액을 대통령령에 정한 것이 위헌이라고 했던 이정미, 김이수, 김창종, 안창호 재판관이에요. 배우자가 받은 것을 신고하지 않은 데 대해서 자신이 받은 것과 같은 형으로 처벌하는 것이 비례의 원칙에 반한다는 이유였지요. 어떤 행위에 대한 처벌이 행위의 가벌성, 즉 위법의 정도에 따라 적절히 행해져야 한다는 원칙이 비례의 원칙인데 이에 반한다는 것이지요. 금품을 받은 것이 아니라 배우자가 받은 데 대해 신고를 하지 않은 것일 뿐인데 두 행위를 똑같이 처벌하므로 자기가 한 행동에 비례해서 처벌받는 것이 아니라 자기가 한 행동보다 더 많이 처벌받는 거라는 이유지요.

이 조항 관련해 공소시효를 문제 삼는 보충의견도 있었어요. 받은 것을 처벌하면 받은 때로부터 공소시효가 3년이면 3년, 5년이면 5년 이런 식으로 시작되어서 공소시효가 지나면 처벌할 수가 없게 되는데, 신고하지 않은 행위를 처벌하는 경우에는 배우자가 금품을 받은 사실을 안 때로부터 공소시효가 시작되니까, 10년 후에 알았다 또는 20년 후에 알았다면 그때부터 공소시효가 시작될 수도 있고 그렇게 되면 공소시효가 무한정 연장되니 부당하다는 거예요. 이 부분은 과연 부당한지도 더 따져 보아야겠지만, 실제로 그런 문제가 생기면 해석으로 제한할 여지도 있지 않을까 생각해 봅니다. 어쨌든 이 법은 자기가 받았을 때도 신고만 하면 처벌이 안 되는 것이고, 배우자가 받았을 때도 마찬가지인데요, 결국 누가 받았든 신고를 하지 않은 행위가 처벌되는 거죠. 이렇게 본다면 비례의 원칙에 반한다고 보기는 어렵다고 생각해요.

이범준 시행되기 전의 법률도 헌법소원이 가능은 합니다. 하지만 일반적으로는 자신의 행동에 제약이 생긴다거나 형사재판에 부쳐진 경우에 이 법이 문제라면서 헌법소원을 하잖아요. 이렇게 되어야 재판관들도 사건에 대해 구체적으로 파고들 수 있고요. 하지만 이 사건은 시행 이전, 정확히는 공포도 되기 전에 대한변호사협회라는 변호사단체가 개념적으로 문제제기를 하다 보니까, 청구도 결정도 관념적이라는 느낌이 듭니다. 결정이 전반적으로 막연하고 그래서 어려워요.

김영란 네. 박한철 전 헌법재판소장 인터뷰를 보니까, 이 법을 시행하다가 개별적인 조항에서 위헌 여부가 문제 될 때에는 부분적으로 위헌이 될 수도 있지 않겠냐고 이야기를 하셨더라고요. 사실 좀 시행해 보고 나서 구체적인 조문이 부분적으로 위헌이라고 위헌제청을 할 수도 있었는데, 언론사와 사학을 넣은 것 자체가 표현의 자유와 사학의 자유를 침범한 것이라는 전제에서 출발했기 때문에 시행 전에 헌법소원을 낸 거지요.

청탁금지법은
형법이 아니라 행정법

이범준 박한철 전 헌법재판소장이 2016년 9월 시행 전에 선고하겠다고 공언했고, 실제로 7월에 합헌으로 선고가 됐습니다. 이렇게 시행 이전에 합헌 결정이 나오면서, 위헌 논란도 사라진 상황에서 출발했잖아요. 당분간은 위헌이라는 이야기가 나오기는 어려울 거고요. 결과적으로 잘된 일이라고 보시나요?

김영란 시행에서 탄력을 받긴 했지요. 다른 위헌 사건과는 달리 대상 자체를 근원적으로 문제 삼고 있는 부분에 대한 판단이었는데, 일단 그 문제를 판단해 준 것은 결과적으로는 잘되었다고 생각합니다. 만약 언론사와 사립학교는 민간기관인데 넣은 것이 위헌이라고 판단했다면 공직자만 대상으로 해서 시행했어야 했겠지요. 나아가 내용 면에서도 위헌이라는 판단이 나왔다면 출발 자체도 흔들렸겠지요.

이범준 헌법소원은 피해 당사자가 내야 하잖아요. 그렇지 않으면 당사자 적격이 없다고 해서 각하되는데요. 헌법소원을 가장 먼저 제기한 게 대한변호사협회입니다. 사실 대한변호사협회에서 언론인 포함이 위헌이라고 주장하기 위해 법조기자들을 청구인으로 찾았어요. 그런데 구하지 못한 거죠. 그래서 변호사들이 청구인이 됐어요. 대한변호사협회 기관지인 대한변협신문 발행인 자격으로요. 참고로 기자협회도 헌법소송을 내기는 했는데 당사자인 언론사가 아니어서 각하됐고요. 아무튼 의외로 법률가들 중에 위헌이라고 생각하는 사람들이 적잖았습니다. 청탁금지법의 원안자가 최고 법률가라는 대법관 출신인데, 위헌을 주장하는 사람들이 적지 않았던 것은 의외였습니다.

<u>김영란</u> 법률가들이 어떤 면에서는 법에 의한 규제의 폐해를 늘 접하는 사람들이니까요. 그리고 사립학교라든지 언론에 대한 규제를 강화하는 것 자체에 대한 염려가 있는 거죠. 법률가는 기본권 보호의 정신이나 권력분립의 원리가 잘 지켜지고 있는지를 판단하는 전문가잖아요. 사람들의 자유권이나 평등권을 침해한다는 문제에 대해 예민한 사람들이니까, 이런 새로운 방식의 입법에 대해 반대의 논리로 살펴보려는 건 원칙적으로는 이해가 안 가는 건 아닙니다. 제가 판사였거나 변호사였더라도, 이런 법이 생김으로써 사람들의 자유권이 침해되지 않을지 의문을 가져 봤을 것 같아요.

그런데 제가 반부패 정책을 만들어 내는 기관장이 되어서 보니, 부패 개념에 대해 정의 자체가 바뀌어 있었던 거예요. 법률가들이 모르는 사이에 많은 시민들은 형사법상의 뇌물을 받는 것만이 부패가 아니라고 생각하게 된 거죠. 사람들은 전관예우를 받는 것도, 룸살롱 가서 접대받는 것도, 남의 돈으로 골프를 치는 것도 직무관련성 같은 게 없어도 부패라 생각하는 거예요. 그런데 법률가들은 형법 조문에 해당해야만 부패라고 생각하는 거지요. 제가 기관장으로서 부패 때문에 사회가 불공정하게 되었다는 사람들의 인식을 정면으로 경험하는 위치

에 있었잖아요. 그곳에 있어 보니 법률가들이 생각하는 형사법상 뇌물이나 부패 개념을 형법에서 넓히기까지는 못하더라도, 사람들이 더 이상 받아들일 수 없게 된 불공정함에 대한 대책을 세워야겠다는 입장이 되더라고요.

그래서 3단계로 작동하는 법을 만든 거예요. 우선 그런 불공정한 행동을 못하게 하는 선언적인 규정을 두고, 또 그러한 행동에 대해 피할 수 있도록 하는 장치를 넣어 주자. 다시 말해서 그런 행동에 대하여 잘못되었다고 지침을 주고, 잘못된 행동이 자신이 거절하기 곤란한 방식으로 전개되는 경우 피할 수 있도록 하는 규정을 두자. 이렇게 피할 수 있도록 하는 방법을 마련해 줬는데도 안 지킬 경우 제재를 하자. 이렇게 3단계로요. 기존의 형법에서는 단순히 뇌물을 받으면 몇 년 이하 징역, 이런 식으로만 규정하고 있잖아요. 하지만 청탁금지법은 형법과는 다른 법으로 만든 거지요. 그런데 법률가 입장에서는 처벌규정을 중심으로 보게 되니까, 형법과 동등한 위치에 놓고 위헌성부터 따져 보자고 생각들 하셨던 것 같아요.

제재규정이 있다고 형법인 것은 아니에요. 형법이 아닌 많은 법들도 지키지 않으면 제재를 받잖아요. 공직자윤리법도 의료법도요. 하지만 그런 법들을 모두 형법의 범주에 넣지는 않죠. 법은 크게 국가와 개인의 관계를 다루는 공법, 개인과 개인의 관계를 다루는 사법으로 나뉘어요. 그리고 공법에는 헌법, 행정법, 형법이 있어요. 청탁금지법도 공법이지만 형법은 아니고 크게는 행정법에 속한다고 생각해요.

법률가와 행정가
사이에서

__이범준__ 다른 각도에서 다시 질문드리면, 법률가들이 위헌시비를 했지만 평범한 시민 입장에서는 '위헌성이니 뭐니 이런 말이 뭔지는 잘 모르겠지만 설마 대법관 출신이 위헌법률을 만들었겠어'라고 생각하는 것 같았습니다. 혹시 위헌성이 있다면 국회에서 뭔가 손을 잘못 댔기 때문이다, 솔직히 저도 그렇게 생각했고요. 또 하나는 청탁금지법이 검찰에게 위험한 칼을 쥐여 주는 결과가 될 수 있다는 우려가 있었습니다. 검사 중에도 그렇게 말하는 사람이 있고요.

__김영란__ 제가 그 덕을 보긴 했지만, 입법 토론회 같은 곳을 가 보면 법률가를 설득하는 게 제일 어렵더라고요. 반대의견 말하는 사람들은 다 법률가였고요. 행정가라든가 법을 전공한 교수가 아닌 다른 교수들은 필요하다고 생각하더라고요. 결국 법률가들은 형법이라고 생각하니까 반대하는 거지요. 수사권 남용에 대한 두려움이 있는 거예요. 검찰이나 경찰의 형벌권 행사에 대한 신뢰가 없기 때문이죠.

검사가 어떤 범죄 혐의가 있다고 기업가를 불러서 수사하다가 증거를 찾지 못하자 문제가 된 사건의 본질과는 전혀 관계없이 뭐랄까, 저인망식으로 싹 훑어서 기어이 처벌을 받도록 하는 경우도 있거든요. 기업하는 사람이나 법률가들 사이에서는 형벌권의 남용에 대한 두려움이 있지요. 기자들도 권력을 비판해야 하는 직업의 사람들인데, 이렇게 국가가 저인망식으로 나를 훑으면 어떻게 하나 밥 한번 먹은 걸로 처벌당해야 하나 이런 두려움이 있을 수밖에 없고, 저도 수긍하는 바이지요.

신뢰가 없는 나라라고 해서 처벌 법규를 아예 만들 수가 없는 건 아니겠지요. 그러나 이처럼 공적인 윤리를 문제 삼는 규정이라면 수사권 남용이 그런 식으로 행해지지는 않는다는 일종의 신뢰가 있는 나라여야지 만들 수 있다고 봐요. 우리 민주주의가 그동안 달성한 수준이나 국가기관의 작동이 통상 전제국가라고 불리는 국가와는 다르다는 데 대한 어느 정도의 신뢰가 있어야만 하지요. 우리가 과연 그런 신뢰가 없는 국가인가라는 생각을 저도 참 많이 했어요. 그런 게 두려우면 만들지 않아야 한다고 생각했고요. 그런데 과연, 그 정도로 작동을 못하는 나라인가, 우리 국가기관이 그 정도는 아니지 않나, 이 정도 시점이라면 이런 법을 만들어도 작동할 수 있지 않나 생각했던 거고요. 이 부분에서 저도 법률가와 행정가 사이에서 갈등하기는 했어요.(웃음)

이범준 실제로 검찰이 청탁금지법을 조세범처벌법처럼 전가의 보도로 쓸 것이란 우려가 있던 게 사실입니다. 청탁금지법의 대상이 광범위하다 보니 그런 것 같습니다. 방금 말씀하신 법률가와 행정가 사이의 갈등이란 게, 결국 대법관 출신 권익위원장으로서 복합된 감정인가요.

김영란 권익위원장으로서 우리나라의 부패 문제 해결을 위해서는 지금 이 시점에서 이 법이 필요하다고 생각했지만, 법률가로서는 정말 우리 국가의 형벌권 작동에 대해 법률가인 내가 백 퍼센트 신뢰할 수 있나 의심해 보았다는 거지요. 국가의 신뢰를 높이기 위해 제안한 법이지만, 과연 국가의 형벌권의 행사가 신뢰할 수준인가를 따져 봐야 하는 그런 상황이었지요. 제가 30년간 법관을 했는데 그 경험을 가지고 생각해 보았어요. 그 결과 어느 정도는 신뢰할 수 있다고 판단하고 입법 제안을 하기로 한 거죠. 일선에 있는 변호사는 늘 피고인과 같은 입장에서 사건을 처리하다 보니 저보다 신뢰가 약할 수도 있겠지요. 어쨌든 저도 그런 법률가들의 반발을 이해하지 못하는 바는 아니었지만 우리나라의 수준, 국가기관의 수준을 판단해 본 결과 해도 되겠다는 생각을 한 거죠. 신뢰가 먼저고 제도가 다음이냐, 제도를 만들면 신뢰가 더 쌓이느냐 이런 문제이기도 하고요. 그러나 우리 사회의 발전 수준에서 보면 동시에 두 가지 가치를 추구해도 되겠다고 생각했어요. 지금은 제대로 검찰권과 수사권이 작동해 주기를 바라면서, 이 법의 시행 과정을 지켜보고 있는 입장이지요.

이범준 이전 대담에서 위헌 여부에 대한 기자회견 과정을 말씀하셨는데요. 당시 언론이 위헌성에 관한 교수님의 의견을 들으려 한 것은 원안자이기도 하지만 전직 대법관이라는 법 해석에서의 권위 때문이기도 한 것 같습니다.

김영란 그럴 수 있겠지요. 그래서 기자회견인지 간담회인지를 할 수밖에 없었던 거지요. 저는 이 법에서 언론사와 사학을 집어넣은 것이 국회가 입법자로서 행사할 수 있는 권한 내의 것이라면 그걸 위헌이라고 할 수 있을까, 기자들에게 촌지 받지 말고 취재하라는 것인데 그것이 표현의 자유 침해라고 할 수 있을까, 수사기관이 과잉해서 저인망식 수사할 것이 우려된다면 그것은 수사기관의 체질을 고치는 것이 중요하며, 또 우리나라 수사기관이 그렇게까지 할 것인가 그런 고민을 해 보았는데요. 결과적으로는 위헌이라고 할 수 없겠다고 판단해서 그런 취지로 말씀드렸던 거지요.

당시 기자들에게 이런 이야기를 했어요. 공직선거법 제272조의 2를 보면 선거관리위원회에서 선거범죄를 조사할 때에는 범죄 혐의가 있다고 인정되거나 소명(疏明)*이 이유 있다고 인정되는 경우, 현행범의 신고를 받은 경우여야 하거든요. 제가 기자회견 자리에서 이 규정을 예로 들면서, 표현의 자유가 침해될 우려를 불식시키기 위하여 언론사에 대한 조사 등은 '소명이 이유 있다고 인정되는 경우' 등으로 수사의 개시를 제한하는 규정을 시행령에서 만들어 주면 좋지 않겠나 그렇게 이야기했는데, 그런 시행령을 만들지는 않은 것 같죠?

제가 법률가임에도 불구하고 저도 꿈에도 생각 못했던(웃음) 이런 과감한 입법을 하게 된 거지만, 뒤집어 말하면 법률가여서 자신감을 가지고 입법했다고 볼 수도 있어요. 그 모든 법률 논증을 이길 수 있다고 저는 생각했어요. 그리고 입법학적 연구 또는 입법 인류학적 연구를 할 수 있는 법이라고도 생각해 봐요. 이런 사례가 없었잖아요.

이범준 청탁금지법 헌법소원 결정문에서 눈에 띄는 것이 '여론의 압

---

* 증명보다 낮은 정도의 심증. 즉 진실한 것 같다는 추측이 생기게 하는 정도의 증명. 형사절차의 경우 피의자를 구속하려면 범죄 사실의 소명이, 유죄를 선고하려면 범죄 사실의 증명이 필요하다.

도적인 지지'라는 부분입니다. 헌법재판은 국회 등 다수의 결정을 소수의 재판관들이 부정하는 제도입니다. 교과서에서는 헌법적 정당성을 가지고 민주적 정당성을 보완한다고 설명하고요. 가령 국민이 뽑은 대통령을 파면하고, 국회가 통과시킨 법률을 폐기하는 것입니다. 그런데도 '청탁금지법에 사립학교 관계자와 언론인이 포함된 것을 지지하는 여론이 이를 반대하는 여론보다 압도적으로 높게 나타나고 있다'는 표현이 등장합니다. 다소 의외였습니다.

<u>김영란</u> 기본권도 법률을 만들어서는 제한할 수 있다고 헌법 제37조2항에 정해져 있어요. 다만 그 정도가 지나치면 헌법위반이죠. 이걸 과잉금지원칙이라고 합니다. 헌재에서 과잉금지인지 아닌지를 판단할 때 주로 두 가지를 봐요. 목적이 정당한지 그리고 수단이 적절한지. 그런데 목적의 정당성과 수단의 적절성을 판단하자면 우리 사회가 놓여 있는 상황이나 국민들의 인식을 살펴보는 게 필수이지요. 우리나라가 부패 문제에 대해 어떤 정책을 가지고 있는지, 사람들이 불공정성에 대해 얼마나 심각하게 생각하는지, 그런 불공정성을 시정하기 위한 법이 생긴다면 그로 인한 기본권 침해를 얼마나 감당할 의사가 있는지 등에 대한 여론을 고려하지 않을 수가 없어요.

기자들에게 제가 국민 68퍼센트가 이 법을 찬성한다고만 이야기하고 과잉금지의 원칙 같은 걸 자세히 설명하지는 않았더니, 신문에 대법관 출신이 이렇게 여론을 들어서 합헌이라고 주장하는 건 잘못된 거라는 기사가 막 나왔고요, 헌재 결정 후에도 헌재가 여론을 들어서 합헌

이라고 주장하는 게 잘못되었다는 기사가 나왔어요. 그러나 과잉금지 원칙에서 과잉이라는 말을 판단할 때 여론을 고려할 수밖에 없는 것이죠. 특히 이 법은 우리 국민들의 의식 수준이나 국가의 수사기관과 행정 수준도 고려해야 하는 법이거든요. 전제가 극심하거나 행정 부패가 극심한 나라는 발전 단계상 아직 이런 법을 만들 단계가 안 되었다고 보거든요. 만들어 봤자 지켜지지도 않는 법이 될 거고요. 이런 부분을 판단해야 하기 때문에, 우리나라의 수준을 판단해야 하지요. 현 수준을 판단하려면 우리 국민들이 우리 사회 공정성에 대해 기대하는 정도가 어디까지이고 공정성을 유지하기 위해서 달성해야 하는 수준은 어디인지도 봐야 하기 때문에 어쩔 수가 없는 거예요.

공직자를
믿을 수 있는 나라

<u>이범준</u> 헌법재판소 결정문에서는 교육과 언론을 부정적으로 평가하고 있습니다. '교육과 언론이 사회에 미치는 영향이 큰 만큼, 부당하게 이득을 얻거나 또는 부당한 처우를 피하려는 목적으로 금품 등을 제공하고 이를 수수하는 나쁜 관행이 교육계와 언론계에 아직도 남아 있다는 지적이 끊이지 않고 있다.' 다행히 반대의견도 있습니다. '사립학교 관계자와 언론인 직군이 다른 직군에 비하여 부패하였다는 실증적인 조사결과가 있는 것도 아니다. 오히려 2013년도의 각 산업별 청렴 경쟁력 지수를 볼 때 방송·통신·미디어 및 교육 서비스업이 가장 높게 나타나 민간산업 중에서는 상대적으로 청렴한 것으로 평가된다.' 소수의견인 것이 문제입니다.(웃음) 대충 짐작은 했지만 사회에서 기자들을 어떻게 생각하는지 알게 됐습니다. 청탁금지법이 생겨서 차라리 잘됐다는 생각이 듭니다.

<u>김영란</u> 사실, 이 법은 실제보다 더 안 믿는 사람을 믿게 하기 위해서 만든 거예요. 제가 이 법을 공무원을 위해서 만든 거라고 하는 이유가 바로 그건데요. 제가 공무원으로 오래 있었지만, 실제로 국민들이 느끼는 것보다는 수준이 높다고 생각되는데 사람들은 전혀 안 믿잖아요. 믿게 하자, 국가 신뢰도를 높이자, 그것이 가장 중요한 목표였지요. 그래서 저는 기자든 학교 교사든 잘되었다고 생각하는 사람이 더

많을 거라고 생각해요.

제가 넣지는 않았지만 언론사와 사립학교는 어떠냐. 사실 이론적으로는 언론사가 윤리강령을 세세하게 만들어서 지켜 오고 있었다면 문제가 안 되었겠지요. 예를 들어, 대기업에서 사업설명회를 하거나 신제품 설명회를 할 때는 이런 식으로 행동하라고 한국기자협회 차원의 또는 개별 언론사 차원의 구체적인 행동수칙을 두고 지켜 오고 있었다면 이 법에 넣을 필요도 없는 거였거든요. 교사도 마찬가지고요. 그러니까 직역별로 지켜야 할 세세한 행동강령이 없는 마당에, 이렇게 공무원들과 같은 수준에서 규제한 것 가지고 위헌이라고 할 수는 없겠다 저는 그렇게 생각한 거죠. 공직자 등을 상대로 뭔가를 해야 하는 민원인보다, 이 법의 수범 대상인 공직자 자체가 좋다고 생각할 것이 분명하다라는 확신을 가지고 만들었는데, 실제로 그런 인사도 많이 받고 있습니다. 판·검사들로부터도요. 같은 법학대학 나오고 사법연수원 나오고 해서 사건에 영향을 받지는 않으면서 밥만 같이 먹는 변호사 친구가 있는데, 그런 정도도 못하나, 이게 그렇게 부패한 것인가, 그렇게 생각하는 판사들도 많이 있을 거라고 생각했는데, 그런 분들이 이 법이 시행되고 나서는 마음이 참 편하다고 인사하시더라고요.

이범준 기자들도 여러 면에서 바뀌었는데 일상적으로 변화를 느끼는 것은 밥값입니다. 제 경우 청탁금지법 시행 이후로는 법조인들과 함께할 때는 3만 원 넘는 밥값은 무조건 더치페이를 합니다. 우스갯소리 가운데 누가 가장 밥값을 안 내나는 얘기 있었잖아요. 기자가 항상 등장하죠. 실제로 제가 세무서장과 검사장에게도 밥을 얻어먹었으니까요. 물론 나이가 어리다는 이유도 있었지만요.

김영란 우리 사회에는 밥 먹으면서 친밀하게 대화하고 하는 게 뭐가 그렇게 잘못이냐고 하는 사람들이 여전히 있잖아요? 그렇게 볼 수도 있지요. 그러나 점점 그 부분에 대해서도 불공정하다고 생각하는 여론이 늘고 있다는 거지요. 60~70퍼센트 정도 나와요. 그래서 저는 그 부분도 불공정하다고 의심을 받는 것이라면 다시 한 번 의문을 제기해 보는 게 옳다고 보았지요. 공정성이 의심받는데, 그 의심받는 게 부당한가 생각해 봤더니 의심할 수도 있겠다는 생각이 들었단 말이지요.(웃음) 그런 생각 끝에 더치페이 문화를 정착시키자, 이 법은 '더치페이 법'이다 이렇게 주장하게 되었지요. 우연히 타이완을 여행했는데, 같은 유교 문화권인데 타이완은 다 더치페이 한다고 하더라고요. 일본도 물론이고요. 동남아시아는 잘 모르겠는데 중국과 우리나라만 더치페이가 안 되고 있는 것 같았어요. 타이완과 일본이 하는데 우리는 왜 못하냐는 생각이 들었어요. 3만 원 이하는 더치페이를 안 해도 뭐 문제가 있겠나 했고. 그 이상은 더치페이를 하면 되는데, 사람들이 밥을 아예 같이 안 먹으려고 하는 것이 제가 예상을 못했던 사태지요.(웃음)

이범준 반대의견에 언론에 관한 부분이 더 있습니다. 요약하면 '언론은 민주주의 사회에서 활동의 자유가 보장되어야 한다. 만약 언론이 부패해서 신뢰를 상실하면 자연스럽게 도태되는 게 시장원리이다. 시장원리를 무시하고 굳이 법으로 처벌해야 하느냐. 공무원 같은 경우 시장원리가 작동이 안 되니까 법으로 처벌해서 어떻게 한다는 것까지는 수긍이 된다. 하지만 언론사는 민간이고 부패한 언론이면 도태될 텐데 왜 넣었냐' 등입니다.

김영란 그런데 부패한 언론이라고 해서 도태되지 않잖아요. 언론에 과연 그렇게 정확한 시장원리가 작동하느냐 의문이지요. 왜 언론을 두고 제4의 권력이라고 이야기하겠어요. 우선 그 논리 자체도 굉장히 이상주의적인 논리이고, 또 그러기엔 언론의 영향력이 너무 크죠. 그 큰 영향력 때문에라도 도태가 안 되겠죠. 어쨌든 민간부문도 결국은 투명하게 가야 하는데, 그 도중에 언론을 가장 먼저 대상으로 했다고 해서, 입법자가 그렇게 결단했다고 해서 위헌이라고 할 수는 없는 것이다, 저는 그렇게 봤어요. 언론이 진짜 스스로 자정 노력을 해서 언론사마다 언론의 사회적 책임에 걸맞은 강령을 두고 지켜 오고 있었다면, 국회에서 이걸 왜 집어넣었겠어요.

이범준 언론사는 실제로는 사기업이기는 하지만, 적지 않은 사람들이 언론기관이라는 표현을 쓰기도 하고, 일반 사기업이 갖지 못하는 권한을 많이 보장받지요. 하지만 언론사의 임직원이라고 해서, 실제로 기사를 쓰지 않는 언론사 직원까지도 다 포함되도록 한 부분에 대해서 문제제기를 하는 사람들도 있지 않습니까?

김영란 언론사의 임직원이라는 사람들이 굉장히 다양하지요. 임직원을 넣은 것은 사주라든지 경영 쪽에 관여하는 사람들을 생각하고 했을 텐데요, 어쨌든 언론의 기사에 영향을 미칠 수도 있는 사람을 염두에 두었겠지요. 그러면 그중에 정말 말단 하위직 사원까지 왜 넣었냐고 물을 수는 있겠지요. 글쎄 그거야 더 섬세하게 만들 수도 있었겠지만, 이 법 자체가 일종의 행동강령 같은 거니까 그 부분을 따져서 합헌이다 위헌이다라고 말하기는 어려운 면이 있어요. 그러나 어떤 언론사에, 맨 아래 말단 직원이, 나는 이 법의 대상자로 될 만큼 공공성이 있는 직위에 있지도 않은데 왜 이렇게 번잡한 법에 나를 대상으로 만들어 놨냐면서 위헌이라는 주장을 하고 헌재에 간다면 어떻게 될까. 생각해 볼 수는 있겠지요. 하지만 그게 쟁점은 아니잖아요. 그 부분이 위헌이라고 해도 법 자체에 큰 영향도 없을 거고요.

불공정은 한국의
문화가 아니다

이범준 일부에서는 부패라고 여겨지는 부분은 기존 형법을 이용해 배임수증재죄나 알선수재 등으로 처벌할 수 있고, 그것으로도 처벌이 안 되는 것을 처벌하기 위해 이 법이 만들어진 것이라면 정말 이 세상의 모든 것들을 다 꼼꼼히 처벌하려는 의도에서 만든 법이다. 그렇다면 이 세상을 처벌로 다 정화하려는 편의적인 발상 아니냐. 이런 반대 의견도 있습니다.

김영란 그렇죠. 그게 바로 법률가들이 가장 많이 지적하는 부분이지요. 그런데 이 법이 처벌규정이라고 생각하니까 그런 거지 이 법은 형법이 아니고 매뉴얼이다, 정말 회피하고 싶은 청탁이 있거나 회피하고 싶은 금품수수가 있을 때 이런 방식으로 회피하라는 법이고, 그러지 않았을 때 그걸 지키게 하기 위해서 처벌규정을 넣은 것이다라고 생각하면 달리 볼 수 있지 않을까요. 원래 행동강령이 있었지만 처벌규정이 없는 탓에 지켜지지 않았기 때문에 이렇게라도 넣은 것이거든요.

이범준 앞서도 거듭 말씀하신 것이 "받는 사람이라고 해서 기꺼운 마음이 아니라 받아서 마음이 불편하기도 하다. 그것 때문에 공직생활이 힘들고 불편한 사람들을 보호하기 위해서 만든 법이다"라는 것이잖아요. 매뉴얼을 들이대면서 "당신 나를 이렇게 불편하게 하지 마라, 내가 이렇게 하면 처벌되는 조항이 있다"면서 막겠다는 것이죠. 그런데 청탁금지법에 반대하는 쪽에서는 처벌하려고 이 법을 만든 것 아니냐고 하니까 접근의 방향이 다른 것 같습니다.

김영란 예, 그렇지요. 그 이야기입니다. 한국은 인정의 문화, 정의 문화를 내세우잖아요. 심지어 초코파이 광고도 그렇게 하지요. 그것을 깨지 않고는 한국 사회에서 이루어지는 이런 불공정함을 시정할 수 없겠다 생각했지요. 이제 우리나라도 글로벌한 기업이 많이 있고, 글로벌 업체들에게 투자를 해 달라는 캠페인도 많이 하고, 실행되는 투자 유치도 많고 외국계 회사도 많이 들어와 있습니다. 외국계 회사 최고경영자(CEO)들이 이야기하는 게 그래요. 한국에서 사업하기 너무 어렵다, 그 이유는 한국은 관계의 문화인데 자기들은 자기들 회사에 엄격한 윤리규정이 있고, 이 윤리규정을 지키지 않고 한국식으로 사업을 하면 다 제재를 받는다, 그런 얘기였어요.

결국 뭔가 문제가 있는 것이고 그 문제를 고치는 방법은 무엇일지 고민하지 않을 수 없었지요. 이 법이 통과되고 나서 해외 한 언론에서 "한국은 은혜를 갚아야 하는 문화가 있다, 그런 한국의 특수한 문화에 대해 질문을 던지는 법이다"라고 쓴 기사를 봤어요. 서로 은혜를 갚고, 정을 나누고, 어려운 사람 도와주는 것은 굉장히 좋은 문화인데 그걸 왜 그렇게 못 잡아먹어서 안달이냐고 하는 분들도 있었어요.(웃음) 저는 그 문화는 농촌 공동체 문화였던 것이다, 요새처럼 도시화되고 개인주의화된 산업화 시대에서는 자칫하면 거래의 공정성을 의심받게 된다, 그러니까 이제는 새로운 문화로 바뀌어 가야 한다고 설명했지요. 아까 언급했듯 지금 사람들 60~70퍼센트가 한국의 불공정성을 의심한다는 이야기는 결국 이제는 바뀌어야 한다는 걸 우리 스스로 느끼고 있는 것이라고 보아요.

이범준 외국 기업들이 한국에서 영업을 하려고 해도 본국의 엄격한 규칙 때문에 힘들어하는 경우가 많다고 하셨는데요. 이 부분과 관련해 헌재 결정의 반대의견에서는 민간영역에서 확대 스케줄이라도 밝혔어야 한다고 했습니다. 구체적으로 '민간영역으로 단계적으로 확대 적용될 것을 예정하는 입법의도가 있다면 청탁금지법에서 그 취지를 명확하게 규정하거나 부칙 규정에서라도 민간부문에서의 적용 대상 확장에 관한 시계열적인 로드맵을 구체적으로 제시하여 의문의 여지가 없도록 했어야 한다'는 것입니다.

김영란 네, 외국 기업들이 그런 이야기들을 하더라고요. 특히 제약회사가 의료기관에 리베이트를 안 주면 제품을 팔 수가 없는데 그것 좀 어떻게 해결해 달라고 하는 외국계 회사도 있고요. 요즘은 리베이트 처벌하는 법이 생겼지요? 꼭 위법한 경우까지는 아니라 해도 같이 밥 먹고 하는 것조차도 자기들은 접대비가 회당 얼마로 제한되어 있어서 접대를 하지 못한대요. 하면 회사에서 걸린다고요. 그런데 한국에서는 그렇게 접대를 빈약하게 하면, 접대받은 사람이 접대가 아니라 모욕을 당한다고 생각하지 않느냐 이런 이야기를 하는 사람도 있었어요. 그러니 글로벌 스탠다드에 맞춰 갈 필요가 있고, 이 법이 잘 지켜지면 국내에서는 물론 세계적으로도 우리 공직사회의 신뢰가 더 공고해질 것이라고 생각해요. 한국에 있는 미국 기업들이 만든 주한상공회의소에 가서 그런 취지의 연설을 했더니 많이들 호응해 주시더라고요.

이 법이 국회 통과되기 전에 언론에서 제 의견을 구할 때, 언론사 나름의 독자적 행동수칙이 잘 만들어져 있고 잘 지켜진다면 꼭 이 법에 언론사를 포함시킬 필요는 없을 거라고 대답하곤 했어요. 대형병원을 예로 들어 보면 일정 규모 이상 병원들이 연합하여 이 법 못지않은 더 엄격한 행동강령을 만들어서 지키고 있다면 굳이 의료기관을 법에 넣자고 할 필요가 없잖아요. 그렇게 본다면 이 법에 앞으로 민간의 참여를 더 확대시키는 방법은 여러 가지라 할 수 있어요.

민간부문을 포함시키는 스케줄이 왜 없냐고 하셨는데, 다양한 방법으로 민간부문을 참여시켜야 하므로 그런 확대 스케줄을 미리 정해 놓는 것은 무리죠. 더구나 청탁금지법이 시행되어 가면서 이 법의 대상인 사람들, 이 법 때문에 간접적인 대상이 되는 일반 국민들이 실제로 변해 간다면 스케줄을 밝혀 놓았더라도 그대로 따를 필요도 없을 거잖아요. 예측 가능하지 않은 이 현실세계에서 미리 스케줄을 밝히는 것이 얼마나 실효성이 있고 필요한 것인가 의문이기도 합니다. 현실의 변화를 함께 주시하면서 민간영역에도 청탁금지법의 정신이 퍼지는 방법을 모색해야 할 것이고, 그렇지 않으면 이상적인 논의에 머무르는 것일 수도 있으니까요.

이범준 말씀 들으니 생각나는 게 있는데요. 2014년 인천아시안게임 당시 일본 방송사 해설자로 다카하시 나오코(高橋 尙子)라는 전직 여자 마라톤 선수가 왔습니다. 2000년 시드니올림픽 금메달리스트이고 2001년 베를린마라톤대회에서 세계최고기록을 냈습니다. 반가운 마음에 그 언론사 서울특파원에게 사인을 한 장 받아 달라고 부탁했어요. 그런데 그 기자가 며칠 뒤에, 회사 윤리규정을 찾아보니 유명인에게 사인을 받지 못하게 돼 있다면서 미안하다고 하더라고요. 일단 자기가 받을 수가 없다는 거예요. 금전상 이익이 되기 때문에 금지돼 있다는 이유였습니다.

김영란 민간부문에 대해서는, 스스로 수칙을 만들고 지키도록 유도하는 방식이 바람직한 개입이지요. 국회나 사법부 등에 권익위원회가 개입할 권한은 없기에 권익위원장 시절 국회도 그런 식의 윤리강령을 만들라는 권유를 계속해 보았지만 귀 기울여 듣지는 않더군요. 지방의원들에게도 지방의원 윤리강령을 만들라고 권익위원회 직원들이 계속 말하고 다녔고요. 예컨대 지역에서 건설업 하는 사람이 지방의원이 되었는데도 건설업 경영을 계속하게 되면 이해충돌 상황이 생기니까 그런 상황을 방지하는 데 필요한 윤리강령이 준비되어 있어야 하거든요. 표준강령을 만들어 줄 테니 수용하라는 권유를 하자 받아들이려는 의회가 생기기는 했지만, 대부분은 권익위원회가 무슨 권한으로 그런 권유를 하냐는 식이었지요.

우리 사회는 이 정도로 행동수칙에 대한 인식이 매우 부족해요. 사법부조차도 법관윤리강령이 일종의 도덕교과서에 나오는 수준 정도고요. 그런 정도의 수준에 그치면 안 되지요. 필요하면 들고 다니면서 찾아볼 만한 내용을 담고 있는 책 한 권 분량의 매뉴얼이 필요하지요. 민간영역에서 독자적으로 치밀한 행동강령을 만들려는 적극성을 갖게 하는 방안이 뭘까요. 미국의 컴플라이언스 오피서(compliance officer) 같은 제도를 더 광범위하게 들여오는 방안을 검토해 볼 필요가 있어요. 회사에서 행동강령(compliance)이 준수되도록 내부적으로 통제·감시하는 팀을 별도로 두는 건데요, 우리는 컴플라이언스 오피서라는 말을 그대로 쓰기도 하고 준법감시인이나 준법지원인으로 번역해 사용하기도 합니다.

미국 제도에는 이런 내부통제제도를 둔 회사에 대한 다양한 인센티브가 있는데, 우리는 내부통제제도가 그리 활발하게 논의되지는 않고 있어요. 보험업 쪽에는 그런 직책을 두면 인센티브를 주는 등 동기 부여가 되는 제도가 미미하게나마 만들어져 있지만 다른 부문에까지 확산되어 있지는 못하지요. 세계경제포럼(WEF)이 하는 청렴도 평가에서 우리나라의 민간영역에 대한 평가가 굉장히 낮게 나와요. 제가 권익위원장이던 2011년에도 이 무렵 터진 태광 사건*의 영향으로 청렴도 평가가 확 내려갔어요. 공직사회만이 아니라 민간부문도 평가 대상이거든요. 민간부문을 국가에서 강제하는 건 한계가 있는데 공익성이 강하다고 해서 언론사와 사립학교를 이 법의 강제 대상으로 넣은 거잖아요. 그렇더라도 다른 민간부문도 똑같은 수준으로 빨리 입법해라, 스케줄을 밝혀라 하는 건 더 생각해 볼 문제지요. 물론 언론사나 사학에 준하는 공적인 역할을 하는 기관이나 단체를 포함시키는 규정을 만들 수도 있겠지만, 꼭 이 법을 확장시키는 스케줄을 만들고 그에 따를 것인지는 머리를 맞대고 더 논의해 봐야지요.

이범준 언론사와 사학이 평등권을 침해당한다는 주장은 두 가지 차원이었네요. 언론사와 사학을 다른 공공기관과 똑같이 취급한 게 하나, 다른 유사한 공적인 역할을 하는 기관을 넣지 않은 것이 또 하나. 두 주장에 대해서 헌재의 다수의견이 평등권 침해가 아니라고 한 것이고요. 그렇다면 언론사나 사학을 넣은 상태로 법이 계속 진행되면, 자연히 민간영역까지 확산되리라고 보시나요?

김영란 확산이 쉽지는 않겠지요. 이 법이 안착되면 부분적으로 확산

---

* 이호진 회장과 이선애 상무 등 태광그룹 일가가 7천여 개 차명계좌를 가지고 4400억 원 규모의 출처 불명 자금을 운용한 혐의로 기소된 사건. 범죄 규모는 모두 1491억 원으로 횡령 536억 원, 배임 955억 원, 배임 수재 250억 원이라고 검찰은 밝혔다.

시키는 규정을 넣을 수도 있을 거예요. 그와 별도로 보험업이면 보험업, 금융업이면 금융업 각 업종별로 현행 규정을 손질하거나 나름의 규정을 만들어서 지키게 하는 방법은 없을까 생각해 보자는 거지요.

이범준 3·5·10, 정확히 말하자면 '수수가 금지되는 금품 등의 예외 사유로 사교 등의 목적으로 제공되는 음식물·경조사비·선물 등'이 (법령이 아닌) 대통령령으로 정해진 부분과 그 금액이 너무 낮다는 지적에 대해서는 어떻게 보시는지요. 헌재에서는 합헌 결정을 냈지만 그렇다고 고치지 못하는 것은 아니잖아요. 문재인 정부 들어서도 이낙연 국무총리가 후보자 시절 인사청문회에서 손을 보겠다고도 했습니다.

김영란 저는 여기서 법이냐 대통령령이냐 여부가 그렇게 중요한지 의문입니다. 3·5·10이 대통령령이라 해도 국무회의의 의결을 거쳐야 하고, 국무회의에서 바꾸려면 또 국민들 의견도 들어야 하니까요. 지금도 경제부처에서는 바꾸자 하고, 권익위원회에서는 못 바꾼다고 하고. 여론도 반반쯤 되는 것 같아요. 어떤 여론조사에서는 바꿔야 한다는 의견이 높고, 어떤 여론조사에서는 아닌 게 높고요. 대통령령이니까 국무회의의 의결을 거치면 바꿀 수 있겠지만 정부에서도 압도적인 여론의 지지가 없다면 섣불리 바꾸기 어려울 것이고, 국회에서는 다수당이 바꾸려 하면 대통령령보다 더 쉽게 바꿀 수도 있고요. 특히 농어촌 지역구 출신 의원들이 발의를 많이 해 놓기도 했지요. 그러니까 정말 포괄위임금지원칙에 반해서 위헌인 경우라면 다른 문제겠지만, 그게 아니라고 일단 결정이 난 이상 법이냐 대통령령이냐가 그리 중요한 문제가 아닌 것 같아요.

가액도 듣기로는 권익위원회 안은 5·5·5였대요. 그런데 청와대에서 3·5·10으로 고쳐 왔다고 하더라고요. 사실은 가액이 중요하지 않은 게, 다른 나라에서도 공직자가 받을 수 있는 접대·선물 액수가 우리 돈 2~5만 원 수준이에요.* 미국이나 일본, 유럽이 우리보다 물가가 싼 것도 아닌데요. 결국은 그냥 자기 돈으로 먹으라는 이야기이니 가액이 별로 중요하지 않다는 거지요. 가까운 친구가 공직자가 아니고 직무관련성이 없다면 같이 100만 원어치를 먹든 50만 원어치를 먹든 상관없겠죠. 공직자들이나 기자들이나 교사들이나 학교 관계자와 먹을 때는 직무관련성을 따져 보고 직무관련성이 있다면 각자 자기 돈으로 먹자, 이렇게 생각하면 쉽지 않나 싶어요.

사람들이 밥을 같이 먹지 말란 얘기냐 하는데, 밥은 같이 먹고 각자 돈을 내자는 거지요. 문화로 정착된 습관의 문제겠지요. 청탁금지법을 만든 저도 각자 내는 데 아직은 어색함이 있는데, 사람들은 오죽할까요.(웃음) 충분히 이해가 가지만, 습관 고치는 게 쉽다면 이런 법이 왜 필요하겠어요. 쉽지 않아서 만든 법이니 정착되기까지 시간이 좀 걸리겠지요.

---

* 미국 20달러(2만 2510원), 일본 5000엔(5만 1027원), 영국 25파운드(3만 5868원), 독일 25유로(3만 1514원), 싱가포르 50싱가포르달러(4만 635원), 타이완 500타이완달러(1만 8665원)이다. 출처는 2016년 국민권익위원회 주최 부정청탁금지법 시행령 입법예고안 공청회 자료 등이며, 원화환산액은 2017년 6월 12일 기준이다.

청탁금지법 시행 직후인
2016년 가을 박근혜-최순실 게이트가 터졌다.
두 사람의 요구에 따라 대기업들은 경제적 이익을 제공했다.
기업이 강요의 피해자라는 주장과
이들이 뇌물을 준 것이라는 의견이 갈렸다.

대통령을 파면까지 시킨 게이트의 바닥에는
부탁을, 청탁을, 부정한 청탁을 거절하지 못하는 현실이 있다.
김영란법은 이런 현실을 막아 낼 수 있을까.

5
김영란법,
박근혜-최순실을 겨누다

청탁금지법으로 풀어 본
박근혜-최순실 게이트

이범준 앞서 설명하신 과정을 거쳐 만들어진 청탁금지법 시행을 두세 달 앞두고 박근혜-최순실 게이트가 시작됐습니다. 법 시행 두 달 후인 2016년 11월은 박근혜 대통령 퇴진 요구 촛불집회가 한창이던 때고요. 온갖 청탁으로 얽히고설킨 이 사건을 보면서 청탁금지법이 있었다면 이런 비리를 막을 수 있었을지 생각하는 사람들이 많았습니다. 이 사건은 대통령 파면으로 이어졌습니다. 이후 법원에서 형사재판이 시작됐는데 핵심은 박근혜 전 대통령 등의 뇌물 혐의입니다. 청탁금지법 시행 이전의 일들이기 때문에 대가성을 따져야 하는 뇌물죄로 기소가 됐습니다. 당시 청탁금지법이 있었다면, 대가성을 부인해도 유죄가 나오는 청탁금지법으로도 기소가 됐겠지요?

김영란 청탁금지법이 있었다면 그랬겠죠. 그럼에도 이번 사태를 보면서 사람들이 저한테 대체 청탁금지법이 뭘 해 줄 수 있냐 이렇게 물으니 저도 좀 답답하긴 했습니다. 대통령처럼 정점에 있는 사람이 헌법 정신을 훼손하고 실정법을 위반했을 경우에 국민들은 무엇을 할 수 있는지 하는 차원의 문제잖아요. 대통령은 재임 중 형사소추(기소)되지도 않잖아요? 이 사건에 대해서 사람들은 이런 범법행위도 못 막으면서 법을 뭐하러 만들었으며, 그 법으로 수많은 논쟁을 했는데 무슨 소용이 있으며, 우리는 3만 원 넘나 5만 원 넘나 신경 쓰고 있을 때 수백억 원

어쩌면 수천억 원이 날아갔는데…, 이런 식으로 이야기했잖아요? 저 또한 이럴 거면 청탁금지법을 왜 만들었나 자괴감이 들더라고요.(웃음) 저도 이 법이 시행되었다면 달랐을지, 뭔가 좀 나아졌을지, 부족한 부분은 앞으로 어떤 식으로 고쳐야 할 것인지 이런 생각을 계속했어요.

<u>이범준</u> 우선 박근혜-최순실 게이트에서, 뇌물죄를 인정하는 데 필요한 대가성이 없다고 하더라도 청탁금지법에 따라 청탁과 금품수수만으로 처벌 가능한 일은 어떤 것들이 있었나요. 그 밖에도 사람들이 어색하게 느끼는 혐의로 기소된 경우도 적잖습니다. 가령 최순실 씨의 딸 정유라 씨가 이화여대에 부정입학한 것은 이화여대 학사에 대한 업무방해 혐의로 기소됐습니다. 청탁금지법이 적용됐다면 쉽게 이해가 됐을 것 같습니다.

<u>김영란</u> 청탁금지법이 있었다면 법이 적용되는 경우가 많았어요. 예컨대 이재용 삼성전자 부회장이 안종범 전 정책조정수석이나 박근혜 전 대통령에게 청탁을 한 것은 부정한 청탁일 가능성이 크지요. 청탁금지법이 있었다면 그 청탁과 청탁에 대한 미신고, 청탁에 따른 직무수행 등이 처벌이나 제재 대상이 됩니다. 사립학교인 이화여대에서 청탁을 받고 최순실 씨 딸 정유라 씨에게 여러 특혜를 준 것도 이 청탁금지법에 해당되더라고요. 업무방해죄 이전에 이 법으로 처벌할 수 있었겠죠.

하지만 최순실 씨가 삼성, 현대자동차 등 사기업에 이런저런 부탁을 한 것은 해당되지 않아요. 박근혜 전 대통령의 지시로 안종범 전 정책조정수석이 SK 등에 최순실 씨 측을 지원하라고 요구한 것도 해당되지

않지요. 이화여대는 청탁금지법의 적용 대상이지만, SK 등 사기업은 적용 대상이 아니기 때문이지요. 공무원이 사기업에 청탁하는 것은 이 법 안에 포함되어 있지 않아요. 하지만 사기업에서 대통령이나 안종범 정책조정수석에게 예를 들어 특별사면에 넣어 달라고 했다거나 면세점 특허를 받게 해 달라고 하는 것은 이 법의 적용 대상이 되지요.

이범준 말씀하신 것처럼 이번 게이트에서 삼성이나 롯데와 달리 이화여대는 청탁금지법 적용 대상입니다. 정유라 씨가 이화여대 입시를 치르던 2014년에 청탁금지법이 있었다면, 정유라 씨에 대해 입학과 성적 등 부당한 청탁을 받았을 때 교수들이 공개하고 거절할 수 있는 시스템이 있는 셈이네요.

김영란 그렇죠. 청탁금지법 적용 대상이지요. 정유라 씨에 대해 성적도 올려 주고 출석 처리도 해 주고 과제물도 대신 해 주는 등 여러 부정행위가 있었지요. 만약 당시 이 법이 적용되었더라면 이화여대 측에서는 당연히 거절했어야 하고, 청탁한 사람에 대해서도 제재가 있어야 했겠죠. 거듭해서 청탁을 하면 신고해야 하고, 신고하지 않은 데 대해서도 제재가 있죠. 거절하고 신고할 수 있는데 거절도 안 하고 신고도 안 했으니 당연히 제재를 받겠지요. 그런 청탁을 받은 적도 없다고 잡아떼더라도 증거를 잡기가 비교적 수월하겠죠.

이범준 검찰이 기소한 박근혜 전 대통령의 혐의는 열여덟 개입니다. 간단히 정리하면 박근혜 전 대통령 등이 직권남용·강요를 했고 이를 계기로 뇌물을 주고받았다는 게 검찰이 기소한 골자입니다. K스포츠 재단과 미르재단, 최순실 씨 딸 정유라 씨 등 박근혜 전 대통령과 관련된 곳으로 대기업들이 돈을 냈고요. 그 대가로 대기업들이 여러 혜택을 얻은 것입니다. 삼성은 삼성물산과 제일모직 합병에서 국민연금공단의 도움을 받았고, 롯데는 면세점 면허를 받았다고 하고요. 검찰은 당초 강요죄만 적용하려다가 박영수 특별검사팀에서 뇌물죄로 수사를 하면서, 결국 두 가지가 동시에 기소됐습니다. 법리적으로는 강요죄와 뇌물죄가 동시에 인정되느냐가 재판에서 쟁점인 것 같습니다. 검찰이 처음에 강요로 프레임을 설정하다 보니 언론이나 시민들이 뇌물이라고 인식하는 데 다소 어려움이 있었습니다.

김영란 이 사건은 단순화하면 기업이 청와대의 강요에 의해서 돈을 출연하면서 강요를 한 사람에게 직접 출연하지 않고 강요한 사람이 요구하는 다른 곳, 미르재단과 K스포츠재단 등에 출연했지요. 그러나 사실상의 운영자가 최순실 씨인 거고, 운영자 최순실 씨가 그 이익을 박근혜 전 대통령과 공유한다는 거지요. 이게 특검과 검찰의 그림인 거죠. 이런 경우 강요죄와 뇌물죄가 동시에 해당될 수도 있어요. 기업이 못 이기는 척 정부의 제안을 받아들이고 기업이 해결하지 못하고 있던 엄청난 문제를 해결할 수 있게 되었다면 그건 서로를 이용하는 것이라 볼 수 있겠지요. 그때는 강요죄와 뇌물죄가 양립할 수도 있다는 거죠. 그동안 우리나라의 정경유착은 대부분 이렇게 서로를 이용하는 방식으로 존재해 왔었지요. 그리고 박영수 특검과 검찰은 이 사건이 바로 그런 형태라고 본 거지요.

기업에게 공권력에 맞서
거절할 자유를 허하라

이범준 이 사건에서 이재용 삼성전자 부회장 주장은 자신들은 강요의 피해자라는 것입니다. 당초 검찰도 삼성이 강요의 피해자라고 판단했다가, 특검에서 뇌물 공여자로 보고 이 부회장을 구속했고요. 검찰이 이 수사 결과를 받아들여서 박근혜 전 대통령을 기소할 때 뇌물수수로 기소했잖아요. 재판에서 삼성의 합병 과정에 청와대가 어떤 역할을 했는지 드러나야 뇌물 여부가 드러날 것 같습니다. 일단 공소 사실을 바탕으로 얘기하자면, 대기업들로서는 청와대의 요구를 거부하고 불이익을 받느냐, 요구를 받아들이고 이익도 함께 얻느냐의 선택 상황에 놓였던 셈입니다.

김영란 네, 기업 입장에서는 일단 돈을 내고 이익을 얻는 게 나아 보이잖아요? 돈을 안 내고 버티면 세무조사를 받을 수도 있고, 앞두고 있던 사업에 지장을 초래할 수도 있고, 경우에 따라서는 형사처벌을 받을 수도 있고요. 그래서 더욱더 적극적으로 유착관계를 형성하려고 하는 거지요. 선택의 자유가 없으니까요. 그러면 기업들이 강요를 받았을 때 뇌물을 내고 이익을 얻고 싶지도 않고 기업 경영의 자유를 얻고 싶다, 그럴 때 어떤 조치를 할 수 있을지가 문제죠. 이번 박근혜 대통령 탄핵 사건에서 헌법재판소가 탄핵 이유로 '기업 경영의 자율권을 침해한 것'을 들었잖아요. 그 기업을 처벌하느냐 마느냐는 앞으로 대법원의 재판 결과까지 기다려 봐야겠지요. 그걸 떠나서 기업이 강요를 받았을 때 강요가 있었다는 것을 밝히게 하고, 거절할 수 있는 자유를 주는 시스템을 만들 수는 없나, 만일 그런 시스템을 만들지 않으면 언제든지 같은 문제가 생길 수 있지 않겠나 생각해 볼 필요가 있더라고요.

강요받았을 때 이를 밝히고 거절해도 불이익이 없는 시스템을 마련해 주고 나서, 그런 시스템이 있는데도 불구하고 이익이 더 크기 때문에 뇌물을 주고 이익을 얻는 길을 선택했다면 그건 논란의 필요도 없이 엄격하게 처벌할 수 있겠지요. 기업에 선택의 자유가 주어졌으니까요. 차악의 선택을 할 수밖에 없던 시스템에서 선택의 자유를 보장하는 시스템으로 가게 되면 큰 이익을 위해서 정경유착을 선택한 기업을 보호할 필요는 없지요. 그러니까 기업의 경우에도 강요가 있었을 때 거절할 수 있는 시스템을 만들어야겠다, 이런 생각을 하게 되지요. 이번 박근혜-최순실 게이트에서처럼 최고위직 공무원이 기업에 강요했을 때 기업이 거절할 수 있는 자유를 우리나라에서 어떻게 보장할 수 있을까, 이걸 생각해 봐야 할 것 같아요. 청탁금지법에서도 기업의 경우에는 공무원 등이 청탁을 해 오면 거절하거나 신고할 수 있는 시스템이 보장돼 있지 않지요. 기업은 불이익을 감수하고 거절하거나 청탁을 들어주거나 두 가지 중 하나를 선택할 수밖에 없는 거죠. 차악의 선택인 거죠. 기업의 입장에서 생각해 보면 거절해서 정부와 대립관계를 유지하는 것보다 그냥 뇌물을 주고 좋은 관계를 유지하는 게 자신들의 이익이고, 그러면 청탁을 들어주게 되는 거죠.

<u>이범준</u> 30여 년 전인 1985년에 재계순위 7위의 국제그룹이 공중분해 됐는데, 전두환 정권의 각종 요구를 거절한 때문이란 것이 정설입니다. 이 사건에 대한 헌법소원 사건의 헌법재판소 결정문에도 '공권력의 개입이 인정된다'고 했고요. 하지만 지금은 삼성 정도면 거절하려면 할 수 있지, 그들도 이익을 얻을 요량으로 그런 것 아니냐고 적잖은 사람들이 생각할 것 같습니다.

<u>김영란</u> 삼성 같은 글로벌한 대기업이면, 대통령이 뭐라 해도 No라고 말할 수 있을 거라 생각되긴 하지요? 그런데도 삼성은 Yes 하면 얻을 게 더 많았기 때문에 말을 안 했다고 볼 수 있지요. 그게 이 사건에서 삼성이 빠져나오기 어려운 굴레지요. 삼성은 글로벌한 기업이고 주주들 중 글로벌한 투자자들도 많잖아요? 우리 주주들과 또 이사회와 상의해 봐야만 합니다, 이런 투자를 제가 마음대로 할 수 없습니다, 라고 말할 수도 있었겠죠. 기업이 그냥 정부가 불러서 가고 정부가 하라는 대로 하고 이런 걸 하지 않아도 되는 시스템이 삼성 정도에는 갖춰져 있지 않을까 생각해 보게 되네요. 그럼에도 불구하고 이번에 왜 삼성이 문제가 되나 생각해 보면, 자기들이 얻을 게 있으니 No 하지 않은 거죠. 그래서 사람들이 삼성에 분개하는 거고요.

이걸 현재의 법으로 풀기는 참 어려운 문제 같아요. 그러니 거절할 수 있는 문화가 정착되어야 하지 않을까 생각해 보게 되지요. 청탁금지법의 목적이 거절할 수 있는 문화를 만든다는 것이었잖아요? 공무원이 거리낌 없이 거절해야만 하고 거절할 수 있는 문화를 만들자는 거지요.

대기업과 정권과의 사이에서도 그런 문화가 정착해야 하지 않을까요? 그래야만 정경유착의 싹을 잘라 버릴 수 있겠지요.

조금 달리해서 외국은 어떨 것 같아요? 만일 미국에서 도널드 트럼프 대통령이 누굴 불러다가 내가 엄청난 문화재단을 세울 건데 1억 달러만 기부해라, 스포츠 사업이다, 이렇게 했다면요. 이 사람이 봤을 때 자기는 그 분야에 전문성이 전혀 없고, 1억 달러면 내가 직접 다른 문화 사업을 하지 뭐하러?라고 생각했다면 어땠을까요? 자기는 클래식음악을 좋아하고 그 돈이 있다면 클래식음악에 투자하고 싶다, 그러면 No 라고 말할 수 있을까요. 어쩐지 미국에서는 우리나라에서보다는 거절하는 게 더 쉬울 거라는 생각이 들기는 하네요. 어쨌든 문화의 문제가 거기에도 숨어 있는 것은 확실하겠죠.

기업에도 거절할 수 있는 시스템이 필요한데, 이걸 꼭 법을 만들어서 할 일인지는 잘 모르겠어요. 기업에게 공무원이 뭐라고 하면 거절해라, 안 그러면 기업 너를 처벌하겠다, 이런 법을 만들 수는 없을 거 아네요. 언론사나 사립학교 교원과는 좀 다르잖아요. 그러니까 결국은 기업이 시스템으로 방어해야 하지 않을까 생각해요. 방어할 수 있는 시스템을 만들고 나서 정부에서 기업 경영의 자유를 침해하는 강요가 있을 경우 이사회나 주주총회에서 논의해서 방어할 수 있지 않나 하는 거죠. 우리 투자자들이 원치 않습니다, 이런 식으로요. 삼성 정도 되면 할 수 있을 텐데 얻는 이익이 더 크니까 따른 거고, 그렇다면 뇌물죄가 성립되는 거겠죠.

이범준 지금까지 재벌들은 정경유착을 오히려 기업의 이익추구의 도구로 이용해 온 점을 부정할 수 없고, 더 이상 이런 방식으로는 성장하기 힘드니 적법한 거절을 통해 기업의 경쟁력을 강화해야 한다는 말씀이신 거죠. 말씀하신 대로 과거 대기업들이 정권의 요구를 기회로 삼아 여러 가지 혜택을 누려 온 것이 사실이고, 이번 박근혜-최순실 게이트에서도 대기업들이 정권의 요구를 들어주고 자신들의 문제를 해결한 것으로 드러났습니다.

김영란 맞아요. 그동안 기업이 마지못해서 정치권력을 이용한 게 아니라 적극적으로 정치권력을 이용하여 이익을 축적해 왔지요. 고도성장기를 기업과 정치권력의 끈끈한 결합으로 이룩해 왔고, 정경유착이 실제로도 작동한다고 사람들이 생각하잖아요? 그 안에서 기업이 권력에 의한 억압이니 자유니 방어니 하고 주장하는 것이 가진 자의 오만함처럼 들리기도 하겠지요. 하지만 그런 방식으로 비판에만 열을 올리고 말면 해법도 묘연하고 뇌물죄와 강요죄라는 단편적 법적 처벌에만 의지하고, 또다시 그 관계로 돌아가고 말지 않을까요. 유착의 고리가 어디서부터 시작되었는지, 혹은 완벽히 끊어지지는 않더라도 어떻게 하면 느슨해질 수 있는지를 현실적으로 고민해 봐야 한다는 거지요. 그동안 어쨌든 국민경제에 기여도가 큰 기업들이 정말 정부의 밑도 끝도 없는 제안을 얼씨구나 좋다 하며 기꺼이 자기 유리한 쪽으로 활용했던 것인지, 다른 선택을 할 수 없어서 한 것인지, 앞으로도 그런 행태가 계속된다면 그대로 두고 볼 건지를 고민해 볼 필요가 있을 거예요.

요점은 기업이 잘하고 못하고를 떠나서, 뭔가 방법을 만들어 줘야 한다는 거죠. 방법 없이 뭘 해도 처벌되는 시스템은 좀 곤란하지 않을까요. 경제자유화도 좋고 기업 경영의 자유화도 다 좋은데, 진짜 자유를 누릴 수 있게 하려면 거절의 자유를 줘야 하는 거죠. 기업에 투자 우선순위가 있는데 정부에서 갑자기 다른 사업을 제안했다고 쳐요. 기업은 전혀 생각지도 못한 것이고 기업 이익과 아무 관계도 없는데, 정부가 무턱대고 문화사업할 테니 너희들이 출연해라 한 거지요. 그래서 정부가 지시한 대로 어떤 재단에 돈을 냈다는 게 이 사건이잖아요. 이걸 기업이 역으로 이용해서 해결하지 못했던 중요 현안을 해결하기도 할 테고요. 그 경우에는 뇌물죄를 인정하는 데 어려움이 없을 테고요. 그러나 기업의 입장에서는 다른 선택의 길이 없어서 뇌물성 출연을 하고 다른 이익을 얻는 걸 선택했다고 볼 수도 있겠지요. 그런 경우라면 뇌물죄로 처벌은 하되 정상참작의 여지가 있다고 보아서 양형에서 참작되겠지요. 이렇게 되면 어쨌든 처벌받는 기업 입장에서도 불만, 애써 적발하고 기소한 수사 당국의 입장에서도 불만, 미진한 처벌을 바라보고 넘어가야 하는 국민들의 입장에서도 불만이기 십상이죠. 누구도 만족하지 못하는 결과가 되겠지요.

정확한 사실 경위가 밝혀지고 판결이 나와 봐야 알겠지만 일단은 이 사건에서 드는 느낌은, 기업에게도 뭔가 차악을 선택하지 않고 거절할 수 있는 시스템이 필요하다는 거죠. 그런 시스템이 있다면 기업이 뒤로는 강요에 의한 것처럼 변명하면서도 실제로는 거대한 이익을 도모하는 것을 차단할 수도 있겠지요. 교사나 언론인이나 공무원에게 거절할 수 있는 자유를 주는 것처럼 기업에게도 거절할 자유를 줄 수는 없나 생각해 보는 이유지요. 이런 게 진정한 규제완화라고 할 수 있겠지요.

거절할 자유를 모두에게

<u>이범준</u> 청탁금지법의 대상에 언론사와 사학이라는 민간영역을 포함시키면서, 장기적으로 대기업, 의료계, 변호사업계도 포함해야 한다는 주장이 나왔습니다. 그렇다면 공무원 등의 민간에 대한 부정한 요구 금지 부분도, 민간의 민간에 대한 부정한 청탁도 문제가 돼야 할 것 같습니다.

<u>김영란</u> 민간기업이 다른 민간기업에게 부정청탁하는 문제와 관련해서는, 장기적으로 민간영역을 어디까지 청탁금지법에 포함시킬 것인지의 문제와 함께 더 논의해 봐야겠지요. 그 이전에라도 법에 포함되지 않는 영역이라도 자기네 시스템에서 걸러 낼 수 있는 내부 규정을 만들도록 유도할 필요가 있어요. 준법감시인이랄지 준법지원인제도를 활용하게 하는 것이 하나의 방법이고요. 민간 스스로 시스템을 만들어서 걸러 낼 수 있는 제도를 잘 운용하고 있을 때, 여러 인센티브를 주는 등 방법을 강구해 봐야지요.

<u>이범준</u> 뇌물로는 이어지지 않은 박근혜 전 대통령의 혐의 가운데 민

간기업에 대한 직권남용·강요도 여럿 있습니다. 가령 현대자동차 정몽구 회장에게 강요해 정유라 씨의 초등학교 동창의 아버지가 운영하는 KD코퍼레이션과 11억 원 상당의 납품계약을 맺게 했다고 검찰이 밝혔습니다. 박근혜 전 대통령이 안종범 전 정책조정수석과 앉아서 정몽구 회장, 김용환 부회장에게 직접 얘기한 적도 있다고 하고요.

김영란 민간에 대한 공무원의 부정청탁의 문제지요. 공무원이 어떤 개인의 부탁을 받고 민간기업에 청탁해 주고 그걸로 무언가 보상을 받았을 경우에, 공무원의 직무와 관련한 것은 아니므로 뇌물죄로 처벌할 수는 없거든요. 예를 들어 안종범 전 수석이 최순실 씨의 부탁을 받아서 현대자동차에 KD코퍼레이션을 도와주라고 했잖아요. 즉, KD코퍼레이션은 최순실 씨에게 부탁하고 최순실 씨는 대통령을 통해서 안종범 전 정책조정수석에게 말하고 안종범 전 수석이 현대자동차에 전달했다는 거지요. 안종범 전 수석의 직무와 관련해서 이익을 받은 것이라고 보기 어려워서 현재 직권남용·강요로만 기소가 된 거죠. 뇌물죄로 되기는 어렵겠지요. 공무원들이 청탁을 받거나 다른 공무원에게 청탁을 전달하는 것에 그치지 않고 민간에다 청탁한 것은 처벌하기가 어렵게 되어 있어요.

청탁금지법에 의하면 공무원에게 부정청탁을 하면 청탁한 사람도 경우에 따라서는 처벌되고 청탁에 따라 업무를 수행하거나 거듭되는 청탁 사실을 신고하지 않은 공무원도 처벌하게 되는 거잖아요. 그런데 문제가 된 것처럼 공무원이 민간기업에 부정한 청탁을 하면 처벌하는 규정이 없어요. 일단은 처벌하는 규정을 만들어야 한다고 봅니다. 그렇게 하면 이 사건에서, 최순실 씨가 독자적으로 미르재단이나 K스포츠재단을 만들 돈을 달라고 삼성에 요청한 건 최순실 씨가 공무원이 아니니 처벌할 수 없지만, 최순실 씨가 대통령에게 부탁하고 대통령이 안종범 당시 정책조정수석을 통해 그렇게 했다면, 그것은 처벌할 수 있는 거죠.

이범준 이 법을 만드는 과정에서 공무원이 민간에 청탁하는 문제에 관한 논의는 없었나요? 공직자가 자신의 가족들을 취업 청탁하는 경우가 적지 않습니다. 당장 법조계만 하더라도 고위법관이나 검찰간부의 자제들이 대형 로펌에서 일하고 있는 경우가 적잖고, 일부는 모종의 관계가 있는 게 아니냐고 의심을 받기도 합니다.

김영란 이 법을 처음에 만든 목적은 공무원에게 청탁을 하지 말라, 공무원은 청탁을 받으면 그걸 거절하고, 청탁을 받았다는 사실을 투명하게 공개하라, 이런 구조였죠. 그런데 이 사건이 생기고 나서 보니까, 공무원이 민간에 청탁하는 것도 막아야겠더라고요. 이 법을 만들 때는 미처 생각 못한 부분이에요. 이번 사태를 보면서 이걸 꼭 해야겠다는 생각을 했어요. 그리고 공직자들이 자녀들의 취직을 부탁하는 일은 실제로 무척 많잖아요. 공무원이 사기업에 부탁해서 무언가 이익을 얻었다, 과연 직무관련성 없는 회사에서 들어줬을까요. 결국은 뇌물이란 거잖아요. 그러나 직무관련성이나 대가관계가 없다면 뇌물죄로 처벌하기가 어렵겠지요. 그런 부분을 청탁금지법에서 제재할 수 있도록 개정할 필요가 있겠어요.

이번 사건을 계기로 우리 사회의 여러 문제점들이 드러나고 논쟁도 벌어지고 했잖아요? 청탁금지법과 관련해서도 마찬가지로 이런저런 생각을 해 보게 되었지요. 그러던 중 왜 청탁금지법을 공직자 외에 언론사로 사립학교로 넓혔느냐 이런 문제에 갇힌 논쟁이 많았었는데 거기에 머무를 게 아니라, 기업의 이익과 개인의 이익, 우리 사회의 이익 등 여러 종류의 이익이 있는데 그 이익이 부딪칠 때 어떤 식으로 문제를 해결하는 것이 옳은지를 고민해야 한다는 것을 깨닫게 되었어요. 청탁금지법이 적용 안 되는 사적영역도 포함시켜서 어떤 식으로 바꾸어 가야 우리 사회 전체의 투명성이 끌어올려질 것인지의 문제로 논의를 확대해야 한다는 거지요. 지금 그 전 단계에서 힘이 다 빠진 상태라고 생각하실 분들도 있지만, 저는 그래서는 안 된다고 봅니다. 그런 식으로 넓혀서 생각해 가야 이 법을 애써서 만들고 통과시키고 지키는 보람을 거둘 수 있을 거예요.

이범준 청탁금지법 원안에서 이해충돌방지 부분이 통째로 빠졌는데 요. 지금 말씀하신 부분은 입법화가 그 정도로 어렵지는 않겠죠? 민간 기업 입장에서는 반대할 이유가 없고, 공무원들을 규제하는 것이어서 여론의 지지도 받을 것 같습니다. 그리고 부정청탁이 민간영역이 공무 원에게 하는 것뿐 아니라 지금 말씀하신 것처럼 공무원이 민간영역으 로도, 이제는 민간영역에서 민간영역으로도 이루어지지 않습니까. 민 간영역과 민간영역 사이의 부정청탁이 특수한 경우에서는 이른바 갑 질이 되는 거고요.

김영란 적어도 공무원이 민간기업에 청탁하는 걸 처벌할 수 있게 하는 조문은 그리 힘들지 않게 넣을 수 있을 것 같아요. 민간과 민간의 문제는 청탁금지법과 차원이 약간 달라서 접근법을 달리해야겠고요. 그 전 단 계에서 생각해 볼 문제는 비록 대통령의 부탁이라도 거절할 자유를 주 는 현실적인 방법은 무엇일까 하는 거지요. 거절할 자유를 주어야만 그 걸 핑계로 정경유착을 이용하는 기업의 행태도 막을 수 있을 테니까요.

이번 박근혜-최순실 게이트에서 드러난 것 중에 하나가 아닌 걸 아니 라고 말할 자유가 우리 사회에는 없다는 문제지요. 아닌 걸 아니라고 말하는 자유를 조금이라도 찾아 주자는 게 이 법의 목적이었고, 아닌 걸 아니라고 말할 수 없게 하는 부분을 찾아내 조금씩 고쳐 나가는 게 이 법의 정신을 확장하는 것이지요. 그런 정신을 토대로 민간기업이 민 간기업에 부정청탁을 한다든지, 원도급 기업이 하도급 기업에게 부정 한 청탁을 한다든지, 영향력을 미치는 어떤 대기업이 중소기업에 부정한 청탁을 한다든지 하는 문제도 해결할 방법이 없나 생각해 볼 필요가 있어요. 큰 회사가 작은 회사를 핍박할 수 있는 순간이, 꼭 계약관계가 아니라 해도 생길 수가 있는데, 그럴 경우 작은 회사를 지킬 수 있는 방법은 없을까 이런 걸 생각해 나가는 게 청탁금지법의 정신이지요.

민간회사에 그 정신을 지키도록 하는 방법이 무엇이 있을까 생각해 보면, 그들 내부적으로 부당한 업무집행을 하지 못하게 하는 규정을 만들도록 하고, 내부적인 처벌규정을 엄격히 집행하고 있을 경우 인센티브를 주는 식으로 제도를 구성하는 방법이 그중 하나가 될 것 같아요.

얼마 전에 어느 유명 연예기획사 사장의 폭행사건이 있었잖아요. 이 사장이 밤에 매니저와 술을 마시고 취해서 어떤 음식점에 들어가서 술을 더 내놓으라고 하다가 거절당하자 아르바이트 근로자를 때렸다는 사건이지요. 경찰이 왔는데 경찰까지 때리고 해서 상해죄가 됐더라고요. 문제는 맞은 그 청년이 인디밴드의 보컬리스트였던 거예요. 그래서 기획사 측에서 "너도 앞으로 이쪽에서 계속 일할 테니까 우리 회사하고 어딘가에서 만나지 않겠냐"는 식으로 이야기를 했다는 거지요. 그 청년은 같은 업종이니까 이를 무겁게 받아들였다고 하고요. 어렵게 아르바이트하면서 인디밴드에서 보컬하고 있는 청년들이 그 큰 기획사의 갑질에 대응하는 게 가능하겠냐 하는 생각이 들더라고요. 이런 경우도 그 기획사에 직접 인디밴드의 보컬리스트가 신고하면 그 회사에서 자체 조사를 해서 그들 규정에 따라 철저하게 해당 간부에게 불이익을 주는 제도를 갖추고 있었다면 어떨까. 대표라고 할지라도 내부의 규율을 따라야 하는 원칙이 확립되어 있다면요. 그런 제도를 갖추고 있고 제대로 운용한다면 그런 회사에 인센티브를 주도록 하자는 거지요. 그 간부의 형사처벌 외에 문제 처리과정의 갑질문제는 생기지 않겠지요.

조금 더 자주 일어나는 경우를 생각해 보면, 가령 어느 회사에서 하도급업체로부터 뇌물을 받은 비리사건이 터졌어요. 그러면 그 사건이 회사 차원의 조직적인 문제인지 간부의 개인 비리인지가 불확실한 경우가 있겠죠. 그런데 그 회사가 내부에 엄격한 시스템을 갖추고 제대로 운영하고 있었다면 회사는 기소를 하지 않고 이 개인적인 비리를 저지른 사람만 기소할 수 있지만, 회사에 그런 시스템이 전혀 없거나 있더라도 유명무실하게 운영되고 있다면 회사에도 책임을 묻자는 거지요. 사실 우리나라에서는 불법을 저지른 회사 임직원 외에 회사법인도 처벌하는 법 규정이 많아요. 이 경우 회사는 관리·감독을 잘못한 책임을 지는 것인데, 불법행위를 한 사람과 그가 속한 법인 양쪽이 모두 처벌된다고 해서 양벌(兩罰)규정이라고 하고요. 그런데 그 법리를 조금 더 정교하게 발전시켜서 실질적인 인센티브를 주어서 민간기업을 끌고 가는 방법을 시도해 보아야 한다는 거지요.

이범준 앞서 강요와 뇌물이 동시에도 가능하다고 하셨는데요. 박근혜 전 대통령 재판에서 강요를 계기로 뇌물을 제공한 것으로 인정되어 삼성과 롯데 등에 유죄가 나오면 어떻게 될까요. 부정한 청탁을 들어주고 그 대가로 이익을 취하면 처벌이 된다는 선례가 생기는 셈이잖아요. 뇌물을 강요받은 피해자라고 나서서 신고할 수도 있고요. 그렇다면 청탁금지법에서 부정청탁 대상에 민간기업을 포함시킬 이유가 적어지는 건가요?

김영란 민간기업이 차악을 선택할 뿐이지 헤어 나올 방법이 없기 때문에 여전히 문제는 남지 않나요? 뭘 어떻게 해도 딜레마에 빠지게 되니까요. 대체 우리더러 어떻게 하라는 거냐고 그들이 물어 올 경우에 어떻게 할 건지 생각해 보자는 거죠. 청탁금지법에 의하면 지금도 공무원의 금품수수나 금품요구는 그 자체가 범죄여서 대가관계가 없더라도 신고할 수 있지요. 그렇다면 기업들이 강요를 받아 어쩔 수 없었다고 하는 것은 변명이거나 사실 더 큰 이익을 위해서 감수한 것이라고 볼 수 있잖아요. 그러나 금품수수 이외에 부정한 청탁을 한 경우 강요죄가 되는 경우라면 모르겠는데, 강요죄까지는 안 되는 경우에는 신고할 방법이 없잖아요. 그러니 신고할 수 있게 만들어 줘야 한다는 거지요.

그래서 앞에서도 공무원이 민간기업에 한 청탁은 신고 대상이 되지 않으니까 입법을 보완해야 한다는 얘기를 했지요. 민간기업에 청탁하는 것도 위법이므로 이를 신고하도록 입법이 된다면 기업은 시스템이 있는데도 신고하지 않은 게 되지요. 나아가 기업에서도 이런 부당한 청탁에 대해 어떻게 대응할지 내부 시스템에서 결정하게 하고, 지켜지지 않을 경우 내부적으로 문제 삼는 시스템을 만들면 강요에 대해 방어하기가 덜 부담스럽지 않겠느냐는 거지요. 사실 형식적으로 그런 시스템을 갖춘 기업이 있더라도 사주의 이익을 위해서는 그런 시스템을 작동시키지 않을 수도 있으니까 실질적으로 그런 시스템이 작동하는지도 살펴야겠지요.

이범준 우리 사회는 거절하기 힘든 분위기입니다. 저만 해도 거절하지 말자는 생각을 합니다. 출세하려면 '적을 만들지 말라'고들 하는데 기자생활 하다 보니 쉽지 않다는 걸 알았고요. 그렇다면 남들이 부탁하는 것은 어떻게든 해결하자고 생각하게 됐습니다. 시간이 지나고 보면 공과 사의 경계가 느슨해집니다. 일본에 있을 때 보면 사람들이 '미안하다', '죄송하다', '면목 없다'는 말을 입에 달고 살지만, 실제로는 결국 다 거절입니다. 어쩌면 거절을 하려고 그런 말들을 하는 것 같기도 했습니다. 우리는 거절을 못 하고 안 하는 편입니다. 뒤집어서 말하면 부탁, 청탁이 잘 통하는 거지요.

김영란 이번 사건을 보면서 다각도로 우리 사회 시스템을 보완할 필요를 느꼈잖아요? 그중 하나로 공무원이나 기업이 왜 거절을 못하는가, 왜 부당한 지시에 대해 거절을 못했는가, 거절을 할 수 있는데도 안 한 것은 아닌가 하는 문제와 관련해서 우리 사회의 시스템을 어떻게 고쳐 나갈 것인가 고민을 해 보자는 거지요. 이번 박근혜-최순실 게이트에서, 박근혜 전 대통령이 해서는 안 될 일들을 많이 했고 관여한 사람들을 처벌하는 문제가 아직 마무리되지 않았지요. 그 사건의 내용도 내용이지만, 그 많은 엘리트 공무원들이 왜 저항도 없이 따랐는가 하는 문제에 더 충격을 받았던 사람들도 많을 거예요.

저항하지 않고 따르는 게 더 이익이어서 그랬던 사람이야 본인이 책임지게 하면 되는데, 따르지 않으면 돌아오는 게 불이익밖에 없고 이익이 하나도 없는 사람에게는 왜 저항하지 않았냐고 따질 수가 없잖아요. 따르지 않고 저항하는 사람을 어떤 식으로든 사회에서 보호해 줘야지만 그런 사람이 많이 생기겠지요. 그러나 우리 사회는 저항하고 따르지 않는 사람을 보호해 주지는 않고 핍박하는 시스템이니까, 그 시스템을 손볼 방법이 없나 이런 관점에서 이 문제를 봐야 할 필요가 있지요. 그래서 내부고발자를 보호해 줘야 한다는 게 이 지점에서 나와요. 그런데 우리 사회는 내부고발자를 배신자라고 보잖아요. 내부고발을 한 사람을 배신자가 아니라 자신을 희생해서 사회 공익을 지킨 사람이라고 보는 시각 전환이 필요하고요. 내부고발자를 보호하는 시스템을 보완할 필요가 있지요.

이 사건에서 우리가 얻을 수 있는 교훈들이 무엇일까. 무엇보다 거절할 수 있는 자유를 주는 시스템으로 점검해 나가자. 공직자의 기업에 대한 청탁도 처벌할 수 있는 규정을 마련하자. 기업의 경우 그런 강요를 받았을 때 대응하는 시스템을 내부적으로 만들면 인센티브를 주도록 하자. 그런 것들을 짚을 수 있겠어요. 기업과 전혀 상관없는 승마훈련비용 지원이라거나 배드민턴팀 창단 등은 거절해야 하잖아요? 기업에서도 그런 문제를 투명하게 처리할 수 있는 시스템을 갖추도록 해야 하지 않을까 생각하는 거죠.

6

엘리트 카르텔,
부패의 연대기

박근혜-최순실 게이트로 한창 시끄러웠던 2016년 가을에는
법조인들의 비리도 잇따라 터졌다.
전·현직 판·검사들이 검찰권과 사법권이라는
공권력을 이용해 엄청난 돈을 벌어들였다.

무엇이 불법이고 무엇이 범죄인지
누구보다 잘 아는 그들이 이런 유혹에 빠져드는 이유가 무엇일까.
김영란 교수는 엘리트 카르텔이
한국 사회를 지배하고 있다고 지적한다.

엘리트 카르텔
한국 사회

<u>김영란</u>　박근혜-최순실 게이트 전후로 법조인들 부패도 터졌잖아요. 최유정 변호사, 홍만표 변호사,* 진경준 검사 사건 등이요. 박근혜 정권에 참여한 김기춘 전 대통령비서실 비서실장, 우병우 전 민정수석, 안종범 전 정책조정수석 등도 법조나 경제 엘리트들이고요. 어떠셨어요, 취재하시면서. 법조 엘리트들을 가장 가까이 보시는 분이니 제가 역으로 묻고 싶네요. 엘리트들이 오히려 부패로 인한 이익을 향유하고 의문을 제기하지 않는 이상한 광경을 다른 누구보다 많이 봐 오셨을 것 같은데요, 왜 그런 건가요? 이런 기현상을 막을 수 있는 방법이 뭐가 있을까요?

<u>이범준</u>　지금 말씀하신 사람들 가운데 저와 개인적으로 아는 분들도 있습니다. 객관적이지 않은 얘기일지 모르지만, 저로서는 이분들이 작심하고 범죄를 저질렀다고는 생각하기 어렵습니다. 하지만 법률이나 규범을 넘어선 것은 분명하고 사회적으로 큰 해악을 끼쳤습니다. 짐작건대 법조인들이 생각하는 규범의 테두리가 일반인들보다 유연하고 무른 것 같습니다. 전관 변호사들은 전관예우가 없다고 주장하지만, 시민들은 그렇게 생각하지 않습니다. 결국 이른바 전관들만 자신이 누리는 이익이 반칙이 아니라 정당하다고 믿는 것이지요. 이런 배경에는 <u>스스로가 현명하고 선</u>하다는 선민의식, 자신이 속한 집단에 대한 믿음이 있는 것 같습니다.

---

* 상습도박 혐의로 기소된 정운호 네이처리퍼블릭 대표의 변호사들이 검사와 판사 교제 명목 등으로 거액의 수임료를 받은 사건. 부장판사 출신 최유정 변호사가 50억 원, 고위검사 출신 홍만표 변호사가 3억 원을 받은 것으로 법원에서 인정됐다.

<u>김영란</u>   법조 엘리트나 청와대에서 일하는 엘리트들, 이른바 우리나라 최고 엘리트들이 의외로 관계에 약한 이유가 뭘까…. 선민의식이 어느 정도 있는 것은 부인하기 어렵겠어요. 바꾸어 말하면 엘리트들끼리는 서로 신뢰하고 있지 않을까요. 다 같은 대학 나오고 같은 사법연수원 나오고 비슷비슷한 분야에서 비슷비슷하게 성장해 오면서 너도 알고 나도 아는 상황에 함께 놓여 있었고, 그러니 같은 처지에 있는 사람들끼리 서로 돕고 살자 하는 그런 마음이 있을 것 같아요. 같은 부류이니 서로 마음을 놓고 청탁하고, 청탁도 청탁이라 생각 안 하고 받아들이고, 청탁을 받아서 처리하는 데 있어서도 부담이 덜 되고 말이죠. 일종의 동류의식이죠. 대기업 간부들과도 같은 대학 나오고 비슷비슷한 성장 배경과 비슷비슷한 지적인 수준을 가진 사람들이잖아요. 서로 자기와 유사한 수준의 사람들끼리 일종의 계층의식 같은 걸 공유하다 보니 경계가 느슨해지고 그런 게 아닐까요.

<u>이범준</u>   제가 얼마 전에 저녁 약속이 있어서 밥을 먹다가, 2차로 맥주를 마시러 갔는데요. 여기저기 연락이 닿고 하면서 사람들이 많아졌어요. 법원행정처 판사, 김앤장 법률사무소 변호사, 청와대 비서관, 그리고 법조출입 기자인 저까지. 사실 그 자리가 저 때문에 시작된 것이기도 하고, 거기 있던 사람들이 제가 다 아는 사람이기도 했는데요. 아무튼 다른 사람들이 이렇게 기자까지 어울려서 술을 마시고 있다는 걸 알면 뭐라고 할까 싶더라고요. 무슨 대단한 얘기가 오간 것도 아니고 또 실제로 오랫동안 알던 사이지만, 액면만 보면 영화의 한 장면이잖아요.

<u>김영란</u> 그게, 엘리트 카르텔이라고 하는 일종의 카르텔이죠. 제가 한국 사회에 유행시킨 용어죠. 텔레비전 방송에 출연해서도 이야기한 적이 있고 책에서도 썼는데, 칼럼 쓰시는 분들이 많이 인용하더군요. 미국 콜게이트대학교 마이클 존스턴(Michael Johnston) 교수가 한국 사회를 엘리트 카르텔 사회라고 이야기한 걸 소개한 건데요. 법조 엘리트, 행정 엘리트, 언론 엘리트 등 엘리트들이 모여 보니까, 경제적 수준도 비슷하고 나온 학교도 비슷하고 그러니 대화가 잘되고 신뢰하게 되고 경계가 느슨해지고, 서로 신뢰하니까 인맥이 쉽게 형성되고, 한쪽에서 어려운 청탁을 해도 그렇게 쌓아 온 인맥으로 문제를 해결해 주고 등등. 그러다 보니 다른 사람들이 일이 생기면 이 엘리트 그룹에 속한 사람들에게 부탁하게 되고, 그룹 내에선 서로서로 청탁을 전달하게 되고, 점점 더 돈독히 관계를 쌓고 또 자기들끼리 서클을 넓혀 나가고, 그러면서 사회 전체를 지배하게 되는 거지요. 그게 엘리트 카르텔의 모습이죠.

우리 사회가 그런 엘리트 사회라는 거예요. 더는 왕조사회가 아니고. 존스턴 교수가 4단계로 나눈 부패유형으로 보자면 후진국형 부패유형인 독재형과 족벌체제형 다음에 오는 3단계쯤이라는 거지요. 마지막 4단계는 선진국형인 시장로비형이고요. 엘리트 사회의 특징은 폐쇄적이고 유착적이고 정치화된 엘리트층이 정치경제를 다 지배하는 구조예요. 최고상층부 엘리트 간에 커넥션이 있다는 거고요. 정당 간에 나눠 먹기 식으로 선거가 이루어지고, 정부와 기업 간 유착이 심하고, 위로부터의 지시에 따라 시민사회가 동원되고, 언론도 의외로 지시를 그냥 받아서 쓰고. 엘리트 카르텔 사회는 이런 식의 행태를 보인다는 거

지요. 존스턴 교수는 딱 집어서 한국이 대표적으로 이런 사회라고 이야기를 하고 있어요. 엘리트들은 스스로를 부패하지 않다고 생각하는데 이렇게 결탁 속에 있으니 부패한 걸 못 느끼는 거예요. 이 결탁을 깨기 위해서 필요한 건 이해충돌 상황을 엄격히 규제하는 것이고, 그런 상황이 생길 경우에는 매뉴얼에 따라 행동할 수 있도록 하는 겁니다. 지나친 유착관계를 끊어 주고, 서로 유착관계에서 업무가 이루어지는 걸 막아야 하거든요.

이범준 박근혜-최순실 게이트의 경우 엘리트 카르텔이라고 부르기도 어려운, 마이클 존스턴 교수의 기준에 따르면 후진국형에 가까운 일이었습니다. 도저히 한국 사회의 부패 단계로 여겨지지 않는 일이 일어나니 결국 대통령 파면으로까지 이어졌습니다. 물론 이를 계기로 만연한 엘리트 카르텔이 적나라하게 드러난 것도 사실이고요.

김영란 우리 사회가 엘리트 카르텔 사회에서 멈춰 서 있었는데, 갑자기 왕조사회 같은 게이트가 일어난 거죠.(웃음) 게이트 자체는 재판에서 박근혜 전 대통령과 최순실 씨와의 관계를 밝혀내고 처벌하면 해결되겠지만, 그로 인해 엘리트들의 유착관계가 드러났잖아요. 그 문제를 어떻게 고칠 것인가를 고민해야 다음 단계로 나아갈 수 있겠지요.

엘리트 카르텔 사회의 핵심은, 엘리트가 집단을 이뤄 우리 사회를 지배하고 있다는 거지요. 이 때문에 대부분의 사람들의 목표는 그 집단이 올바른 것이냐 그른 것이냐를 따지기 이전에 그 엘리트 집단에 들어가려는 것이 되고요. 아이들을 어떻게든 교육시켜서 엘리트 그룹에 넣는 게 부모들의 목표잖아요. 우리 사회의 모든 힘을 거기에 쏟아붓고 있는 실정이지요. 일단 거기 들어간 사람은 어떻게든 거기에서 배제되지 않으려고 노력하지요. 배제되지 않기 위해서 그룹 안에서 그룹을 비판하기보다 구심력을 공고히 하는 데 집중하지요. 그러다 보면 그룹의 존속력은 더 공고해지고 힘은 더 커지는 거죠. 그래서 그 안에서 누군가가 이러이러한 문제를 해결해 달라고 하면 나서서 해결해 주고, 자기도 문제가 생기면 다른 엘리트의 도움을 받고, 그러면서 자기들이 속한 엘리트층을 지켜 나가는 거죠.

최유정 변호사 같은 경우 지나치게 과다한 수임료를 받았잖아요. 그런데 그 사건이 판사에게 잘 청탁하면 석방될 수도 있는 사안이라고 생각한 걸까 의문이에요. 도박죄 초범이었다면 석방될 수도 있겠죠. 그런데 정운호 회장은 집행유예 기간 중이지 않았어요? 그랬다면 석방되기 어려웠을 테고 최유정 변호사가 그런 사정을 몰랐을 리 없는데 무리했던 것으로 보여요. 법조계의 경우 판사를 하다가 나간 변호사들이 안 될 사건을 무리하게 맡아서 수임료를 높게 받는 경우가 있어요. 그래 놓고는 기존 법조 엘리트들과 원만한 관계를 유지하는 데 투자를 많이 해서 무리하게 맡은 사건의 해결을 시도하는 거지요. 자기가 판사를 그만두고 변호사로 나왔으니 일단 능력을 증명해 보여야 하는가 봐요. 점점 경쟁이 심해지는 가운데 될 만한 사건만 맡아 봤자 능력을 증명해 보일 수 없으니 모험을 하는 거지요. 엘리트 계층에 들어가야 하고 엘리트 계층에 머물러 있어야 하고, 그 안에서도 더 높은 자리에 올라가야 하고. 이런 식의 삶의 방식이 우리 사회를 다 지배하고 있잖아요. 최유정 변호사 사건은 그런 모습을 적나라하게 보여 준 게 아닌가 해요.

이범준 김두식 교수의 책 제목인 '불멸의 신성 가족'이 떠오르네요. 2017년에 성매매가 드러나 징계를 받고 퇴직한 전직 부장판사가 같은 해 대형 로펌에 입사하면서 이 단어가 다시 화제가 됐죠. 대한변호사협회가 등록심사위원회도 열지 않고 변호사 등록을 허가해 줬고, 이 결정이 나오자마자 전직 부장판사는 김앤장 법률사무소에 들어갔다고 언론들이 비판했습니다.

김영란 이번 게이트와 계속되는 법조계의 비리를 보면, 엘리트 카르텔의 문제가 얼마나 심각한지 드러나지요. 우리 사회의 근본적인 문제는 엘리트들이 엘리트로서 역할을 하지 않고 있다는 데에 있어요. 엘리트들이 유착관계를 형성하고 엘리트 계층을 온존시켜 얻는 이익이 개혁적인 사회로 바꿔 나가면서 얻는 이익보다는 더 크기 때문에 그런 게 아닌가 의심하게 되는 부분이지요. 폐쇄적인 그룹을 유지함으로써 얻는 이익이 더 크니까 고쳐지지가 않는 거죠. 4단계 부패유형을 처음 얘기한 마이클 존스턴 교수는 이런 엘리트 카르텔 문화를 고치기 위해서는 정치·경제·금융계를 좀 더 개방하고 투명화하고 경쟁적으로 만들어야 하고, 선거에서 경쟁세력 간 권력교체가 일어나도록 해야 한다고 설명하고 있어요. 정당이 시민사회에 뿌리를 내리고, 관료사회가 더 자율적이 되고, 언론이나 금융시장도 좀 더 자율적이어야 하고요. 그리고 지배 엘리트로부터 독립적인 개혁 활동이 늘어나야 한다고 이야기하고 있어요.

아무튼 공고한 엘리트 카르텔 때문에 우리가 그다음 단계로 뛰어넘지 못하고 계속 이렇게 간다면 어떤 결과가 될까요. 엘리트 그룹에 들어가기 위해 온 힘을 다해 노력할 것이고, 거기에서 이런저런 사정으로 빠져나오게 된 사람은 다시 들어가려고 또 엄청난 노력을 하겠지요. 거기에 지금 속해 있는 사람도 언젠가는 내가 이 그룹에서 배제될지 모른다는 두려움 때문에 자유롭게, 제대로 뭔가를 해내지 못할 것이고 그런 악순환이 되풀이되겠지요. 그런 엘리트 시스템에 대한 물음표를 던진 게 우리 사회에서 지금 일어나고 있는 일들이지요.

이범준 말씀하신 대로 어떤 카르텔에 들어가기도 어렵지만, 배제된다는 두려움도 엄청나게 큽니다. 2017년 초에 법원행정처에서 어떤 판사에게 다른 판사 뒷조사를 비롯한 부당한 지시를 내렸고, 그 판사가 이를 거부하고 사표를 낸 일이 있습니다. 어쩌다 보니 이 사실을 제가 보도했는데요. 드리려는 말씀은, 솔직히 말하면 이 기사를 연속 보도하면서 두려움이 있었습니다. 제가 기자생활 대부분을 법조에서 했고, 저의 사회생활 경력은 기자가 전부입니다. 그런데 기사에 등장하는 대법원의 고위법관들 가운데 개인적으로 모르는 분이 없습니다. 이분들과 극하게 대립을 하니, 저의 인간관계 전반이 뚝뚝 떨어져 나가는 게 눈에 보이더라고요. 그나마 저는 기사 쓰는 게 일이라서 여파가 크지는 않습니다. 그런데 위법적인 지시를 거부한 그 젊은 판사는 어떨까를 생각하면 적잖이 걱정이 됐습니다. 저는 불의에 당당하게 저항한 이 양심적인 판사가 절대 불이익을 입어서는 안 된다고 생각해 최선을 다해 취재하고 기사를 쓴 기억이 있습니다.

김영란 법조 사회도 좁지만 우리 사회 자체가 단일하고 좁은 사회잖아요. 무심코 이룬 카르텔에서 배제되면 뭘 해서 어떻게 살아야 하나 그런 두려움이 늘 있는 건 틀림없어요. 우리 사회는 단일민족과 단일 세계관 이런 데 너무 익숙해 있어서 그 세계를 조금이라도 이탈하면 배척하는 경향이 있지요. 우리가 외국, 예컨대 미국인이 인종차별이 심하다 비판하지만 조금이라도 다른 사람을 차별하는 우리의 모습을 떠올려 보면 우리 스스로 끔찍하게 느껴지는 순간들이 때로 있잖아요. 그러니 용기 있게 나선 사람들을 배신자라고 할 게 아니라, 무심코 살아가는 사람들에게 과연 그렇게 살아가고 있는 삶의 방식이 옳은지 의문을 던져 주는 사람으로 포용할 필요가 있죠. 오히려 우리를 자각시키는 사람이라고 보는, 이런 코페르니쿠스적 전환이 필요하지요.

간간이 법조 엘리트 중에도 저항한 사람들이 있었습니다. 변호사 중에도 있고 대법관이 되신 분들도 있잖아요. 힘들었겠지만 법조는 그래도 다른 분야보다는 스스로 버틸 수 있는 사회이기는 해요. 그런데 일반 회사라고 생각해 보세요. 회사의 회계 책임자였는데, 비자금 조성 등 회사 비리가 심각해서 일하기가 두려운 사람이 있을 수 있잖아요. 계속되면 자기가 당장 형사처벌을 받을지도 모르는 상황에 놓이게 될 수도 있지요. 그런데 그 사람이 몰리다 못해 회사 대표가 뇌물 준 리스트를 가지고 뇌물받은 국회의원 등을 고발했다면, 그다음에 그 사람이 우리 사회에서 어떻게 살아갈 수 있을까요. 동종업계에서는 발붙일 수 없게 되겠지요. 특히 여자들은 그런 경험이 많아요. 회사에서 성희롱이나 성추행을 당했을 때, 고발하면 분명히 피해자인데도 그다음부터는 사회 전체에서 배제되잖아요. 그런 점을 생각해 보면 내부고발자를 확실하게 보호해 주는 시스템이 필요하지요. 그런 내부고발자를 우리나라보다 조금 더 선진적인 나라에서도 정신적으로는 완전히 수용하지 못하더라고요. 그렇지만 제도적으로는 보호해 줄 수 있거든요.

더는 꼬리 자르고
달아나지 말라

이범준 이번 박근혜-최순실 게이트에서도 여러 관련 사건이 등장합니다. 가령 최순실 씨 딸 정유라 씨를 삼성이 지원했는지와 삼성의 합병에 국민연금공단이 찬성했는지입니다. 이런 사건을 보면 최고 책임자들은 자세한 내용을 보고받거나 결정하지 않았다고 합니다. 그런 말을 듣고 있으면 최고책임자들이 보고받고 결정할 이보다 큰 사건은 뭐가 있을까 싶다가도, 제가 부하직원이라도 명백하게 보고하지 않았을 것도 같습니다. 결국 결정은 위에서 하고 책임은 아래에서 지는 것이지요.

김영란 제가 '꼬리 자르기'라고 말하는 건데요. 부하직원들이 나쁜 일을 저질렀을 때, 윗사람이 지시했을 수도 있고, 지시하지 않았는데 아랫사람들이 알아서 했을 수도 있고, 또는 부하직원이 순전히 자기 이익만을 위해 그랬을 수도 있겠지요. 즉, 지시가 있었던 경우, 지시는 없었지만 그릇된 충성심에서 한 경우, 완전히 개인적인 비리인 경우가 있잖아요. 개인적인 비리는 개인의 일로 처벌하면 되는데, 지시가 있었거나 아니면 윗사람에게 도움이 될 거라고 생각하는 그릇된 충성심에서 이런 일들을 저질렀을 경우에 윗사람의 책임은 어디까지이고 그 책임을 어떻게 물을 것인가 하는 문제가 남지요.

다시 말해서 아랫사람이 저지른 일에 대해 윗사람들은 꼬리 자르고 달아나도록 하고 말 것인가 하는 거죠. 만일 아랫사람 일에 대해 윗사람에게 책임을 지우는 게 좀 더 쉬웠다면, 이번 사태에서 박근혜 전 대통령이 아랫사람들이 저지른 일이고 자기는 몰랐던 일이고 자기는 책임 없다고 한다 해도 통하지 않을 테지요. 법원에서 최근 벌어지고 있는 일도 법원의 고위간부가 개인적으로 한 것이라며 일을 마무리하고 말 것인지, 그게 상사의 이익을 위해 그릇된 충성심의 발로로 그렇게 한 데까지 밝혀질 것인지, 더 나아가 순전히 윗사람의 지시에 의해 한 것이라고 밝혀질 것인지 모르겠네요. 윗사람이 지시한 거라면 윗사람이 당연히 책임을 져야겠죠. 지시를 하지 않은 두 번째 경우가, 즉 알아서 윗사람을 위해 일했을 경우가 어려운 경우지요. 그 경우 윗사람에게 책임을 묻지 않을 것이냐, 책임을 물을 방법은 없느냐 이런 문제까지 생각을 해 봐야만 완전한 대책을 세울 수 있을 거예요.

다른 예를 들어서 선거에서 쓸 수 있는 자금의 총액이 선거관련법령에 정해져 있고 쓰는 방식도 제한되어 있고 후원금을 걷는 방식도 제한되어 있는데, 어떤 충성심 강한 선거관리원 중 한 사람이 개인적으로 독자적인 선거운동을 해 보려고 친구들에게, 우리 이 대표의 선거를 위해 내가 써야 하니 돈들을 좀 내놔라 해서 걷어서 자기가 개인적인 선거운동을 하는 데 썼다고 해요. 원래 30억 원 이상은 쓸 수 없는 선거라고 했을 때 그걸 포함하면 40억 원이 된다, 그러면 그 10억 원에 대해서 입후보자는 전혀 책임이 없는 건가? 이런 문제가 생기는 거죠. 그 돈은 입후보자의 총 선거자금에 들어가지 않는다고 하면 선거자금을 규제하는 장치는 아무런 쓸모가 없게 되잖아요.

사실 윗사람은 대부분 알면서 모르는 채 놔두겠지요. 미필적인 인식이 있었다고나 할까요. 그런데 아랫사람들이 아예 그런 짓을 못하게 윗사람이 적극적으로 막게 하려면 윗사람이 몰랐어도 책임을 지도록 해야 하지 않나 생각되지 않나요? 암묵적으로라도 알기는 했다면 말리지 않은 데 대해서 더욱 책임을 져야 하지 않나. 적극적으로 지시했을 때는 당연히 책임져야 하는 거고요. 지금까지는 아랫사람이 혼자 책임지고, 그렇게 꼬리 잘라 버리고 윗선은 내가 한 일이 아니고 몰랐다고 하고 넘어가고 있잖아요. 그렇게 해 왔으니까, 이번에도 박근혜 전 대통령은 전혀 몰랐다고 나오는 거지요. 몰랐다고 했을 때 책임을 지게 하는 그런 방법은 없나 의문이 들거든요. 만약 박근혜 전 대통령의 주장처럼 전혀 몰랐는데 최순실 씨가 대통령 이름을 팔고 다니면서 그 모든 일을 저질렀다면 탄핵할 수는 있나요. 그런 식의 의문이 있어요.

이범준 이런 걸 교수님께서 꼬리 자르기 문제라고 이름 붙이셨잖아요. 앞서 말씀하신 걸 다시 생각해서, 후보자가 10억 원을 걷어서 가지고 오라고 했다면 그건 당연히 정치자금에 들어가겠지요. 그런데 알아서 쓰라고 했다면 어떻게 되나요. 범죄로 처벌하려면 고의·과실을 따지니까 상황에 따라 정도에 따라 달라지는 것인가요. 어떤 경우라도 정치적으로는 무슨 차이가 있나 생각되기도 하고요.

김영란 미국에서는 후보자와 무관하게 벌인 일은 후보자에게 책임을 묻지 않아요. 가령 도널드 트럼프 후보를 당선시키기 위해 초대형 기업들이 독자적으로 돈을 써서 선거운동을 했다면 이 부분은 트럼프에게 책임을 묻지 않는 거지요. 표현의 자유에 속하는 문제라고 봐요. 하지만 다른 정치자금 기부는 엄격하게 규제되고 있어요. 적어도 자기가 관리하는 대상에 속하는 사람이 벌여 놓은 일을 책임지지 않는 일은 일어나기 어렵지요. 우리도 자기책임의 원칙상 형사처벌은 어렵더라도 정치적이거나 행정적인 책임이라도 물어야 하지 않나요. 아랫사람의 비리여서 나오는 무관하게 된다면 선거자금 규제 등의 제도는 유명무실해지겠지요. 아랫사람들이 정치자금을 개인적으로 걷어서 독자적으로 사용한 것도 총 선거자금에 넣어서 규율한다든지 해서 책임을 지게 하는 게 중요하다고 생각해요. 기업의 경우도 충성심의 발로이든 지시에 따른 거든 지시를 착각해서 그랬든, 아랫사람의 행동에 대해서 윗사람을 원칙적으로 처벌하되, 객관적인 내부통제제도를 만들고 잘 지키고 있었다면 처벌을 면하게 하는 그런 시스템을 만들면 꼬리 자르기를 못하게 되지 않을까. 꼬리 자르기를 못하게 하는 시스템이 뭘까.

그걸 생각해 봐야 할 것 같더라고요.

이범준 우리나라에도 가족 등의 행위에 대해 책임지게 하는 법들이 있죠. 대표적으로 공직선거법에서는 자신의 회계책임자나 배우자 등이 정해진 이상의 형을 받으면 자기 당선까지 무효가 되잖아요. 이 조항은 헌법이 금지하는 연좌제가 아니라고 헌법재판소도 판단했습니다. 후보자의 자기책임에 들어오기 때문이죠. 이렇게 민주주의를 지탱하는 핵심적인 시스템인 선거제도에서도 자기책임을 폭넓게 보고 있습니다. 다른 분야에도 꼬리를 잘라 책임을 회피하는 걸 막기 위해서는 자기책임 범위를 더 넓힐 수 있지 않나 싶습니다.

김영란 청탁금지법에도 법인 또는 단체의 대표자 등이 위반행위를 하면 행위자와 함께 법인 또는 단체까지 처벌하는 양벌규정이 있어요. 다만 법인 또는 단체 등이 위반행위를 방지하기 위하여 상당한 주의와 감독을 게을리 하지 않은 경우라면 양벌규정 적용이 되지 않고요.* 법인 등이 처벌이 되는지는 일단 검사에게 달려 있어요. 대법원 판례에 따라 상당한 주의와 감독을 게을리 했다고 검사가 입증해야 하거든요. 이렇게 검사가 입증하는 방식을 뒤집어 법인 단체나 개인이 상당한 주의와 감독을 다했다고 입증해야 벌을 받지 않게 한다면 처벌 효과가 더 생기겠지요. 자기들이 감독과 상당한 주의를 했다는 걸 증명할 수 있는 그런 방식의 시스템을 갖추려는 노력을 하는 기업도 생기겠고요. 어지간히 정교한 시스템을 갖추고 또 그 시스템을 실질적으로 운영해오지 않았다면 기업이나 단체도 무조건 책임을 지도록 해야 하지 않을

---

* 청탁금지법 제24조(양벌규정) 법인 또는 단체의 대표자나 법인·단체 또는 개인의 대리인, 사용인, 그 밖의 종업원이 그 법인·단체 또는 개인의 업무에 관하여 (중략) 위반행위를 하면 그 행위자를 벌하는 외에 그 법인·단체 또는 개인에게도 해당 조문의 벌금 또는 과태료를 과한다. 다만, 법인·단체 또는 개인이 그 위반행위를 방지하기 위하여 해당 업무에 관하여 상당한 주의와 감독을 게을리 하지 아니한 경우에는 그러하지 아니한다.

까요. 지금은 꼬리를 너무 쉽게 자를 수 있게 되어 있어요.

이범준 우리나라는 인간관계를 중시하는 유교문화에 새롭게 들어온 자본주의가 급속도로 발전하면서 적잖은 카르텔을 만든 것 같습니다. 더구나 이 엘리트 카르텔이 법률과 제도까지 장악하면서 독점을 방치 내지 강화한다는 생각도 들고요. 우리나라 수준의 자본주의에서는 좀 처럼 일어나지 않는 결탁이 여전한 것도 많고요. 그런 면에서 대법관 출신인 교수님의 청탁금지법 제안과 입법은 획기적인 일이었습니다. 오래된 엘리트 카르텔에 균열을 일으킨 셈인데요.

김영란 이번 박근혜-최순실 게이트에 청탁금지법을 대입해 보면서 느낀 것은 엘리트들이 No라고 말해야 하는데 말하지 않는 부분에 대 한 문제를 어떻게 풀 것인지에 대한 숙제가 우리 사회에 주어졌다는 점이었어요. 공무원들이 기업에 대해 청탁하는 부분도 규제할 필요가 있고, 조직 안에서 윗사람이 아랫사람에 대해 쉽게 꼬리 자를 수 있는 시스템을 어떻게 전환할 수 있을까 하는 문제도 있고요.

청탁금지법만 김영란 교수가 만든 게 아니다.
그가 "세계적으로 굉장히 앞선 법이고,
통과가 된 것 자체가 깜짝 놀랄 일"이라고 말하는
공익신고자보호법의 시행령도 그의 작품이다.

그렇지만 "약간 기형적으로 시행되고 있다"고도 했다.
양심을 지키는 사람을 배신자로 몰지 못하게
만드는 그 법에 관해 설명한다.

7
양심의 고백은
배신이 아니다

공익신고자보호법,
절반의 성공

<u>이범준</u> 앞서 엘리트 카르텔과 윗사람의 꼬리 자르기 문제를 지적하시면서 내부고발자를 보호하는 제도가 필요하다고 하셨습니다. 이와 관련해 문재인 정부에서 윤석열 검사를 비롯해 박근혜 정부에서 내부비리를 고발한 사람들을 중용해 눈길을 끌었습니다. 윤석열 검사는 2013년 국가정보원 댓글 수사에 내부의 외압이 있었다고 국회 국정감사장에서 폭로했고요. 이후 별건으로 징계를 받고 좌천 인사를 당했다가 새 정부에서 서울중앙지검장으로 발탁됐습니다. 이런 사람들을 보호하기 위한 제도로 공익신고자보호법이 우리나라에 있지요. 2011년 1월에 권익위원장으로 취임하신 교수님께서는 이 법의 시행령을 만드는 일부터 참여하신 거죠? 시행령에서 본법의 취지가 다소 퇴색했다는 지적이 있습니다. 참고로 공익신고자보호법은 2009년 4월 13일 정부 제안, 2011년 3월 11일 국회 통과, 3월 29일 공포됐습니다. 시행일은 같은 해 9월 30일이었습니다.

<u>김영란</u> 세계적으로 굉장히 앞선 법이고요, 통과가 된 것 자체가 깜짝 놀랄 일이었지요. 통과되기 정말 어려운 법이었는데, 국회 정무위원회에서 민생관련법안으로 분류되어서 통과되었더라고요. 그런데 약간, 기형적으로 시행되고는 있지요.

이 법의 제2조(정의)를 보면, 1항의 내용이 '공익침해행위란 국민의 건강과 안전, 환경, 소비자의 이익 및 공정한 경쟁을 침해하는 행위로서 다음 각 목의 어느 하나에 해당하는 행위를 말한다'입니다. 그 아래 가목과 나목이 있어요. 가. 별표에 규정된 법률의 벌칙에 해당하는 행위, 나. 별표에 규정된 법률에 따라 인허가의 취소처분, 정지처분 등 대통령령으로 정하는 행정처분의 대상이 되는 행위. 별표를 보면 농산물품질관리법 등 1~11까지 법을 나열하고 12에서 '그 밖에 국민의 건강과 안전, 환경 보호, 소비자의 이익 보호 및 공정한 경쟁 확보 등에 관련된 법률로서 대통령령으로 정하는 법률'이라고 해 놨어요. 따라서 1~12에 해당하지 않으면 공익성이 아무리 강하다 해도 공익신고가 아니게끔 되어 있어요.

위에서 든 것처럼 열한 개 법률만 나열해 놓고, 나머지는 대통령령에 위임해 놓은 것은 대통령령에서 공익신고행위를 정하라는 거였지요. 문제는 이렇게 되면 1~11까지 열한 개 법률과 관련된 공익신고행위와 12에 의한 법률과 관련한 공익신고행위의 성격이 달라진다는 거예요. 이 법에는 처벌조항이 있는데요, 공익신고자 등에게 각종 불이익을 주거나 이들의 인적사항을 공개·보도하게 하면 3년 이하 징역이나 3천만 원 이하 벌금을 받을 수 있어요. 그런데 12에 따라 대통령령이 정한 법률에 관련되는 경우에는 처벌할 수가 없어요. 법에서 규정된 경우에는 형사처벌이 가능해도 시행령에서 규정된 요건에 따라 처벌하면 죄형법정주의 위반이 될 가능성이 있거든요. 이후 2015년 7월 24일 법률이 개정되면서 법에 정해진 대상 법률이 279개로 늘어나긴 했어요.

아무튼 당시 시행령을 만드는 작업을 제가 맡았는데, 공익신고자를 보호할 수 있는 법률의 범위를 어디까지로 할 것인가를 정해야 했지요. 그 문제에 대해 각 부처 간 관장하는 법률이 다르니까 각 부처와 협의하는 과정이 무척 복잡했어요. 더구나 국무회의에서는 각 부처의 장관들이 우려를 표시해 왔어요. 그래서 제가 강조하기를, "이건 공익적인 목적으로 내부고발하는 사람을 보호하는 법인데, 이 법을 철저히 운영하면 익명의 신고는 우리가 보호하지 않아도 된다. 익명의 투서를 많이 받지 않느냐, 익명의 투서자를 보호하지는 않는 대신 자기 이름을 밝히게 되어 있는 공익신고자를 철저하게 보호하는 것이다"라고 했지요. "공익신고가 활성화되어 그분들 신원을 절대 보호하고 보상금도 주고 하여 여러 정신적·물질적 침해로부터 배상할 수 있게 되면 투서라는 게 사라지고, 조직 내부의 건강함을 확보할 수 있게 된다." 이런 이야기를 누차 했더니 몇몇 장관들이 "이제 그럼 투서하는 사람들은 보호하지 않아도 됩니까?" 하면서 호의적인 반응으로 돌아서더라고요. 어찌어찌 협의를 다 끝냈는데, 법무부에서 자기들과 상관없는 법률들까지 모두 스크린해서 대부분 시행령에 넣어서는 안 된다는 식으로 이야기를 해 왔어요. 그러고는 도대체 설득이 안 되는 거예요. 시행일이 9월이고, 점점 날짜가 다가오는데 협의가 안 되어서 결국은 법무부가 원하는 대로 많은 법을 뺄 수밖에 없었지요.

이범준 법무부는 공익신고 대상에서 대다수 범죄를 규정한 형법을 빼자고 했죠. 사실 이게 빠지면 뭐가 남나 싶기도 한데요. 당장 윤석열 검사가 주장한 황교안 법무부장관과 조영곤 서울중앙지검장의 외압은 직권남용과 공무집행방해에 해당한다고들 하는데 모두 형법에 규정돼 있습니다. 그리고 형법이 공익신고 대상에서 제외돼 있어서 윤석열 검사는 보호 대상이 아니게 됩니다. 그래서 좌천됐는지 몰라도요.

김영란 공익신고 대상 법률로 형법 등 456개 법률을 규정해 시행령안을 입법예고했지만 결국에는 169개로 줄어든 시행령이 만들어졌어요. 그래서 지금은 만일 회사의 대표이사가 횡령 같은 형법 위반이 있어서 회사 직원이 신고해도 이 내부고발자는 보호받지 못해요. 사실 협의과정에서 제가 공익신고자보호법의 대상 법률을 법무부의 요구대로 줄일 테니 대신 특정범죄신고자등보호법에서 보호하는 대상을 넓히고 보호 수준도 공익신고자보호법 수준에 맞춰 달라고 했어요. 하지만 전혀 먹히지 않았지요. 특정범죄신고자등보호법은 범죄 신고자와 그 친족 등이 보복당할 우려가 있는 경우에 범죄 신고자를 보호하고 보복범행을 예방하기 위한 법이에요. 대상 범죄는 특정강력범죄법의 살인·존속살해 등, 마약거래방지법의 마약류 수입 등, 폭력행위처벌법과 특정범죄가중처벌법의 범죄단체구성 등이고요.

그러니까 저는 이 법에서 신고자를 보호하는 범위를 넓히고 그 보호 수준도 높인다면 공익신고자보호법에서 중복해서 보호할 필요는 없다고 타협안을 냈던 거죠. 아무튼 이렇게 해서 공익신고자보호법은 기업의 불법비리 행위와 관련 있는 법률들에 대한 신고자를 보호할 수는 없게 되었지요. 관련 법률들이 공익신고 대상 법률에서 모두 제외된 거예요. 금융실명법, 외부감사법, 상법, 형법 등이 빠지면서 차명계좌,

분식회계, 배임·횡령 등 기업의 부패행위에 대한 공익신고가 보호 대상이 되지 못했어요.

그때 법무부 사람들을 보니 정부의 모든 법에 대한 해석은 자기들이 가장 잘한다고 생각하는 것 같았어요. 그러면서도 새로운 제도, 행정에 대한 이해가 좀 부족한 것 같았고요. 검사들이 전문성을 갖출 생각이나 노력도 없이 다른 부서에서 고생해서 구축해 놓은 것을 반대만 한다는 느낌을 받았지요. 그래서 결국은 공익신고자보호법이 약국에서 약사 아닌 사람이 근무한다든지, 치과에서 성형을 한다든지 하는 정도의 공익침해행위를 고발하는 신고자를 보호하는 법처럼 되어 버렸지요. 물론 공해물질 배출을 고발하는 고발자를 보호하는 것도 중요하지요. 저는 이 법이 잘만 시행되면, 기업의 투명성 강화에 커다란 역할을 하리라 생각했는데 제 역할을 다하지 못하고 있지요. 지금은 외부감사법, 금융지주회사법, 은행법 등이 추가되어서 그 범위가 약간 넓혀졌더라고요.

이범준 보호되는 공익신고자의 범위 확대에 법무부가 반대했다는 것이 쉽게 납득하기 어려운데요. 당시 법무부가 반대하는 논거는 뭐였나요. 일본에도 2006년 시행된 공익통보자보호법(公益通報者保護法)이 있잖아요. 내부고발자에 관한 해고나 감봉 등 불이익 처분을 무효로 만드는 게 골자고요. 영국에서도 1998년에 공익폭로법(Public Interest Disclosure Act)을, 미국에서도 1989년에 내부고발자보호법(Whistle-blower Protection Act)을 제정한 것으로 여러 자료에 나옵니다만.

<u>김영란</u>　형식적으로 보면 특정범죄신고자등보호법은 보복범죄로부터 신고자를 보호하는 것이 주목적이니까 공익신고자보호법과 다르다고 보는 것을 이해할 수 있어요. 그러나 다른 속내는 잘 모르겠어요. 형사처벌 규정 등을 늘리는 것 자체에 대해 반대했던 것이 아닐까 짐작될 뿐이지요. 청탁금지법을 반대하는 논리와 같은 거죠. 부패방지나 내부고발자보호가 법무부에서는 수많은 업무 가운데 지엽적이고 말단적인 하나이지만, 권익위원회에서는 주요 업무니까 인식이 다르다고 할까요. 법무부에서는 직원들이 계속 바뀌고, 이런 부분을 전공하는 검사들은 없잖아요.

애초에 공익신고자보호법의 공익신고라는 개념, 공익침해라는 개념을 포괄적으로 만들어야 하는데 나열식으로 만들면서, 그것도 시행령에 많이 위임을 해서 이 법이 제 기능을 다하기 어렵게 되었어요. 포괄적이지 않으니까 공익을 침해하는 것처럼 보이는 행위가 있어서 신고하려고 하여도 제대로 보호받을 수 있는지 없는지 알려면 법령을 일일이 찾아봐야 한다는 이야기가 되지요. 이 법의 활용도가 낮아질 수밖에 없는 지점이에요. 공익신고자를 철저히 보호하는 법인데도 불구하고 별 효과를 못 보고 있지요. 일본의 공익통보자보호법은 형사처벌을 하지는 않거든요. 이런 면에서 우리는 보호 수위가 굉장히 높고, 일본은 물론 미국이나 유럽의 내부고발자보호법 등보다 훨씬 더 잘되어 있어요. 그런데 적용 범위가 너무 제한적이어서, 사람들에게 잘 알려져 있지 않고 체감효과도 없는 거지요.

신고가 들어오면
제보자 색출부터…

<u>이범준</u> 맞습니다. 사실 박근혜 정부에서 윤석열 검사 이외에도 유진룡 전 문화체육관광부장관 등 많은 사람들이 일종의 내부고발을 했지만, 기자들도 공익신고자보호법에서는 어떻게 보호되는지 생각해 보지도 못했습니다.

<u>김영란</u> 제가 범죄신고자보호 대상을 확대하고 공익신고자보호와 수위를 맞춰 주면 굳이 형법 같은 걸 공익신고자보호법에 넣지 않아도 된다, 공익신고자보호법이 훨씬 더 보호 수위가 높으니까 거기에 맞추어서 개정하면 되지 않냐고 설명까지 했지만 결국은 법무부에서 요구하는 대로 법률을 많이 삭제해서 시행령을 통과시켰지요. 그때 저는 어차피 시행령에 넣어도 죄형법정주의 문제가 있어서 형사처벌이 어려워 공익신고자보호에는 충분하지 못하니까 일단 시행령을 통과시킨 후 나중에 법을 개정하는 게 옳겠다고 생각하고 법무부의 요구대로 했던 거였지요. 지금도 법률의 개수만 늘렸을 뿐 포괄적인 규정으로 고치지는 못하고 있어요.

그런데 청탁금지법에도 같은 문제가 있어요. 부정청탁의 개념을, 저는 포괄적으로 규정했었지요. 부정청탁이라는 개념이 공직자윤리법에 이미 있어서 그대로 활용했거든요. 말씀드렸듯 '특정 직무를 수행하는 공

직자에게 법령을 위반하게 하거나, 지위 또는 권한을 남용하게 하는 등 공정한 직무수행을 저해하는 청탁 또는 알선 행위를 의미한다'고 부정청탁을 포괄적으로 규정했던 거지요. 그런데 이게 너무 불명확하다면서 국회에서 나열식으로 바꾸어서 통과시켰잖아요. 공익신고자보호법과 같은 방식이지요. 반복하지만, 청탁금지법 제5조에서 다음 각 호에 해당하는 부정청탁을 해서는 안 된다고 해서 1호부터 15호까지 정해 놓고, 그다음 예외규정을 두어서 1호부터 7호까지는 해당하지 아니한다, 이런 식으로 복잡하게 만들어 놔서 무엇이 부정청탁인지를 알려면 일일이 이 법을 들여다봐야 하는 거지요. 유사행위인데 이 법 규정에서는 빠져서 부정청탁에 해당되지 않을 수도 있고요.

형사처벌 규정이 있으므로 불명확하면 죄형법정주의에 위반된다고 하면서 구체적으로 나열한 거지요. 그런데 우리 법에 포괄적인 규정이 얼마나 많아요. 형법 제357조에서도 부정청탁이라는 말이 나오지요. 타인의 사무를 처리하는 자가 그 임무에 관하여 부정한 청탁을 받고 재물 또는 재산상의 이익을 취득하면 처벌되는 조항이지요. 지금까지 그런 부분들이 불명확하다는 말을 들어 본 적이 없거든요. 그다음 공직자윤리법에서 퇴직공직자가 부정청탁을 할 경우 형사처벌되게 되어 있는데, 그게 불명확하다는 말도 들어 본 적이 없어요. 그런데 현직공직자에 대해서는 그게 불명확하다고 하는 주장이지요. 헌법재판소도 청탁금지법 헌법소원 결정에서 사회상규라는 개념이 불명확하다는 청구인들의 주장을 받아들이지 않았고요. 공익신고자보호법이나 청탁금지법이나 전부 공익신고나 부정청탁의 개념을 포괄적으로 하는 게 옳다고 지금도 생각해요.

제가 권익위원장직을 그만두면서 국회 정무위원회 간사 김기식 당시 의원에게(공익신고자보호법에 대한 관심과 애정이 많으시더라고요) 이거 꼭 포괄적으로 고쳐 달라고, 그래야 보호가 된다고 특별히 부탁까지 했어요. 저는 그만두고 나가지만 그렇게 고쳐 달라고요. 기업의 비자금 조성 등의 문제들을 밝혀내는 데 굉장한 역할을 할 수 있을 것이라고요.

이번 박근혜-최순실 게이트에서도 알 수 있듯이, 내부고발자가 조직의 배신자가 되어 버리거든요. 그러니 아무도 배신자가 되기 싫어서 No라고 말하지도 않지요. 말하지 않아야 이익이 오기도 하지요. 처음에는 No라고 말하고 싶었더라도 조직의 배신자로 낙인찍히기 싫고 그로 인한 이득이 있으니 그냥 말하기를 포기하기도 하고요. 조직의 폐쇄성이 강화되고 외부에서는 무슨 일들이 안에서 벌어지고 있는지 알 수가 없게 되지요. 공익신고자보호법은 내부고발자를 보호하여 조직의 투명성을 강화하는 데 결정적인 법이지만 지금은 부분적인 기능밖에는 할 수 없게 되어 있어요.

<u>이범준</u> 청탁금지법과 공익신고자보호법의 이념이 부패 신고로 같습니다. 그런데 두 법이 모두 금지되는 청탁과 공익신고 대상을 제한해서 정해 놨습니다. 하지만 교수님께서는 포괄적으로 하는 게 적절하다고 보시는 거죠?

<u>김영란</u> 그렇지요. 권익위원회에서 하는 큰 일 중 하나가 부패 신고자를 보호하는 일이에요. 국민권익위원회법에 있어요. 그걸 확장한 게 공익신고자보호법인데, 신고자를 철저히 보호하는 정신을 그대로 가져왔지요. 공익신고자를 보호하는 구체적인 규정을 두고 있는 법이거든요. 청탁금지법은 그 보호하는 방식을 그대로 가져왔어요. 그래서 공익신고자보호법과 똑같이 보호할 수 있게 만들어져 있지요. 부패 신고와 같은 고리로 연결되는 거지요.

다만 공익신고자보호법과 청탁금지법의 나열식 규정 방식은 올바른 형식이 아니라는 거죠. 법률이나 시행령에서 보호 대상이 되는 법률을 나열해 나가는 건 한계가 있어요. 일단 국회에서도 입법할 때는 서로 이해관계가 부딪치고 하니까 완벽하게는 못하는 것 같아요. 여야가 생각이 다르기도 하니 절충도 해야 하고, 그래서 공익신고자보호법도 포괄식이 아니라 나열식으로 간 거고, 청탁금지법의 부정청탁에 대한 개념도 포괄식으로 가려 했는데 나열식으로 된 거지요. 빠른 시일 내에 정리해야 할 부분이지요.

<u>이범준</u> 언론이 어떤 기사를 내도, 기관들이 가장 먼저 하는 일은 제보자 색출입니다. 법조에서만 해도 검찰은 말할 것도 없고, 대법원도 헌법재판소도 제보자 색출부터 시작하고요. 제가 겪은 것만도 여럿입니다. 기자로서는 행여라도 취재원이 드러날까 걱정하게 되고요. 기관장에게 색출을 중단하라고 요구하고 또 항의합니다. 그 대가로 후속 기사를 포기한 적도 있어요. 기자로서는 취재원 보호가 생명이라서요.

김영란 그렇죠. 누가 제보를 해서 문제가 되면 그 제보자 색출부터 하지요. 그래서 공익신고자보호법에서는 신원을 흘리기라도 한 사람에 대해서는 전부 형사처벌할 수 있게 되어 있어요. 그래서 제가 이 법을 제대로 활용하면 익명 투서 등을 막을 수 있다고 한 거고요. 익명으로는 신고할 수 없게 되어 있거든요. 또 소명 자료를 붙여서 신고해야 하고요. 대신 철저히 신원을 보호해 주겠다고 하는 방식이지요. 그런데 이게 제대로 작동하려면 국가기관에 대한 신뢰가 필요하거든요. 신고하는 사람 입장에서는 과연 철저히 내 신원을 보호해 줄까 불안할 거잖아요?

'세계 7대 자연경관'에 제주도가 뽑히도록 전화투표를 하자는 캠페인이 2011년에 있었잖아요. 지금까지도 선정 기준과 공신력에 논란이 되고 있는데요. 당시 적잖은 시민들이 돈을 써서 참여했고요. 이 과정에서 KT가 부당이익을 챙겼다고 이 회사 노조위원장이 권익위원회에 제보했어요. 전화투표는 국내전화인데 국제전화 요금을 부과하고, 문자투표도 건당 100원짜리를 150원을 받았다는 거예요. 그러자 KT가 이 직원을 출퇴근에 왕복 다섯 시간이 걸리는 지사로 전보조치하고, 무단결근과 무단조퇴로 해임했어요.

권익위원회는 2013년 해고가 내부고발에 대한 보복성 조치라고 판단해 KT에 해임취소를 요구하는 '공익신고자 보호조치 결정'을 내렸어요. 오히려 KT는 권익위원회의 공익신고자 보호조치 결정을 취소해 달라는 소를 법원에 제기했지요. 하지만 2015년 서울행정법원이 공익신고를 한 직원을 조직에서 퇴출시키려 보복성 조치를 했다고 보고 KT에 패소 판결을 했어요. 정당한 병가와 조퇴 사유가 있는 직원의 요구를 이유도 없이 거절해 보복했다는 거죠. 판결은 2016년 대법원에서 확정됐고요.

그 밖에도 현대자동차 엔진결함 등 품질 문제를 신고·제보했다고 해임된 공익신고자에 대해서도 권익위원회가 '공익신고자를 복직시켜야 한다'고 결정하기도 했어요. 사실 대부분의 내부고발자는 조직에서 왕따가 되지요. 그럴 뿐 아니라 조직에서는 그 사람의 평소 언행 등을 샅샅이 조사해서 조금이라도 문제가 있으면 고발하고 해고하지요. 그런 사례를 주변에서 드물지 않게 보잖아요. 그런 걸 다 무효화하는 조치를 이 법이 할 수 있게 되어 있거든요. 어쨌든 청탁금지법처럼 공익신고자보호법도 중요한 법인데 제자리를 못 찾고 있는 이유 중 하나가 포괄적이지 않게, 나열식으로 입법했기 때문이라고 생각해요.

이범준 공익신고자보호법에서 정하는 공익신고 대상에 언론은 해당하지 않는다는 판결이 있었습니다. 실제로 공익신고자보호법도 공익신고 대상에 언론을 적어 두지는 않았고요. 언론을 포함하는 건 무리한 입법인가요?

김영란 공익신고자보호법이 권익위원회를 비롯해 대통령령이 정한 국회의원이나 공공단체 이런 데에 신고를 할 수 있게 되어 있고요, 국회의원이나 공공단체가 신고를 받으면 바로 권익위원회나 수사기관

또는 감독기관에 사건을 넘기게 되어 있어요. 일단 신고자에 대하여 기본적 조사를 해서 수사기관에 의뢰를 하는 등 후속 조치를 해야 하거든요. 다만 내용을 조사하면서 내용이 명백히 거짓이거나, 익명의 투서이거나, 보완하라는 데 불응하거나 하는 때는 넘기지 않아도 되게 되어 있어요. 만일 언론을 포함하면 그런 절차를 언론사가 밟아야 하는 거죠. 언론사를 넣을지 말지 논의가 있었어요. 넣어야 한다고 주장하는 국회의원들도 있었는데, 이런 문제가 있어서 넣지 못한 거지요.

기업의 준법을 지원하는 사람들

이범준 롯데그룹이 2017년 컴플라이언스 위원회 초대 위원장에 민형기 전 헌법재판관을 선임했습니다. 신동빈 롯데그룹 회장이 검찰수사 등을 받으면서 "준법경영위원회(컴플라이언스 위원회)를 설치해 더욱 투명한 기업을 만들겠다"라고 약속한 적이 있었다고 하고요. 준법감시인이나 준법지원인이 어떤 역할을 하나요.

김영란 준법감시인이나 준법지원인은 미국의 에틱스 오피서(ethics officer, 윤리담당관)나 컴플라이언스 오피서(compliance officer, 준법감시인) 제도를 벤치마킹한 건데요, 윤리담당관과 준법감시인은 어떤 차이가 있나에 대해서 서로 같다, 포함 관계다, 윤리담당관에 준법감시인이 포함된다 등 그들끼리 여러 논쟁들이 있더라고요. 어쨌든 회사의 내부통제를 하기 위한 제도지요. 직원의 부정이 적발되면 거액의 손해배상소송에 말려들어 회사가 위태롭게 되는 걸 막자는 취지에서 출발했지요.

우리나라에서 준법감시인은 외환위기 직후인 1999년에 은행법, 증권거래법, 보험업법 등 금융관련법이 대거 개정되면서 금융회사에 도입됐죠. 금융기관들이 자발적으로 임직원들의 행동을 통제하라는 취지로 도입한 거지요. 이들은 회사 사규로 정한 통제 기준을 임직원들이 준수하는지 위반행위는 없는지 조사하여 그 결과를 회사의 감사, 감사위원회에 보고하게 됩니다. 준법지원인도 유사한데요, 기업 내부의 의사결정 및 업무집행과 관련하여 법률전문가가 상시적으로 법적 위험을 진단 및 관리하여 분쟁을 사전에 예방하자는 거지요. 2011년 상법 개정으로 2012년부터 도입되었지요. 상법에 따라 자산총액 5천억 원 이상인 상장회사는 준법지원인을 선임하게 돼 있지만 지켜지지는 않고 있어요. 금융감독원 자료를 보면 2016년 선임 대상 회사 311개사 중 128개사(41.2%)가 준법지원인을 미선임했다고 해요. 참고로 준법감시인은 1999년 이후 확대되어서 2000년부터 은행, 증권, 보험, 투자신탁, 종합금융업 등 모든 금융기관에 대해 준법감시인 설치를 의무화했고, 2001년부터는 신용금고의 준법감시인제도도 의무화되었지요. 하지만 우리나라의 준법감시인의 지위로는 대표이사의 지시로 이루어진 부정한 행위 등을 적발하는 것은 어렵겠다는 것이 중론입니다.

이범준 준법지원인제도 입법 당시 전국경제인연합회(전경련) 등 기업들의 저항이 많았지요. 전경련은 당시 자산총액 2조 원 이상 상장기업에 적용시켜야 한다고 주장했고요. 비공식적으로는 법조인들이 밥그릇을 키우기 위한 것이냐는 얘기도 했어요. 실제로 변호사단체들이 이 제도를 적극 추진한 것도 맞고요. 준법감시인이나 준법지원인의 상황은 어떻습니까.

김영란 현재 상황을 논할 단계인지 모르겠어요. 미국의 윤리담당관이나 준법감시인제도를 불완전하게 들여와서 역할을 제대로 못하고 있는 것으로 보여요. 대표이사나 경영진의 비리에 대해서는 감시하지도 못하고 회사에 문제가 생기면 준법감시인이 다 책임을 지고 하는 단계라는 비판이 있어요. 준법지원인은 아직까지 임명도 기피하고 있고요. 대기업에서 준법지원인을 선임했다는 게 뉴스가 되기도 하지요. 아직 우리는 이렇게 초보 단계이고, 준법지원인이 무슨 일을 해야 하는지 제대로 설정도 안 되어 있어요. 그러나 이 제도를 잘 운영해서

회사 내부를 제대로 감시하게 해야 할 필요가 있어요. 회사에서 적법하지 않은 일처리를 할 때 안 된다고 말하는 사람으로 준법감시인이나 준법지원인을 활용할 수 있어야 하지요. 하지만 우리는 No라고 말할 수 없는 문화를 극복하지 못하고 있어서, 아무리 외국의 좋은 제도를 들여와도 쓸모가 없는 거죠. 오히려 일이 터지면 준법감시인이 방패막이처럼 책임지게 되어 있어서 제도의 원 취지가 왜곡되어서 활용되고 있지요.

이범준 반드시 변호사만 준법지원인이 될 수 있는 것은 아니잖아요. 보통 변호사 출신으로 준법지원인이 되는 경우 회사의 내부사정을 잘 알려 주지 않는 경우도 있는 모양이고요. 그래서 회사 내부에서 성장한 믿을 만한 사람 가운데 준법지원인을 시키는 경우도 있다고 합니다. 이렇게 되면 어느 경우에도 준법지원인이 제대로 역할을 못하는 게 아니냐는 얘기도 있고요.

김영란 우리나라 사외이사도 그렇잖아요. 결국 문화의 문제인데, 회사 사주에게 No라고 말할 수 없는 문화가 있잖아요. 우리 사회를 뒤흔든 박근혜 전 대통령 스캔들도 그렇지요. No라고 말해야 하는데, No라고 말하라고 앉혀 놨는데, No라고 말한 사람이 드물었지요. 조선시대에는 삼사(三司)가 왕에게 계속 직언하라고 만든 기관이지요. 그게 작동한 왕도 있었고 아예 작동이 안 된 왕도 있었지요. 모두 제대로 작동했다면 조선이 어떻게 되었을지 알 수 없죠. 어쨌든 삼사가 제도적으로는 '너는 계속 직언해라. 내가 듣기 싫어하더라도'라고 한 점에서 탁

월한 제도라 할 수 있지요. 대통령도 어떤 자리에 있는 사람에게, '너는 계속 내게 반대되는 이야기를 하라'라고 하여 그 얘기를 계속 듣게 되면, 나는 이렇게 생각하는데 반대 관점은 이럴 수 있구나 알 수 있게 되어서 업무를 좀 더 정교하게 추진할 수 있겠지요.

기업도 마찬가지일 듯해요. 사주가 위법적인 행위를 한다면, 그렇게 하면 나중에 검찰 수사가 들어오고 하니 안 된다는 식으로 반대되는 의견을 말하는 사람을 두고 있어야 하는 거지요. 그럼에도 불구하고 사주가 불법적인 행위를 했다면, 준법지원인은 내부고발자가 되어서 고발을 해야 하는 게 맞겠지요. 때로는 회사를 살릴 것인가 사주를 살릴 것인가의 문제가 되기도 하겠지요. 시스템이 이상적으로 작동하는 회사라면 회사 자체의 처벌은 면제되고 사주만 처벌을 받는 식으로 되겠죠. 이런 사람들을 데블스 애드버킷(devil's advocate)이라고 하는데요, 의도적으로 반대의견을 말하는 역할을 말해요. 선의의 비판자 등으로도 번역하더라고요. 가톨릭에서는 성인을 추대하는 심사에서 추천된 후보가 부적절한 이유는 없는지 끝까지 파 보는 역할을 하는 사람을 두었다는데, 그런 사람을 악마의 대변인이라고 불렀다는 데서 유래했다고 해요. 하지만 현재 우리 사회에서 준법지원인에게 그런 요구까지 할 수 있을지 의문이에요.

도널드 트럼프 대통령 사례만 봐도 연방수사국(FBI)이 트럼프 대통령 진영이 러시아와 무엇을 했는지 조사하겠다고 하잖아요.* 그리고 트럼프가 지명한 닐 고서치(Neil Gorsuch) 연방대법원 대법관도 후보자

* 2017년 트럼프는 자신과 측근에 대한 '러시아 스캔들' 수사를 지휘하던 제임스 코미(James Comey) FBI 국장을 전격 해임하였다. 코미는 트럼프로부터 '러시아 스캔들' 수사 중단을 요청받았다고 상원 청문회에서 밝혔다.

시절에 자기는 법대로 할 것이다, 트럼프가 지시하는 대로 해야 한다면 법원 밖으로 나오겠다 이렇게까지 말했고요. 전임자인 앤터닌 스캘리아(Antonin Scalia) 대법관은 헌법의 글자 하나하나에 충실하게 해석해야 한다는 사람인데, 그 사람보다 더한 판사라는 이야기가 있어요. 그러니까 더더욱 트럼프 말을 따르거나 하지는 않겠다고 하는 거였겠지요. 아직 대법관으로 임명도 안 되었는데 자기는 대통령이 그럴 경우 법원을 나오겠다고 하잖아요. 우리도 자기를 임명한 사람이거나 사주라 해도 No라고 말하는 문화를 만들 필요가 있는데요. 문화가 먼저여야 하나 제도가 먼저여야 하나 이런 논쟁은 무의미하고, 그런 식으로 문화가 갈 수 있게끔 제도적 정비를 계속해야 하는 것이라고 생각해요. 내부고발자보호라든가 준법지원인제도 등을 계속 정비해 나가야 하는 이유가 거기에 있는 거지요.

이범준 준법감시인제도가 도입되고, 사법연수원에서 기업들을 상대로 변호사를 채용하라고 굉장히 홍보를 많이 했어요. 당시 조근호 사법연수원 부원장이 회사들도 찾아다니고 했어요. 이분이 검사이다 보니까 회사를 찾아다니면서 "장기적으로 준법경영이 이익이 되는 것이다. 수사받고 구속되고 그러면 손해이지 않느냐. 내가 똑똑한 제자들 추천해 줄 테니 채용 좀 해 주라"고 하셨어요. 그리고 이듬해에 채용한 회사 간부들을 만나서 애프터서비스 해 줄 테니 뭐가 문제인지 말해 달라고 한 모양이에요. 그랬더니 그 회사 고위층들이 "준법도 좋고 장기적 이익도 좋고 다 좋은데, 무작정 안 된다고만 하면 어떡하나. 우리는 수익이 목표다. 이것도 안 되고 저것도 안 된다고 하면 힘이 빠진다"

고 하더래요. 그래서 조근호 부원장이 제자들한테 "범죄를 도우라는 게 아니니까 가능하면 되는 쪽으로 연구를 해 봐라. 자네들이 검사가 아니고 기업의 구성원 아니냐"고 했대요.

김영란 준법감시인들이 기업가적 마인드가 부족해서 생긴 측면도 있 겠지만 기업문화가 좀 더 투명하고 개방적으로 되어서 글로벌 스탠 다드에 접근할 필요도 있지요. '사회 책임 경영(CSR; Corporate Social Responsibility)'이니 회계 투명성이니 하는 것은 기업의 이익 창출에 방 해가 될 뿐이라고 생각하는 경향이 여전히 팽배해 있으니까요. 우리나 라에 대한 청렴도 평가에서도 늘 기업의 회계 투명성 부분이 아주 낮 게 평가되고 있어요. 고쳐 가야 할 부분이지요.

안 되는 일은 안 된다고
말해야 한다

이범준 지금은 준법지원인이 변호사 아닌 사람도 가능하지만, 준법 을 지원하려면 근본적으로 변호사 자격을 가진 법률가가 적합할 것 같 습니다. 변호사가 늘면서 기업에 진출하려는 사람도 많아졌고요.

김영란 로스쿨 제도를 도입한 취지 중 하나가 다양한 전공을 지닌 법 률가를 양산하겠다는 거잖아요. 학부에서 회계학이나 경제학이나 경영학을 공부한 사람들이 로스쿨 가서 변호사 자격증을 따면 법학대학 나온 사람보다 준법지원을 하기에는 더 나을 수 있겠죠. 변호사가 법률을 준수하면서 기업을 경영하도록 지원을 하려 해도 그 업무를 잘 모른다면 준법지원을 하는 게 어려울 테니까요. 그러나 아직은 기업들이 법률가가 들어와서 회사 내부를 들여다보는 건 원하지 않는 것 같죠? 사내 변호사들은 대개 기업의 법률업무를 처리할 텐데요, 준법지원인은 조금 더 나아가서 전반적으로 준법경영을 하는지 지켜보는 업무를 하잖아요. 정부에서는 준법지원인제도를 지원하는 대책 등을 적극적으로 시행할 필요가 있어요.

미국의 경우 준법지원 시스템을 제대로 갖추었을 경우 기소를 면해 준다든지, 양형 기준을 완화한다든지 하는 식으로 인센티브를 많이 주고 있어요. 미국 연방검사 지침에 보면, 기업을 소추할 것인지를 정할 때 고려해야 할 요소의 하나로 준법감시인제도를 효과적으로 운영하고 있는지를 고려하도록 하고 있어요. 회사의 종업원이 위법한 행위를 하거나 회사 내부의 윤리프로그램에 어긋나는 행위를 하지 않도록 예방하고 탐지할 수 있는 효과적인 준법감시인제도를 갖고 있는지, 기업 경영진이 직접 그 제도의 시행에 관여하고 있는지, 또는 기업의 영업목적을 달성하기 위해 종업원이 부당한 행위를 하도록 압박하거나 조장하도록 하고 있는 기업인지, 준법감시인제도가 정직하고 성실하게 적용되는지, 프로그램 자체가 부당한 행위를 정부 당국에 제대로 알리도록 촉구하고 있는지 등을 살펴보도록 하고 있고, 이런 지침에 따라 기업의 기소 여부를 정하게 되어 있지요.

법원의 양형 기준도 자세하게 되어 있어요. 미국 연방 양형 기준을 보면, 기업의 지배기구가 준법감시인제도와 윤리프로그램의 내용과 작동에 관하여 숙지하고 있고 합리적인 감독 기능을 행사할 것, 고위직원 중 최소한 한 명이 준법감시인제도와 윤리프로그램이 효과적으로 작동할 수 있도록 전체적인 책임을 담당할 것, 준법감시인제도와 윤리프로그램이 효과적으로 작동하는지에 관하여 정기적으로 기업의 고위직원과 지배기구에게 보고하는 의무를 포함하여 작동책임을 부여받은 특정인이 있을 것 등을 요구한다고 규정하고 있어요. 또, 열 개 이상의 구체적인 기준을 두고 있어요. 가령 누군가 위법하거나 준법감시인제도와 윤리프로그램에 위배되는 행위를 하였을 경우 그 사람에게 실질적 권한을 부여하지 않도록 하기 위한 합리적인 노력을 하였는지, 준법감시인제도와 윤리프로그램을 정기적이고 실질적인 방법으로 기업의 고위직 인사와 직원 등에게 주지시키기 위한 합리적인 조치를 하였는지, 준법감시인제도와 윤리프로그램이 효과적으로 작동하는지를 정기적으로 평가하는지, 기업의 직원이 보복의 두려움 없이 다른 사람의 범죄행위를 보고하거나 지도를 요청할 수 있도록 익명성과 비밀성을 보장하는 시스템을 확립하고 공표하였는지, 탐지된 범죄행위에 적절히 대응함으로써 더 이상 유사한 범죄행위가 발생하지 않도록 준법감시인제도와 윤리프로그램에서 필요한 수정을 하는지 등이에요.*

앞서도 얘기했지만 우리는 개별적인 법률의 양벌규정에서 감시·감독을 게을리 하지 않았음이 증명되지 않으면 기업도 처벌된다는 조문을

---

* 윤종행, '기업범죄예방을 위한 우리나라와 미국의 준법
감시인제도 비교', 법학연구, 2011, 연세대학교 법학연구
원 참조.

하나씩 가지고 있을 뿐이지요. 대법원 판례는 감시·감독을 게을리 하였다는 입증을 검찰이 하여야 기업이 처벌된다고 하고 있지요. 그래서 사실 양벌규정이 있으나 마나 한 게 되어 버렸죠. 청탁금지법에도 양벌규정이 있고 준법지원인과 비슷한 담당관을 두게 되어 있어요. 이 담당관은 교육 상담, 신고 신청 접수, 소속 기관장의 위반행위를 통보하는 등의 일을 하게 되어 있지요. 그러나 판례에 의하면 감독과 관리를 제대로 다하고 있지 않았다는 걸 검사가 증명하지 않으면 회사 책임은 없어져 버리겠죠. 양벌규정과 준법감시인 또는 준법지원인을 연관시켜 규정하고, 시스템이 제대로 작동하도록 운영하고 있는 회사에 대해서는 인센티브를 주고, 내부고발자가 생기면 철저히 보호해 주는 등의 방식으로 민간부문의 투명성도 강화해 나가야 하는데 언제쯤이면 이런 방식이 자리 잡을지 모르겠어요.

이범준 그 판례가 속히 바뀌었으면 좋겠습니다. 2017년에 이재용 삼성전자 부회장이 뇌물공여 혐의로 구속되면서 삼성미래전략실 준법경영실장인 성열우 사장이 사표를 냈습니다. 성열우 전 사장 같은 판사들을 줄줄이 데려다가 윤리경영을 한다고 했지만 이렇게 됐는데요. 사실 이번 사건이 벌어졌을 때 사표를 내거나 수습되고 물러났으면 어땠을까 싶은 게, 오너가 구속되고 사표를 내니 마치 오너를 위해서 일했다는 오해를 줄 수도 있는 것 같아요. 이번 사건과 관련해 어떤 업무를 해 왔는지도 궁금하고요.

김영란 삼성에서는 준법경영실장도 모르게 은밀하게 처리하지 않았을까요. 그러나 알았다 해도 우리 기업 문화에서 문제를 제기할 수 있었을까도 의문이지요. 기업의 지배자를 제외한 임원들이나 종업원들만 준법경영실장의 업무영역이 아니었을까요? 그래서 준법지원인이 있다고 해서 다 해결되는 건 아니고, 준법지원인을 제대로 운용하는지가 중요하지요. 미국처럼 준법지원인을 제대로 운영해야만 혜택을 받을 수 있게 해야 하는 거지, 준법지원인이 있다고 해서 그것만으로 방패막이를 해 버릴 거라면 그런 제도는 없는 게 낫다는 소리도 나오겠죠. 준법지원인이 있을 뿐 아니라 이렇게 제대로 운영하고 있었다고 회사에서 증명하도록 제도를 만들어야 하겠지요.

권위주의적 문화가 여전히 지배하고 있는 우리 사회에서 윗사람에 대해서도 안 될 일은 안 된다고 말할 수 있도록 하려면 어떻게 해야 하나, 그것이 청탁금지법의 근본에 놓인 고민이거든요. 사람들이 '몇백억 몇천억 뇌물도 못 막으면서 3만 원, 5만 원, 10만 원만 갖고 따지고 있는 이 법이 왜 필요하냐' 이렇게 말할 때, 저는 마음이 좀 아팠어요.(웃음) 사실은 이 법이, 아니라고 말할 수 있는 문화를 우리 사회에서 출발시킬 수 있을 거라고 기대했던 건데 뿌리가 내리기도 전에 폭풍이 불어닥친 거니까요. 윗사람이 청탁을 해 올 때, 주변인물들이 청탁을 해 올때 아니라고 말하도록 하는 것, 이것이 청탁금지법의 중요한 목표였거든요. 처벌이 목적이 아니라, 아니라고 말할 수 있도록 훈련시키는 걸 지향한 법이지요. 훈련을 못 받은 사람이 갑자기 장관이 되고 청와대 수석비서관이 되었다 하여도, 갑자기 그게 될 리가 없거든요. 차곡차곡 훈련을 쌓는 것이 필요하죠. 그러니까 이런 법이 무슨 소용이 있냐, 거악을 잡아야지라고 말하는 건 이 법의 목적을 넘어선 거라 할 수 있어요. 이 법에 거는 기대가 너무 큰 거죠. 거악을 잡는 건 형법이나 형법의 특별법인 특정경제범죄가중처벌법 같은 법들이 하는 거고요. 청탁금지법은 우리들의 체질과 문화와 시스템을 조금씩 바꿔 나가는 그런 역할을 하는 거지요. 이번 사태를 보면서 청탁금지법의 필요성이 오히려 더 커졌다고 말하고 싶어요.

<u>이범준</u> 양심에 따른 내부고발자를 국가가 보호하고, 기업이 합법적으로 작동하도록 시스템을 만드는 것이 우리 사회와 경제가 좋아지는 길이라는 생각이 듭니다. 이것이 대한민국 헌법이 결단한 자유민주적 기본질서와 시장경제원리에도 부합하고요. 그리고 그 시작은 잘못된 것은 잘못됐다고 말할 수 있도록 해 주는 것이고, 그러기 위해 법과 제도로 확실하게 보장을 해 줘야 한다고 생각합니다. 그렇게 하지 않으면 양심을 지켜 부정을 밝힌 사람만 조직에 적응하지 못하는 모난 사람으로 만들면서 모든 일이 끝나고 마는 것 같습니다.

8
정의로운 검찰을
갖는 방법

부패와 범죄를 처단해야 하는 검찰이
오히려 시민들의 비난을 받는 이유는 무엇일까.
대법관 출신의 김영란 교수는
오랫동안 이를 고민해 왔고,
선명하고도 합리적인 방안을 갖고 있다.
검찰의 수사권을 견제하고 분산하는
고위공직자비리수사처다.

누구나 얘기하지만 아무도 해결하지 못한
검찰의 문제로 들어간다.

검찰의 진짜 권력,
불기소

<u>이범준</u> 이제부터는 고위공직자비리수사처(이하 공수처) 문제에 관해
여쭈어 볼 텐데요. 그에 앞서 우리나라 검찰의 문제점으로 지적되는
것들을 잠깐 정리해 보겠습니다. 우리 검찰의 핵심 권한은 '기소하지
않을 권한'입니다. 이유는 기소권을 독점하는 기관(기소독점주의)인데
기소하지 않아도 되는 권한(기소편의주의)을 동시에 갖고 있어서입니다.
이와 달리 다른 나라에서는 국가뿐 아니라 개인이 기소를 하는 경우도
있고, 검찰이 자의적으로 불기소하지 못하게 하는 나라도 있습니다. 아
무튼 한국의 검찰은 이처럼 사건을 합법적으로 덮을 수가 있습니다.

이를 보완하기 위해 검찰의 부당한 불기소를 법원이 바로잡는 재정신
청제도*가 있지만 무용지물이었습니다. 1973년부터는 대상 범죄도 축
소해 공무원의 직권남용 등 세 가지뿐이었고요. 이후 법원이 재정신청
에서 기소하라고 결정한 사례가 한 건도 없었습니다. 그러다가 1988년
개소한 헌법재판소가 검사의 불기소처분이 헌법소원 대상이라고 선
언했습니다. 그러고서는 불기소처분을 취소하는 결정을 많이 내렸습
니다. 하지만 이 역시 별로 효과가 없었던 것이 검찰이 헌재의 불기소
취소 결정을 받으면 다시 한 번 불기소를 결정하곤 했거든요.

검찰의 불기소 권한이 어떤 것인지 보여 주는 유명한 사건이 있습니

---

* 고소나 고발을 한 사건이 기소하지 않는 결정을 받게
되면 고소인이나 고발인의 신청에 따라 법원이 그 결정
의 당부를 판단하게 하는 제도.

다. 2005년 대상그룹 비자금 사건 항소심에서 기소되지 않은 임창욱 회장의 72억 원 횡령이 판결문에 적시됐습니다. 항소심 재판장은 나중에 대법관이 되는 서울고등법원 전수안 부장판사였고요. 언론과 시민단체의 비난이 아주 거셌고, 결국 검찰이 임창욱 회장을 기소해 징역형 유죄가 났습니다. 특히 임창욱 회장을 불기소하기로 인천지검이 결정한 시점이 홍석조 인천지검장 부임 직전이었습니다. 임창욱 회장은 이건희 삼성회장의 사돈이었고, 이건희 회장의 처남이 홍석조 검사장이었습니다. 그래서 검사들이 알아서 챙긴 것이라는 의혹이 있었습니다. 감찰 결과는 문제없는 것으로 나왔지만, 홍석조 검사장은 사직했습니다.

그리고 2008년에 형사소송법을 개정해서 재정신청 대상 범죄를 늘려 고소가 가능한 사건은 모두 포함됐습니다. 그런데 법원에서 기소하라고 결정해도 이 기소를 검찰이 담당하게 했습니다. 외국에서는 변호사가 하거든요. 이렇게 되니 당초 불기소를 결정한 검찰 조직원인 검사는 수사를 열심히 하지도 않고 심지어 무죄도 구형합니다. 그사이 헌법재판소도 재정신청제도가 있기 때문에 불기소 사건 헌법소원을 받아 주지 않습니다. 예외적으로 재정신청으로도 다툴 수 없는 사건만 받고 있습니다.

김영란 그동안 검찰은 어떤 정권인지에 따라 사건을 덮기도 하고, 수사하기도 하고, 반대 방향으로 수사하기도 하는 식의 엄청난 권한을 행사해 왔죠. 2014년 정윤회 국정개입 의혹 문건의 수사만 떠올려 봐도 뭐가 문제인지 금방 알 수 있죠. 박근혜 정부에서 정식 직위가 없는 정윤회 씨가 비선실세라는 의혹을 제기한 문건이 〈세계일보〉에 보도 됐잖아요. 청와대 문건은 정윤회 씨가 비서관, 행정관 등과 정기적으로 만나면서 국정에 개입한다는 내용이었고요. 이후 검찰은 이 내용이 모두 허위라고 발표하고 문건 유출에 관여된 사람만 기소했어요. 하지만 2016년 정윤회 씨의 전 배우자 최순실 씨의 국정 개입이 드러나면서 박근혜 대통령이 탄핵까지 됐고요. 정치 검찰이라는 오명을 쓰고 있는 이유가 바로 이런 거죠. 그래서 검찰을 들여다볼 다른 기구가 필요하다는 거예요. 그 기구의 형태가 무엇이냐는 건 기소독점권과 기소편의 주의를 검찰이 독점적으로 행사하는 걸 보완할 수 있는 제도가 무엇이냐는 시각에서 정해야 한다고 생각해요.

이범준 2017년 대통령선거에서 공수처 신설에 주요 후보들이 찬성했습니다. 검사 출신의 홍준표 자유한국당 후보만 반대했고요. 교수님께서는 박근혜 정부가 출범하던 2013년에도 필요성을 강하게 주장하셨습니다. 당시 대검찰청 중앙수사부를 없애기로 돼 있었는데 그것만으로는 검찰의 문제가 해결되는 것이 아니라고요. 공수처가 왜 필요한지 설명을 해 주신다면요.

김영란 우선 검사를 누가 수사할 것이냐는 문제죠. 지금은 검사를 수사하는 기관이 검사잖아요. 경찰이 수사하더라도 검찰이 사건을 보내라고 하면 보내야 하거든요. 검사를 수사하는 기관이 필요하지요. 다음으로, 말씀하신 대로 우리나라 검찰은 사건을 덮을 수 있는 권한이 있잖아요.

그래서 어마어마한 비리가 나와도 검찰이 기소하지 않으면 없는 사건이나 마찬가지예요. 이런 검찰을 감시할 기구가 국회밖에 없잖아요. 하지만 국정감사만으로는 한계가 있지요.

법원의 재정신청이나 헌재의 헌법소원도 지금 부분적으로만 작동하고 있거든요. 경찰의 수사권 독립도 검사들은 경찰조직이 너무 방대하니까 부작용이 클 거라고 보고 반대하고 있지요. '경찰국가화'한다는 거죠. 경찰조직을 지방자치단체별로 분산시키는 자치경찰제가 도입되지 않으면 경찰의 수사권 독립을 보장할 수 없다는 거지요. 경찰의 수사권 독립으로 검사를 수사할 수 없는 문제는 해결될 수도 있지만 여전히 검찰이 기소독점권을 행사하는 문제점은 남게 되지요. 그래서 고위공직자를 수사하는 기구인 공수처를 만들라는 주장이 나오게 되는 거지요.

여기에 반대하는 사람들의 이유는 대통령이 공수처장을 임명하면 그 기구가 정치적으로 작동할 수 있다는 거지요. 가령 박근혜 정부에서 특별감찰관이란 게 새로 생겼잖아요. 대통령의 친인척과 특수관계에 있는 사람들의 비위(非違)를 감찰하는 기구로요. 그런데 초대 이석수 감찰관이 최순실 씨와 최순실씨 사건을 덮으려 한 우병우 민정수석까지 감찰하니까 박근혜 대통령이 쫓아내 버린 거 아니에요. 그런 식으로 공수처도 대통령이 좌지우지하게 되면 소용없다고 말하고 있고요. 어쨌든 공수처 설립이 이번 정부에서는 가능할 것처럼 보이고 있지요? 생각해 볼 점은 2017년 대통령선거에서 나온 공약은 공수처의 수사 대상이 되는 고위공직자들을 공수처에서만 수사할 수 있게 하자는 거지요? 그렇다면 검찰에서 기업을 수사하다가 고위공직자 비리가 나왔다, 그럴 경우 검찰에서 수사를 공수처로 넘기느냐 하는 문제가 생기게 되죠. 이번에 박영수 특검에서 박근혜-최순실 게이트를 수사하다가 검찰로 다시 넘긴 것처럼요.

저는 검찰의 기소독점권을 견제하자면 한쪽으로 수사 대상을 몰아주는 게 아니라 검찰에서도 할 수 있고 공수처에서도 할 수 있게 하면 어떨까 싶어요. 상설협의회를 두어 조정을 한다든지 주요 피의자를 수사하는 기관에 우선권을 준다든지 하는 사건조정 기준을 세워 나가야 되겠지만요. 그렇게 되면 고위공직자를 수사하면서 여차하면 다른 기관에서 더 깊이 수사할 수도 있으니까, 그 기관을 의식하면서 수사하게 될 터이니 더 철저한 수사를 하게 되지 않을까요. 덮기도 어려워지겠지요. 대통령이 고위공직자 수사를 공수처에다가 몰아주어서 더 쉽게 통제하려 한다는 의심에서도 자유로워질 수 있고요. 그런데 발의돼 있는 법안이나 공약을 보면 그런 부분까지는 생각하지 않고 공수처에서 다 하는 것으로 돼 있어요. 2016년에 더불어민주당과 국민의당 의원 71명이 발의한 법안에도, '수사처의 범죄수사와 중복되는 다른 기관의 범죄수사는 수사처로 이첩하여야 한다'고 돼 있죠.

이범준 문재인 정부가 출범하고 나서 공수처를 만들겠다는 의사를 명확히 했습니다. 조국 청와대 민정수석이 취임 당일에 "한국의 검찰은 기소권, 수사권을 독점하는 등 강력한 권한을 갖고 있는데 그런 권력을 제대로 엄정하게 사용했는지 국민적인 의문이 있다. 박근혜-최순실 게이트와 관련해서도 과거 정부에서 검찰이 막강한 권력을 제대로 사용했다면 그런 게이트가 미연에 예방됐으리라 믿고 그런 일이 일어나지 않게 하는 게 대통령의 철학이고, 그런 구상을 가진 것으로 안다"고 말했습니다. 그러면서 "공수처는 노무현 전 대통령 때부터 시작된 얘기로 문재인 대통령의 소신이기도 하다. 공수처 설치가 진정으로 검찰을 살리는 것이라고 믿는다"고도 했습니다.

공수처가
확실한 대안이다

김영란 이번에 박근혜-최순실 게이트에서도 검찰에서 처음에는 굉장히 소극적이었잖아요. 그러다 특검으로 가니까 적극적으로 임했고, 특검이 적극적으로 임하니까 많은 부분이 밝혀졌단 말이지요. 그래서 공수처가 더 필요하지 않나 생각하고요. 공수처와 검찰이 경쟁하게 한다면 더 철저한 수사가 가능하지 않겠나 보는 거지요. 제가 이렇게 이야기했더니, 검찰 측에서는 그럼 법원도 국세청도 다 두 개씩 기관을 만들자라는 말을 하더라고요. 법원은 사실 헌법재판소가 그 역할을 하고 있다고 저는 생각해요. 모든 법에는 헌법정신이 깔려 있잖아요. 헌법재판소가 생기면서 법원에서도 합의할 때 '만약 우리가 이렇게 해석할 경우 헌재에서는 어떻게 해석할까'라고 한 번 더 생각할 수밖에 없게 되었거든요. 그러니까 법원 문제는 그렇게 답할 수 있고. 그렇다면 국세청은 왜 하나 더 안 만드냐? 글쎄요. 국세청은 감사원 감사 등 정부 내에서 어느 정도 견제할 수 있는 시스템이 있는 것 같아요. 청탁금지법에 언론사와 사립학교를 끌어들이면서, 다른 이러이러한 기관은 왜 끌어들이지 않냐고 하는 것과 똑같은 논쟁이라고 생각하고요.

검찰이 제대로 수사할 수 있게 하고, 불필요한 수사에 대한 견제는 법원이 하는 게 원칙이라고 주장하기도 하는데요. 법원은 재판 단계에서 비로소 관여하기 때문에 검찰이 사건을 덮는 부분을 들여다볼 수는 없지요. 그 부분에 대해서는 검찰이 답을 내놓아야 하는 거죠. 답을 내놓지 않고 무조건 우리가 잘하면 된다고 말하는 건 부족하다고 생각해요. 이런 논리로 2013년에 대담하면서 김두식 교수도 설득했어요. 《헌법의 풍경》이란 명작을 쓴 그분도 검찰 출신이라서 그런지 처음에는 반대했어요. 마찬가지로 검사 출신이면서 검찰에 비판적인 금태섭 국회의원도 공수처 방안에는 반대하잖아요. 검찰과 공수처가 충성경쟁을 벌이게 되면 대통령이 고위공직자를 통제하기가 더 쉬워진다는 이유지요. 그럴 수도 있겠지만 이번에 우병우 전 민정수석과 이석수 전 특별감찰관의 사례에서 보듯이 한쪽이 덮고자 하는 것을 다른 한쪽이 더 깊이 파고 들어갈 수도 있잖아요. 그렇게 가도록 제도를 잘 설계해야겠지요.

이범준 검찰은 스스로를 준사법기관이라고 부릅니다. 다시 말해 검사도 절반은 판사이기 때문에 범죄 혐의가 있어도 기소하지 않고 봐줄 권한이 있다는 거죠. 거칠게 이야기하면 판사도 재량으로 법정형을 절반 줄일 수 있는 것처럼, 검사도 혐의가 있는 사람을 여러 가지를 고려해 기소하지 않을 권한이 있다는 거죠. 그런데 기소하는 기관이 새로 생겨서 검사의 권한을 침해하는 거라고 주장하잖아요. 그래서 공수처 같은 기관을 만드는 것이 헌법위반이라고 말하는 사람들도 있고요.

김영란 그래서 노무현 정부에서 기소권은 검찰이 그대로 갖고 공수처는 수사권만 갖는 걸로 한 건데요. 그런데 기소권은 검찰청의 권한이에요, 검사의 권한이에요? 검사가 가진 권한이죠. 게다가 검사들은 모두 한 몸이라는 검사동일체원칙도 검찰청법에서 삭제됐어요. 그러니까 공수처를 검사로 채우라는 거예요. 검사가 기소하라는 거죠. 이게 어떻게 헌법위반이에요. 우리 헌법이 굳이 검찰청에 소속된 검사에게만 기소권을 준 게 아니거든요.

이범준 검사들이 사건을 덮는 이유로 사람들이 의심하는 건 인사권입니다. 대통령이 법무부장관을 통해 2년에 한 번씩 검사들을 이리저리 보냅니다. 검사들은 지방에 가지 않으려고 하고, 서울에서도 특수부에 가려고 하겠죠. 그래서 인사권자인 권력의 뜻에 따라 사건을 덮는 일이 벌어진다고들 얘기합니다. 그렇다면 공수처가 생겨도 인사권을 대통령이 행사하는 이상 다를 바 없지 않느냐는 것이고요. 차라리 전국 다섯 개 고등검찰청 검사장을 직선해서 인사권을 분산시키는 게 낫다는 사람들도 있고요. 선거를 할 경우 교육감처럼 정당의 공천 없이 나오는 거고요.

김영란　그런 방안도 획기적이긴 하지요. 그러나 우리나라처럼 영호남 동서 분열이 극심한 나라에서 그렇게 되면 어떻게 되겠나 한번 생각해 보세요.(웃음) 예를 들어서 대구지역 검사장, 광주지역 검사장. 이렇게 하면 저는 그게 부작용이 있지 않을까 염려되기도 해요. 그 지역에 친화적인, 그 지역 정서에 친화적인 인물을 뽑는다는 게 결국 그 지역의 토호세력과 가까운 사람들을 뽑는 게 되지 않을까. 또 선거비용은 어떻게 되고 선거운동은 어떻게 할 것인가. 지금 교육감 선거도 깜깜이 선거라고들 하는데. 교육감은 그래도 정책을 집행하는 거니까 검사들처럼 사람들의 신체의 자유를 좌지우지하는 것과 다르잖아요? 검사장을 어떻게 알고들 뽑을 것인가, 깜깜이 선거로 뽑을 것인가, 명망가 위주의 선거가 되는 것 아닐까, 이런 염려가 생기죠. 같은 법조계인 법원을 보더라도, 현재 법원의 대법관 제청이나 법원 인사도 법원 내부에서 어떤 사람이 대법관감인지 제일 잘 알기 때문에 유지되는 면도 있어요. 법원 내부의 평가하고 외부 평가는 다른 경우가 많아요, 검사도 비슷할 것 같고요. 좋은 방안이긴 한데 부작용이 더 크지 않을까 생각해 볼 문제예요.

대통령 임명 관련해서는 미국은 연방대법관을 대통령이 다 임명하고 해도 아무 말이 없잖아요. 보수적인 대통령이 임명한 사람이 들어가서 태연히, 가장 진보적인 판결을 한 사람도 있죠. 얼 워런(Earl Warren) 대법원장이었죠. 우리가 그런 걸 기대할 수 있느냐 그런 문제가 있긴 해요. 임명권자에 대한 충성심이 강한 편이니까요. 우리나라는 임명장이 다 대통령 이름으로 나오고, 실제로 과장급 인사도 청와대가 관여를 해요. 그래서 기관장이 인사를 해도 위에서 윤허가 안 나서(웃음) 인사를 못하는 경우도 생기고 이런 게 문제죠. 올바르게 하려면 기관장은 대통령이 임명하더라도 기관장이 직원 인사를 관장하고 청와대나 바깥 입김을 차단해야겠죠. 자기를 임명한 사람은 대통령이지만 대통령의 국정 철학을 따르는 건 몰라도 개인적인 충성심을 발휘하는 건 안 되겠죠. 국민이 뽑은 대통령이니 그 국정 철학을 펼치되 그 기관의 목적에 맞게 펼쳐야 하는 게 임무니까요. 국민의 공복이지 대통령의 심복이 아니잖아요.

제도를 잘 만들어 놓아도 그런 문화가 정착되어 있지 않으면 아무 소용이 없겠죠. 선거를 하면 그 점은 좀 나아질 수는 있겠지요. 장단점이 있을 거예요. 그러나 선거를 하지 않고 대통령이 임명한다고 해도 인사는 철저히 능력과 그 기관의 목적을 위주로, 제대로 할 수 있는 사람을 기관장으로 뽑아야 하겠죠. 우리의 권위주의 문화를 고쳐 나가는 것과 제도 개선이 동시에 되지 않으면 무엇을 해도 제대로 안 되겠죠. 그래서 차라리 선거하는 게 낫다는 얘기가 나오는 걸 이해할 수는 있어요.

<u>이범준</u> 2017년 현재 국회에 걸려 있는 공수처 법안의 제안 이유에는 '홍콩 염정공서(廉政公署; Independent Commission Against Corruption(ICAC))와 싱가포르 탐오조사국(貪汚調査局; Corrupt Practices Investigation Bureau(CPIB))이 공직자 비위 근절과 함께 국가적 반부패 풍토 조성에 성과를 거두고 있는 것으로 나타나고 있음'이라고 나옵니다. 그런데 염정공서나 탐오조사국에는 공소권이 없다면서요? 다른

나라에서 공소권이 없는 수사기관을 만드는 이유는 무엇이고 어떤 효과가 있나요? 다만 인도네시아 오직근절위원회(KPK; The Corruption Eradication Commission of Indonesia) 등에는 기소권도 있습니다.

김영란 홍콩, 싱가포르 등은 영국 법의 영향을 받은 곳이어서 수사권은 원칙적으로 경찰에 있고 공소 제기는 검사가 하니까 염정공서 등에서 수사한 것을 검사가 공소 제기하는 구조로 되어 있지요. 홍콩의 염정공서는 엄청난 권한을 갖고 있어요. 수사를 철저히 하는 걸로 유명하고. 그래서 홍콩이 부패가 심한 나라였는데 염정공서 활약으로 부패가 없어졌다고까지 해요. 민간인에 대해서도 일정한 권한을 가지고 있어요. 그러면서 염정공서가 수사하는 건 경찰에서는 하지 않고 염정공서의 비리는 경찰이 하게 하는 등 상호감시하는 체제로 운영되고 있고요. 싱가포르의 탐오조사국도 엄정한 수사를 하는 걸로 알려져 있죠. 생전의 리콴유(李光耀) 전 총리의 친지들에 대해서도 철저한 수사를 한 것으로 유명하죠. 인도네시아 외에 말레이시아도 기소권이 있어요. 이처럼 나라마다 조금씩 다르게 되어 있고, 어떤 제도가 더 우월하다는 문제라기보다는 제대로 운영하는 게 중요하다고 생각해요.

검찰이 독점적으로 행사하는 걸 제대로 하고 있는지 누가 들여다볼 것인가, 그 취지에서 이 문제를 봐야 한다는 거죠. 고위공직자비리를 수사하기 위해서라고 하니까 초점이 흐려지는 거예요. 검찰 입장에서는 우리가 잘하고 있는데 왜? 이렇게 되는 거죠. 경찰조직은 너무 방대한데 거기에 수사권을 주는 데 대한 불안이 있어요. 저는 경찰조직을 방대하게 놔둔 채 수사권을 전적으로 주는 게 불안하다는 문제는 그 문제대로 해결책을 찾아가기로 하고 공수처는 별도로 논의하자는 거죠. 검찰에서는 경찰조직을 분리할 수 있으면 수사권을 주어도 좋다는 입장이에요. 각종 범죄를 수사하는 수사경찰과 공공질서를 유지하는 행정경찰을 분리하고, 국가경찰과 지방자치경찰도 나누자는 거죠. 그런데 지방자치경찰을 만들기가 또 어려운가 보더라고요. 물고 물리는 형편이죠. 그렇다면 공수처를 만들어서 시행해 가면서 경찰수사권 독립 문제를 논의하는 게 좋지 않을까요.

이범준 기본적으로 견제와 균형이 작동하는 게 좋은 방향으로 갈 거라는 믿음이 있으신 거고요. 그 부분만 큰 합의가 되면 나머지 세밀한 부분은 어떻게든 해결이 된다는 입장이신 것 같습니다. 대표적인 예로 1988년에 헌법재판소가 생기면서 법원에서 재판할 때, 이렇게 재판하면 나중에 헌재에서는 어떻게 판단할지 의식한다고 말씀하셨잖아요. 하지만 1988년 출범 때부터 헌재와 법원의 영역이 완전히 나뉘는 게 아니었고 조금씩 조정해 가고 있지만 끝까지 조정이 되지 않는 부분도 있잖아요. 그래서 개헌 이야기가 나오면서 대법원 일부에서는 헌재와 대법원이 분리돼 있어 생기는 폐해가 있으니 하나가 되어야 한다, 갈라놓은 게 복잡한 문제를 일으키고 있다, 법에 대한 해석도 조금씩 어긋나 있다고 문제를 제기합니다. 어떻게 생각하시는지요?

김영란 법 해석의 단일성이라는 관점에서는 헌재와 대법원이 가끔 엇갈리는 경우가 있지요. 그런데 저는 우리나라에서는 가뜩이나 대법원장의 권한이 너무 커서 문제다 이러고 있는데 통합한다는 건 현실적이지 않다는 생각을 해 왔어요. 대법관들 중 많은 분들은 통합해야 한다는 주장을 하시더라고요. 그런데 저는 대법원이 잘했으면 헌법재판소가 생겼겠나 그런 생각을 하게 되더라고요.(웃음) 대법원이 갖는 헌법에 대한 의식이 그다지 철저하지 않았고, 헌법재판을 경험해 보지도 않은 사람들이 많았잖아요. 그래서 저는 지금 같은 시스템이 더 낫다, 서로 견제와 균형을 할 수 있다, 생각하는 거지요. 견제와 균형이 무너진 사회가 어떤 사회인지는 우리가 다 경험했잖아요. 제가 김두식 교수와 청탁금지법에 대해 토론하고 책을 낸 것이 2013년이고, 박근혜 대통령이 당선된 직후였어요. 당시에는 이런 게이트가 생길 거라고는 누구도 상상 못했잖아요. 이 사태가 권위주의하에서 윗사람에게 No라고 할 수 없을 때, 견제와 균형이 무너졌을 때 어떤 일이 생기는지 보여 주는 것이라고 말하고 싶어요. 그래서 있는 기구를 통합하는 건 견제와 균형을 위해 바람직하지 않다고 생각합니다.

세상은
하이타임에 바뀐다

이범준 1987년 개헌 이후 정권들이 모두 게이트에 시달리고 불행한 퇴임을 맞이하니까 이게 통치구조의 결함 때문에 벌어지는 일 아니겠냐, 대통령제에 손을 대자는 얘기가 나옵니다. 이원집정부제에서는 문제가 없을 것인가라는 의문이 드는데요. 교수님께서는 기본적으로 작은 부분에서도 No라고 이야기할 수 있는 문화적 틀이 잡혀야 한다고 생각하신다는 거죠?

김영란 어떤 식으로 제도를 변화시키든 한 사람에게 권력을 몰아주는 건 안 된다는 정신을 잊지 말아야겠죠. 나아가 권력을 몰아주지 않는 시스템을 갖춘다 해도 권위주의적인 문화가 청산되지 않으면 소용이 없지요. 예를 들면 중앙부처 과장급 이상의 인사를 지금 청와대에서 다 관여하고 있는데, 왜 관여하느냐고 따지기 참 어렵단 말이죠. 이런 문화라면 제도를 백번 바꾼들 소용없다, 제도를 바꾸자고 한다면 우리 의식도 함께 바꿔 갈 수 있는 제도를 모색해야 한다, 제도만 덜컥 바뀐다고 되는 게 아니다라는 주장을 하고 싶은 거죠. 어떻게 하면 우리 의식의 변화와 제도의 변화를 함께 끌어낼 수 있을까, 이런 식으로 접근해야 한다고 생각해요.

그런데 너무 제도 변화만 이야기들을 하고 있어서 실패할 수 있다는 거죠. 반복하지만 청탁금지법을 만드는 과정에서 1차 목표는, 당장 이 법이 통과되지 않는다 해도 사람들이 이런 게 문제가 되는 거구나라는 걸 알리는 것이었어요. 그것만으로도 굉장히 조심하게 될 거 아니에요. 거창하게 식사 대접받고 골프 접대를 받고 룸살롱에 가고 하면서도 아무런 생각이 없는 것과, 같은 행위를 하면서도 이건 직무관련성이 없으니까 괜찮겠지 하면서 애써 생각해 보는 것은 다르다는 거지요. 그 자체도 무의미하지는 않다고 생각했지요. 저는 그런 것을 함께 추구했다는 면에서 이 법이 의미가 있다고 생각해요.

프랑스 철학자 질 들뢰즈(Gilles Deleuze)의 〈질 들뢰즈의 A to Z〉라는 대담 영상이 있어요. 제자이자 동료인 클레르 파르네가 A부터 Z까지 각 알파벳으로 시작하는 단어를 하나 골라 화두로 제시하면, 들뢰즈가 답하는 형식이에요. 세 장짜리 디브이디(DVD)이고 2015년에 한국에서도 출시됐고요. 거기서 이렇게 이야기하더라고요. 예전에는 택시를 타면, 자기 집을 임차한 것처럼 택시를 빌렸다고 생각하고 거기에서 담배를 막 피웠대요. 그 뒤 시스템이 바뀌어서 택시가 공간을 임차한 게 아니라 공공서비스 일환으로 바뀌면서, 택시 내에서 담배 피우는 게 금지되었다는 거죠. 그런 식으로 예전에는 허용되던 게 어느 순간 허용되지 않는 것으로 바뀌어 가는 거잖아요. 마찬가지로 우리가 줄곧 대통령이 지시하면 No라고 말하지 못하고 따라가던 그런 문화였는데, 대통령에게도 아닌 건 아니라고 말해야 하는 문화로 바뀌어야 한다는 거죠. 작금의 사태를 보면서 그런 부분에 대한 많은 학습이 이루어진 건 불행 중 다행이라고 생각해요.

지금 어느 제도를 선택하느냐도 중요하지만, 우리 자신도 그 제도와 함께 바뀌지 않는다면 어떤 제도를 선택해도 문제가 되겠죠. 물론 어떤 제도가 생기면 그 제도 자체가 사람을 변화시키는 부분도 있지요. 택시를 임차하는 공간에서 공공서비스 공간이라고 생각이 바뀌면서 그걸 타는 사람의 의식과 행동도 바뀌었잖아요? 섣불리 말하기는 어렵지만, 왜 우리가 이 제도를 바꾸려고 하는지 원래 정신을 잊지 않는다면 옳은 선택을 할 수 있을 것 같아요.

이범준 맞습니다. 제도가 문화를 바꾸는 면이 분명 있는 것 같습니다. 모두가 경험하고 있는 듯합니다.

김영란 다만 억지로 어떤 제도를 바꾸어 놓으면 그게 또 부작용을 낳을 수 있거든요. 지금 이 시점에서의 국민들 생각을 광범위하게 수렴해야겠지요. 사람들이 저더러, 왜 자꾸 국민의 의사 이런 걸 끌어들이느냐고 하는데, 사람들이 이걸 지켜야겠다는 생각을 많이들 하고 있을 때 바꾸어야지, 아무도 그렇게 생각하지 않는데 법을 툭 던져 놓고 지키라고 하는 건 또 다른 권위주의적인 태도인 거죠. 그래서 그게 참 중요하지요. 지금 헌법도, 이런 식으로 국민적인 논의와 합의를 하면서 고쳐 나가야 한다고 생각해요. 그러지 않으면 또 다른 문제를 야기할 거고요.

이범준 최근에 개헌 이야기가 나오니까 법원과 헌재 부분도 당연히 얘기가 나올 텐데, 이 부분에서 손질이 필요하다고 생각하시는 부분이 있으신가요. 20대 국회 헌법개정특별위원회 위원들은 대법원장의 인사권, 헌법재판관 지명권 등을 얘기하고 있습니다.

<u>김영란</u> 대법원장의 법관인사권은 제왕적인 측면이 있지요. 법관 인사를 할 때 인사위원회라는 게 있어서 외부인사들하고 함께 심사를 하는데, 그게 실질적인 심사가 되지 않거든요. 저도 대법원에 있을 때 인사위원장을 하면서 인사 대상의 자료를 받아서 심사를 해 봤는데, 그 자료를 미리 주지 않고 그날 준단 말이에요. 미리 준다고 할지라도 거기 오는 외부인사들이 법관을 어떻게 알겠어요. 그러니까 실질적인 심사가 되기 참 어렵죠.

대법원장에게 헌법재판관 지명권을 준 것은 삼권분립의 원칙에 충실한 것이라고 말씀하시는 분들이 있어요. 대통령, 국회, 대법원장이 각각 3분의 1씩 지명하도록 되어 있으니까요. 그런 식의 형식적인 권력 나누기가 무슨 의미가 있는지 의문이지만, 사실은 대법원장이 법률가들을 많이 알고 있다는 전제에서 그렇게 한 거잖아요. 대통령이나 국회보다는 객관적이고 중립적이라는 생각도 들고요. 그동안 특검을 임명할 때도 대법원장에게 추천하도록 하기도 했죠. 그런데 헌법재판소의 입장은 조금 다를 수 있겠어요. 대등한 사법기관인데, 또는 헌법 판단에서는 더 우위에 있는 사법기관인데 하는 생각들이 있거든요. 대법원장이 헌법재판관 세 명을 지명해 왔는데, 그 몫도 국회에서 추천하도록 할 경우 대중들에게 널리 알려진 판사라든지 돋보이는 판결을 한 사람들이 뽑히게 되겠지요. 자칫하면 명망가 중심으로 갈 수도 있지 않나 우려가 있어요. 그래서 대법원장이 해 왔던 면이 있지요. 대법

원장의 추천권을 줄이는 방향은 좋다고 생각해요. 그렇지만 또 대안을 고려하지 않을 수 없지요.

대법원장이 헌법재판관을 지명한다거나 외부인사를 추천한다거나 법관 인사를 한다거나 할 때, 혼자 하지 않고 실질적인 심사가 가능한 중립적인 위원회를 만들어서 한다든가 이런 식으로 권한을 줄이는 방법도 있을 것 같아요. 법률가 세계가 워낙 폐쇄적인 조직이다 보니, 제대로 평가해서 사람을 뽑는다는 게 참 어려울 텐데 그 모든 걸 담을 수 있는 대안을 함께 구상해야 할 것 같아요. 대법원장이 다 해야 하는 건 아니라는 데 원칙적으로는 저도 동의해요.

이범준 대법원장의 헌법재판관 지명에 대해서는 삼권은 대통령, 국회, 대법원인데 왜 대법원장이 하느냐고 지적하시는 분들이 있습니다. 아무튼 사회가 달라지려면 우선 시민들의 인식이 변해야 하지만 결국은 법과 제도가 마련되어야 합니다. 하지만 새로운 제도가 사회를 이끌어 가는 경우도 분명히 있고요. 흔히 정치하는 사람은 여론보다 반 발자국 앞서야 한다는 말도 하고요. 입법에도 관여하시고, 또 행정부에도 계셨고, 사법부에서 오래 일한 경험에 비춰 보면 어떻습니까.

김영란 먼저 변화의 방향성에 대해 암묵적이나마 합의가 있어야 되겠죠. 그러고 나서도 조금씩 그 방향으로 걸을 수 있을 뿐일 텐데요. 그 암묵적 합의가 있는 제도 개선이라야만 성공할 것이고 그리되면 사회가 조금은 바뀌게 되겠지요? 결국 제도를 바꾸기 위해서는 사람들의 마음이 바뀔 준비가 되어 있는 지점을 포착해서 가야 하는 거죠. 대법원에서 예전에 소수의견이었는데 시간이 흐른 뒤 다수의견이 되어 판례 변경이 이루어지는 경우도 유사해요. 사람들의 인식 변화가 있다는 걸 법원에서 감지해야 가능하거든요. 하이타임이 되었기 때문에 바뀐다는 게 제가 늘 하는 이야기예요. 어떤 진보적인 사람이 엄청난 설득력으로 설득한다고 해서, 다른 사람들이 꿈도 꾸지 않는데 제도를 바꿀 수는 없는 것이라는 거지요. 바꾼다 한들 지켜지지도 않겠지요. 사형제 폐지가 안 되고 있는 것도, 양심적 병역 거부가 받아들여지지 않고 있는 것도 하이타임이 아직 안 되어서 그런 게 아닌가 생각되기도 해요. 국민들 다수의 의견을 끌어올리려는 노력이 아직 부족한 것 아닌가 하는 거지요. 하이타임이라는 게 꼭 50퍼센트를 넘어야 하는 건 아니라고 생각하지만, 그래도 어느 정도 공감대가 형성되고 무르익어야 하지 않나 그런 부분을 생각해 봐야겠지요.

문재인 정부가 들어서면서
현직 서울중앙지검장이 청탁금지법 위반으로
재판에 부쳐지는 일이 벌어진다.
그러는 사이 3·5·10 기준, 즉 '사교·의례 등 목적으로
제공되는 음식물·경조사비·선물 등의 가액'을 개정하자는 얘기가 나온다.

시행 1주년을 앞두고 청탁금지법은 안착과 변경의 기로에 선다.
그리고 김영란법을 위한 김영란의 변론이다.

9
김영란, 김영란법을
변론하다

이범준 그동안 청탁금지법이 어떻게 시작되고 입법되어 시행됐는지, 이에 더해 부패를 효과적으로 막기 위해 필요한 이해충돌방지법이나 고위공직자비리수사처 등을 알아보았습니다. 이번 인터뷰를 사실 지난 늦겨울에 시작해 마지막 대담을 하는 지금 초여름이 됐습니다. 그 사이에 박근혜 대통령이 파면되고 문재인 정부가 들어섰습니다. 청탁금지법을 둘러싸고 정부와 검찰에서 많은 일이 있었고, 또 맥락은 다소 다르지만 법원에서도 큰 일이 벌어졌습니다. 이번에는 청탁금지법 시행 1년을 앞두고 실제 벌어지고 있는 일들에 대해 교수님의 의견을 들어 보고 싶습니다.

2017년 문재인 대통령이 취임하면서 청탁금지법 개정을 두고 논란이 있었습니다. 본래 청탁금지법 시행령은 2018년 12월 31일까지 개정을 검토하도록 돼 있습니다. 이 시기를 앞당길 것인지에 관한 논란이었고, 국무총리 후보자가 찬성했다가 보름 뒤에 경제부총리가 뒤집었습니다. 그리고 일주일 뒤에 해양수산부장관이 또 뒤집었고요. 이와 관련해 청탁금지법 시행령 제45조에는 '국민권익위원회는 다음 각 호의 사항에 대하여 2018년 12월 31일까지 그 타당성을 검토하여 개선 등의 조치를 하여야 한다'고 돼 있습니다. 다음이라는 것은 '사교·의례 등 목적으로 제공되는 음식물·경조사비·선물 등의 가액 범위', '수수가 제한되는 외부강의 등의 사례금 상한액' 두 가지입니다.

먼저 5월에 이낙연 국무총리 후보자가 자신의 인사청문회에서 가능한 빨리 개정을 검토하겠다고 했습니다. 2018년이 검토 시기인데 당길 수 있느냐고 어느 청문위원이 묻습니다. 그러니까 이낙연 후보자가 "예, 검토를 할 때가 됐다고 생각합니다. 김영란법을 도입하면서 기대했던 맑고 깨끗한 사회라는 가치는 포기할 수 없지만 그 과정에서 과도하게 피해를 보는 그런 분야들이 생겨나서는 안 되기 때문에 양자를 다 취할 수 있는 그런 지혜가 있는가 한번 검토를 해 보고 싶습니다"라고 답합니다. 다시 청문위원이 취임 즉시 검토할 의향이 있느냐고 묻고, 후보자는 "예, 그렇게 하겠습니다"라고 답합니다.

그런데 보름 뒤 6월에 열린 김동연 부총리 겸 기획재정부장관 후보자 인사청문회에서는 후보자가 개정을 검토하지 않겠다고 했습니다. 김동연 부총리는 "농축산이나 서민경기는 충분히 이해를 하고요. 다만 새로운 제도가 생긴 지가 워낙 얼마 안 됐기 때문에 청탁금지법이 지향하는 목표점도 우리가 가야 될 방향 자체는 맞다고 생각합니다. 그렇기 때문에 당장에 이 법 내지는 내용을 이렇게 손을 대는 것보다는, 또 정책의 일관성 문제도 있고요. 가능하면 이 취지를 살리면서 어떤 보완책을 할 수 있는 쪽을 하는 것이 맞지 않을까 하는 게 제 개인적인 생각입니다"라고 답했습니다.

이로부터 일주일 뒤에 김영춘 해양수산부장관 후보자가 인사청문회에서 또 다른 얘기를 합니다. 김영춘 장관은 청문회에서 "취지는 동감합니다만 농축수산물에 대해서만큼은 예외조항을 적용해야 되는 것이라는 생각에는 변함이 없습니다"라고 했습니다. 그러면서 "우리 수산물과 수산인들을 대변해야 되는 입장에서 농축수산물을 제외해서 법을 개정하도록 요구를 할 것이고요. 정 그게 힘들다면 시행령을 고쳐서 농축수산물에 대해서 예외 적용을 하도록 요구할 생각입니다"라고도 했습니다. 이렇게 되니 정부의 입장이 무엇인지 도저히 알 수 없는 상황입니다.

김영란 청탁금지법에 보면 직무와 관련하지 않으면 100만 원 이하의 선물이나 접대는 얼마든지 허용되거든요. 그래서 제가 사람들에게 그런 얘기들을 하면, 직무와 관련하지 않는데 한우나 굴비 같은 고가선물을 하는 사람이 누가 있느냐고들 하셔요. 그러다 보니 그런 업종에 타격이 있는 거겠지요. 그럼 직무와 관련되어 있으나 일부 업종을 보호하기 위해서 고가선물을 하는 건 모른 척해야 하는 걸까 생각해 보면 그건 곤란하다는 답이 나오잖아요.

이낙연 국무총리나 김영춘 해양수산부장관의 입장에서는 지방자치단체장을 하셨거나 해양수산부라는 부처 입장이 있거나 해서 그런 말을 하셨다고 이해합니다만, 저로서는 농축수산물을 제외하는 식의 개정은 바람직하지 않다고 생각합니다. 만일 현 상태에서 농축수산물을 제외하면 그건 마치 공무원이나 언론인, 교사들에게 농축수산물을 선물하는 것은 얼마든지 괜찮다는 잘못된 메시지를 주기 때문입니다. 국민들 사이에서는 법을 만들지 않는 편이 낫다는 소리가 나올 게 뻔하지요.

어느 나라의 어린이집에서 아이들을 데리러 오는 시간에 늦는 부모님들에게 시간당 얼마씩의 돈을 내도록 했더니, 부모님들은 시간이 늦어도 미안하게 생각하지 않게 되고 아이들을 제시간에 데려가려는 노력은 하지 않은 채 돈을 내고 아이들을 데려가더라는 걸 어느 책에서 본 적이 있어요. 부모님들이 돈을 내기 싫어서 시간을 지킬 거라는 기대로 시작한 제도가 오히려 늦게 데려가는 만큼 돈을 내고 있으니 아이들을 늦게 데리러 가도 문제가 없다는 식으로 생각해 버리도록 만들더라는 거죠. 비슷한 예로 예전에 집집마다 하던 반상회라는 게 있었잖아요? 직장에서 일이 생겨서 반상회에 참석하지 못하게 되면 얼마간의 돈을 내야 하는 경우가 많았죠. 반상회 장소로 자기 집을 제공하지 못하게 되는 주민들도 돈을 내야 하는 식으로 운영되는 경우도 있었지요. 그러자 주민들 중에는 반상회에 참석하는 대신 돈으로 내는 걸 더 좋아하는 분들이 늘어났고 집에서 반상회를 여는 게 성가시다고 해서 처음부터 아예 돈으로 대체해 버리는 경우도 많았지요.

이런 사례들은 제도의 취지상 돈으로 대신할 수 없는 것을 돈으로 대신하도록 해서 원래 제도의 취지가 뭐였는지 모르게 만든 경우지요.

농축수산물의 경우는 조금 다르지만, 금지되었던 것을 그런 식으로 풀게 되면 오히려 그 금지되었던 행위가 허용되는 행위라고 생각해 버리게 된다는 점에서 통하는 데가 있지요. 오히려 그 금지되었던 행위를 권장하는 행위라고 뒤집어서 생각하게 될 수도 있겠지요. 그래서 이전에는 선물을 하지 않던 사람들도 이제는 농수축산물은 당연히 선물을 해야 하는 것으로 생각해서 더 적극적으로 선물을 하려 하게 되고, 그런 형편이 안 되는 사람들은 더욱더 박탈감을 느끼게 되겠지요. 법을 만들지 않고 각자의 도덕 감정에 맡겨 두는 것보다 더 나쁜 상황으로 갈 것이 불을 보듯 뻔하지요. 저로서는 그런 상황이 오지 않기를 바랄 뿐입니다.

이범준 사실은 당연하지 않은 것들을 당연하게 여겨 온 부당한 관행을 바꾸자는 법이었는데 시행 1년도 되지 않아 다시 고쳐서 인정토록 한다면, 아예 법이 보장한다는 오해까지 줄 수 있는 것 같습니다. 그리고 문재인 정부 출범 직후 법조인 가운데 처음으로 청탁금지법으로 기소되는 사례가 나옵니다. 현직 서울중앙지검장이 청탁금지법 위반으로 재판에 부쳐진 일인데요. 간단하게 사건을 정리하면 이렇습니다.

2017년 4월에 이영렬 서울중앙지검장이 안태근 법무부 검찰국장을 초청해 저녁식사를 했습니다. 이영렬 검사장은 서울중앙지검의 노승권 1차장검사, 부장검사 5명과 함께, 안태근 검찰국장은 법무부 검찰과장, 형사기획과장과 함께 나갔습니다. 이 자리에서 이영렬 검사장이 100만 원이 든 봉투를 법무부과장 2명에게 각각 주었고요, 안태근 검찰국장은 70만 원 또는 100만 원이 든 봉투를 서울중앙지검의 차장·부장검사 6명에게 줬습니다. 밥값은 모두 95만 원이었는데 이영렬 검사장이 냈습니다. 특히 안태근 검찰국장은 서울중앙지검의 수사 대상으로 있다가 무혐의 처분을 받은 직후였습니다.

이 사건이 언론 보도를 통해 알려졌고 문재인 대통령의 감찰 지시가 있었습니다. 감찰을 거쳐 검찰은 이영렬 검사장만 청탁금지법 위반으로 기소했습니다. 법무부 검찰과장과 형사기획과장에게 밥값을 포함 109만 5000원을 제공한 혐의입니다. 직무 관련이나 명목에 관계없이 공직자 등이 1회에 100만 원 초과 금품을 받거나, 공직자 등에게 이런 금품을 줘서는 안 된다는 청탁금지법 제8조를 위반한 것입니다. 이 돈을 받았던 법무부의 과장은 그날 서울중앙지검 검사를 통해 반환했기 때문에 기소되지는 않았습니다. 청탁금지법의 신고 의무를 위반한 것은 인정됐습니다.

그 밖에 상급기관인 법무부 검찰국장 등 3명이 이영렬 검사장에게 얻어먹은 밥값이 1인당 9만 5000원으로 시행령이 허용한 3만 원을 넘었습니다. 이에 대해서도 합동감찰반은 당시 검찰국장이 운전기사에게 자신들의 밥값은 검찰국 비용으로 계산토록 지시를 했는데, 나중에야 이영렬 검사장이 계산한 걸 알게 되어서 고의가 없다고 봤습니다. 이 결과 이영렬 검사장과 안태근 검찰국장도 면직됐고요. 그 외 참석자들은 모두 경고를 받았습니다. 죄가 없다는 안태근 국장이 면직된 이유에 대해 감찰반은 "회식 자리에서 금품 등을 제공해 검찰사무의 공정성에 대한 의심을 초래했고, 면전에서 이루어지는 부하직원들의 부적절한 금품수수를 제지하지 않고 방관했다"고 했습니다.

김영란 이번 사건이 뇌물죄에 해당하느냐 청탁금지법 위반이냐에 앞서 이런 모임 자체가 적절한지 생각해 보면 좋겠어요. 서울중앙지검 검사들과 법무부 국·과장들이 단체로 모여서 밥을 먹었는데, 드물지는 않은 일이죠. 하지만 검찰청과 법무부가 그렇게 자주 모여서 밥을 먹어도 되는 사이냐는 거예요. 법무부는 우리나라 법무 일반을 책임지는 기관이에요. 검찰 이외에도 인권, 교정, 출입국, 외국인정책, 국가법무 등을 담당하죠. 하지만 검찰청은 법무부와 달리 수사와 기소만 맡고 있죠. 경찰의 수사를 지휘하고 스스로 인지한 사건을 처리하는 거죠. 드물게 국가소송을 대표하는 업무도 하지만 검찰청 본연의 업무는 수사와 기소, 공소유지예요.

그래서 이런 모임이 법무부와 검찰청의 유착관계로 보일 수 있다는 거예요. 법무부는 수많은 업무를 하고 그 가운데 일부를 담당하는 외청(外廳)이 검찰청이잖아요. 법무부에는 검찰청 이외에도 교정청, 출입국관리사무소, 외국인보호소, 법무연수원, 치료감호소 등 소속기관이 많고요. 그리고 모두들 독립된 법무행정 업무를 해요. 검찰청이 다른 곳에 비해 규모나 중요성이 크다고 해도 지휘·감독을 받는 입장은 같아요. 그런데도 유독 법무부와 검찰청 사람들이 자주 만나서 식사를 하니, 간단하게 생각되지 않는 거죠. 행정업무상 상급기관일 뿐인 법무부와 수사에 있어 독립성을 유지해야 할 검찰이 단일한 기관으로 느껴지는 것이고, 실제로도 그런 면이 있고요.

이렇게 법무부와 검찰청이 분리되지 않는 기관으로 보이는 것이 문제
예요. 대통령이 임명하는 법무부장관은 국무위원으로서 국무회의에
참석하잖아요. 반면 검찰은 스스로를 준사법기관이라고 주장하면서
업무 독립성을 요구하고, 독점적으로 기소권을 행사하고요. 이렇게
역할이 다르고 거리를 유지해야 하는 법무부와 검찰청이 유착관계를
보이는 거죠. 이런 잘못된 관습을 계속하면서 아무런 문제의식을 느
끼지 않았다는 게 심각한 문제가 아닐까요. 뇌물죄가 되는지 청탁금
지법 위반이 되는지 하는 문제보다도 더 중요한 건 이런 문제가 아닐
까라고 생각했어요.

이범준　많은 사람들이 궁금했던 것은 뇌물공여에 해당한다는 얘기
까지 있던 안태근 검찰국장입니다. 우병우 청와대 민정수석 관련 의혹
사건의 수사 대상이었다가 무혐의 처분을 받은 직후에 식사가 있었기
때문입니다. 법무부·검찰 합동감찰반은 뇌물이든 청탁금지법이든 해
당하지 않는다고 했습니다. 뇌물 부분에 대해서는 검찰이 안태근 국장
을 일부러 부실하게 수사한 데 대한 대가로 보기 어렵다는 것이고요,
청탁금지법 위반에 대해서는 청탁금지법이 허용하는 상급 공직자 등
이 주는 금품을 줬을 뿐이라는 것입니다. 구체적으로 검찰국장은 법무
부장관의 위임에 따라 검찰에 대한 지휘·감독권과 예산집행권을 가
지고 있고, 돈봉투도 특수활동비에서 나온 것이라 용도에 맞게 사용한
지급된 수사비라는 이유였습니다.

김영란 법무부의 검찰국장은 검사들의 인사권을 관장하고 있고, 서울중앙지검에서 안태근 검찰국장을 수사한 직후라는 점을 고려하면 충분히 문제가 될 수 있는 모임이었지요. 그리고 이 사건에서 문제된 돈은 특수활동비라는 돈이지요. 기획재정부 지침에 의하면 특수활동비는 '정보 및 사건 수사와 그 밖에 이에 준하는 국정 수행활동에 직접 소요되는 경비'를 말하는 거지요. 용처가 그러다 보니 경우에 따라서는 수령할 당시 서명만 하면 영수증을 첨부하거나 용도를 밝힐 필요도 없이 사용할 수 있어서 눈 먼 돈이라고 불려 왔지요. 이 사건을 계기로 특수활동비 관련 제도를 개선해야 한다는 논의가 시작되었으니 좀 더 지켜볼 필요가 있지만, 이 사건에서 짚고 넘어갈 점은 우리나라의 접대나 선물은 이처럼 자기 개인 돈이 아니라 자기가 속한 조직의 돈으로 치러진다는 것입니다. 공무원 사회든 기업이든 별반 다르지 않지요. 자기 개인의 주머니에서 접대비를 치르고 선물을 하라면 누구도 아무런 대가관계 없이 값비싼 접대를 하거나 선물을 하지는 않을 거라는 거죠. 고가의 접대문화와 선물문화가 없어져야 하는 이유가 여기에도 있습니다. 고가의 접대비도 지출하고 선물도 보내고 해야 소비가 살아나지 않겠냐고 할 수도 있지요. 그러나 공공기관이든 사기업이든 예산을 그런 방식으로 써서는 안 되겠지요. 예산이나 비용을 절약해서 그 절약한 돈이 국민들이나 직원들의 주머니 사정을 좋게 만드는 데 기여하도록 해야 하지 않을까요. 그래야 다들 주머니를 열어서 건강한 소비를 하게 되겠지요. 그런 방향으로 가도록 정책을 수립하고 집행해야 한다는 게 제 생각입니다.

이범준 조금만 더 구체적으로 얘기하면 법무부는 검찰에 일반적인 지휘만 가능하지 구체적인 지휘를 해서는 안 된다고 하잖아요. 하지만 실제는 조금 다르죠. 어쨌든 2005년에 천정배 법무부장관이 강정구 동국대 교수를 불구속으로 수사하라고 검찰에 지시하니까, 김종빈 검찰총장이 사표를 낸 일이 있고요. 이렇게 검찰이 수사독립 필요성과 보장을 주장하면서 저녁에 만나서는 함께 밥 먹고 돈봉투를 주고받는 상황이고요.

김영란 검찰청법 제8조는 법무부장관은 검찰사무의 최고 감독자로서 일반적으로 검사를 지휘·감독하고, 구체적 사건에 대하여는 검찰총장만을 지휘·감독한다라고 규정하고 있어요. 법무부장관의 일반적인 지휘는 법무부가 법무행정을 담당하니까 하는 일들이죠. 가령 영장을 청구할 때 지켜야 할 절차를 정한다거나 국정 목표에 맞춰 수사 방향을 정하는 일 등이죠. 노태우 정부에서처럼 '범죄와의 전쟁'이라는 일반적인 지휘는 가능하지만 검사 개개인에 대한 구체적인 지휘는 하면 안 되죠. 이번 박근혜-최순실 게이트를 수사하는 과정에서 박근혜 전 대통령이 법무부장관에게 수사지휘권을 발동하라고 지시했다는 이야기가 나와서 문제 되기도 했지요. 실제로 수사지휘권을 발동하지는 않은 것으로 알고 있는데요. 검찰청법이 이러한 기준을 만들어 둔 이유는 법무부와 검찰청이 일체성이 아니라 독립성을 유지해 거리를 두어야 하기 때문이지요. 검찰에게는 대통령을 비롯해 행정부 전체도 수사 대상이니까요.

그런 맥락에서 보면 법무부는 수사를 벌이는 검찰이 아니라 수사를 받는 행정부 기관인 거죠. 어떤 범죄가 문제냐에 따라 달라지겠지만, 법무부는 수사에 관한 일반적 정책을 고려하는 기관이지 검찰청의 수사를 지휘하는 기관은 아닌 거죠. 그래서 구체적인 사건 지휘는 못하게 되어 있는 거고요. 그런데 그런 문제에 둔감하다는 것, 법무부와 검찰이 마치 수사에 있어서도 상하관계에 있는 것처럼 너무 일체로 움직인다는 것, 그런 것을 들킨 한 장면인 거죠.

이범준 법무부는 장관이 국무위원이니까 청와대와 바로 이어져 있잖아요. 거칠게 말해 검찰청 검사들이 법무부 국·과장들과 가깝게 지내려는 이유는 결국 인사 때문이고요. 검사들이 인사 혜택을 얻기 위해 법무부에 줄 수 있는 것은 수사 상황, 정확히는 독점적인 공권력인 수사 그 자체이겠죠. 수사를 하거나 수사를 말거나 하는 행위요. 그러다 보면 조금씩조금씩 청와대에 도움이 되는, 유리한 수사를 할 수밖에 없지 않겠습니까.

김영란 그러다 보니 검찰개혁이 늘 문제되고 있는 거지요. 2017년 대통령선거에서도 거의 모든 후보들이 검찰개혁을 외쳤잖아요. 당선된 문재인 후보도 마찬가지고요. 그런데 이런 상황의 심각성을 검사들과 법무부는 왜 모르는 척하고 있을까 생각해 봤어요. 그 이유는 혹 새 정부마다 검찰개혁을 얘기했지만 결국 검사들과 법무부가 승리했기 때문이 아닐까요. 시간을 벌면서 새 정부 초반만 넘기면 되고, 검찰을 개혁하는 법안이 나와도 국회의원들만 구슬리면 되돌릴 수 있다는 자신감이 있어서는 아닐까 하는 거죠. 정권이 바뀔 때마다 똑같은 패턴으로 해 왔던 일이니까요. 이번 이영렬-안태근 사건도 그동안의 법무부와 검찰의 관습적인 태도를 보여 주고 있는 거지요. 게다가 개인적인 관계로 보더라도 비슷비슷한 대학 나오고 같은 사법시험 출신 선후배고 하는 관계니까 그렇게 모여서 밥 먹는 것에 의문을 던지지 않았겠죠. 우리가 생각 없이 오랫동안 해 오던 일들에 계속 의문을 가져 보지 않는다면 이런 일은 늘 반복될 수밖에 없는 거지요.

이범준　청탁금지법을 시작으로 우리 사회의 불공정과 부패에 대해 얘기했습니다. 이 과정에서 내부고발과 검찰 문제에 관해서도 말씀하셨고요. 마지막으로 대법관 출신이신 교수님께 사법부의 미래에 관해서도 여쭙고 싶습니다. 2017년에 사상 세 번째 전국법관대표회의가 열렸습니다. 법원행정처가 법원 내 최대 학술모임인 국제인권법연구회의 사법개혁 학술대회를 저지하려던 사실이 언론을 통해 알려지면서 시작됐습니다. 법원 내부는 물론이고 국회와 시민사회에서도 사법부 개혁에 대해 다양한 얘기를 하고 있습니다. 핵심은 대법원장이 과도한 권한을 행사해 법관들을 눈치 보게 만들고 이로써 궁극적으로 법관의 독립을 해친다는 것입니다. 여기에 법원행정처가 핵심적인 역할을 한다는 의심이 있는 상황이고요.

우리나라는 대법원장이 대법관을 제청하는 권한을 가지고 있습니다. 1973년 유신헌법에서 시작된 제도입니다. 미국, 독일, 일본 어느 나라에도 없는 독특한 제도입니다. 이런 제도는 최고법원은 동등한 합의체라는 이념과는 동떨어진 면이 있습니다. 대법원장과 13명의 대법관의 헌법상 지위가 달라서인데, 대법관이 되려면 우선 대법원장의 제청을 받아야 대통령에게 임명되기 때문입니다.* 대법원장의 은혜를 입어 대법관이 되는 셈입니다. 그래서 외국과는 달리 대법원 재판에서 대법원장과 대법관이 차별적인 관계가 됩니다. 대법원 판결문에도 대법원장 양승태, 대법관 김소영 이렇게 다르게 써 있고요. 하지만 헌법재판소에서는 재판관 9명 모두가 동등합니다. 헌법재판소장은 재판관 중에 한 사람이 맡는 역할에 불과하죠. 결정문에도 재판관 박한철, 재판관 이정미 이렇게 써 있습니다. 그래서 2017년 20대 국회 헌법개정특별위원회에서도 대법원장의 대법관 제청권을 삭제하는 것으로 사실상 합의가 된 상태입니다.

우리나라 판사들은 2~3년마다 인사이동을 합니다. 판사들에 대한 인사권은 대법원장이 갖고요. 인사에서 두 차례만 속된 말로 물을 먹으면 회복하기 어렵습니다. 경력이, 이미 좋은 자리로 가기가 힘들어지게 되는 거죠. 판사들이 대법원과 대법원장의 눈치를 보게 된다는 것이고, 이게 궁극적으로 법관의 독립을 침해하는 것 아니냐는 지적이 많습니다. 이와 비교해서 미국에서는 선출직 판사가 많고, 독일 같으면 한 지역에서 계속 판사를 하는 식입니다. 법관의 독립이란 법원 내·외부의 독립인데, 내부로부터의 독립이 침해되고 있다는 게 최근 나오는 지적입니다. 이에 대한 대안으로 20대 국회 헌법개정특별위원회에서는 법관 인사와 법원 예산 등을 담당하는 사법평의회를 헌법기관으로 신설하자는 방안이 나왔습니다. 독립성과 중립성

---

* 헌법 제104조1항 대법원장은 국회의 동의를 얻어 대통령이 임명한다. 2항 대법관은 대법원장의 제청으로 국회의 동의를 얻어 대통령이 임명한다.

등을 보장하기 위해 국회에서 8명, 대통령이 2명, 법관회의에서 6명을 뽑아 구성하는 방식입니다.

김영란 제가 법원에 있을 때도 법원행정처에 혹시 귀족판사들만 있는 게 아니냐는 시각이 없지는 않았어요. 법원행정처에 있는 판사들은 굉장히 우수하거나, 원장급이나 고위간부급에서 봤을 때 뛰어나다고 평가되어 발탁된 경우가 많잖아요. 그러다 보니 대체로 일을 잘하는 판사들이 가고, 발탁되었을 때는 잘하지 않았다 해도 일단 가면 엄격한 훈련을 거치니까 몇 년이 지나면 아주 뛰어난 판사로 재탄생되기도 하거든요. 대개 갖고 있는 자질들이 비슷하니까 어떤 쪽으로 훈련시키느냐에 따라 달라질 수 있어요. 일찌감치 행정처에 발탁되어 주요 보직을 오가다가 남들보다 빨리 출세 코스에 들어서는 사람들만 봐 왔기 때문에, 행정처에 뽑혀 가는 사람들은 일종의 귀족판사가 아니냐는 시각이 있어 왔던 거죠. 오랫동안 여성 판사들이 진입하지 못했고, 지금은 행정처에 여성 판사들이 근무하고 있지만 여전히 주류에는 접근하지 못하고 있지요.

그런데 행정처에 있는 판사들은 절대 자신들이 귀족판사가 아니라고 이야기하고 있어요. 자신들은 퇴근도 제대로 못하고 새벽부터 밤늦게까지 법원의 발전을 위해 일한다는 거지요. 대법원장이나 법원행정처장 등 고위간부들을 가까이에서 보필하면서 일한다는 건, 결과적으로 좋은 평가를 받으면 앞으로 고위법관으로 가는 데 유리하게 되지만, 한번 눈 밖에 나면 내쳐질 수도 있으니까 눈 밖에 나면 안 된다는 얘기이기도 하죠. 그렇다 보니 죽자고 열심히 할 수밖에 없는, 아주 가혹한 조건 아래 있다고 볼 수도 있죠. 그래서 본인들은 원해서 온 것도 아닌데 너무 자신들 사정을 몰라주고, 마치 자신들이 전제적인 힘을 휘두르는 것처럼 오해들을 한다고 하더라고요. 양쪽 모두 틀린 말은 아니겠지만, 법원이라는 조직이 과연 그런 식의 관료적 조직이 커다란 힘을 발휘하는 조직이어야 하는가 하는 근원적인 의문이 생기지요. 어떤 조직이든 행정을 담당해야 하는 사람이 있어야 하니까 관료적인 면이 없을 수는 없겠지요. 어느 정도 사법행정을 전문적으로 하는 사람이 필요하긴 해요. 그러나 점점 더 귀족판사화한다든지, 지나치게 관료화하는 데 대한 우려 또한 옳다는 생각이 들어요.

법원의 행정은 중앙기구에서 해야 할 것도 있지만, 대개는 법원별로 해야 할 게 많겠지요. 법무부도 문민화가 중요한 개혁 포인트로 논의되고 있잖아요? 검사들이 법무부를 장악하지 말고 변호사 자격이 있는 사람들을 뽑아서 법무행정을 맡기라는 거죠. 사법행정도 반드시 판사가 해야 한다는 틀에서 벗어나서 꼭 판사가 필요한 부분에만 판사가 파견되어 근무하고 나머지 영역은 변호사들이나 일반 직원들을 채용해서 맡길 필요가 있어요. 사법개혁 하면 종전에는 판사들 고등부장 승진제도 등 인사 정책이나 상고사건이 너무 많이 적체되는데 이를 상고법원을 만들어 해결할 거냐 하는 문제, 법조일원화로 판사들 충원하는 제도를 만들 거냐 하는 문제 등이 주로 논의되어 왔어요. 그런데 최근에 사법부의 블랙리스트니 하는 문제*가 터지면서 사법행정부문의 개혁 문제가 나오게 된 거죠. 시기적절하게 나온 것 같아요. 그간은 이

---

* 대법원 법원행정처가 판사들의 성향과 동향을 파악해 관리한 파일, 일명 블랙리스트가 있다는 의혹. 2017년 3월 법원행정처가 법원 내 판사들의 학술단체인 국제인권법연구회의 공동학술대회를 견제하기 위하여 부당한 지시와 간섭을 했다는 언론 보도가 있었고, 대법원 공직자윤리위원회 등이 조사를 통해 사실로 확인했다. 조사 과정에서 블랙리스트 관리를 지시받았다는 판사의 진술이 나왔다. 전국법관대표회의가 블랙리스트의 존재에 대한 추가조사를 요구했으나, 양승태 대법원장이 거부했다.

렇게 본격적으로 문제가 된 적이 없었거든요.

사법부 개혁과 관련하여 이미 대법원장의 과도한 권한을 분산시키는 여러 방안이 논의되고 있는 것으로 알고 있으니, 저로서는 당분간 지켜보는 것이 좋겠다고 생각합니다. 그러나 사법부가 다양성이 부족한 것이 문제이고 대법원장에게 대법관 제청권을 주어서 사법부가 국민들의 다양한 구성을 대표하지 못하고 대법원장 등 고위판사들의 시각만을 반영하는 것이 문제라면 거기에 개혁의 방향을 맞춰야겠지요. 사법부 내부의 관료화가 문제라면 거기에 방향을 맞춰야 하겠고요. 이번 법원의 개혁 움직임은 보수와 진보의 대결이 아니라 그동안 강화되어 온 관료화에 대한 반발에서 시작했잖아요? 그러면서도 두 문제를 나누어서 살피지 않고 섞어 버리면서 무조건 대법원장의 권한만 분산시키면 문제가 모두 해결될 수 있는 것처럼 흘러가는 것 같은 느낌도 있어요. 제가 법원 내부의 흐름을 알지 못한 채 언론의 보도만 접해서 그런지는 모르겠지만 그렇게 읽히더라고요.

몽테스키외는《법의 정신》에서 "재판관이 입법권과 집행권으로부터 분리되어 있지 않을 때에는 자유는 존재할 수 없다. 만약 재판관이 입법권과 결합되어 있다면 시민의 생명과 자유를 지배하는 권력은 자의적인 것이다. 왜냐하면 재판관이 곧 입법자이기 때문이다. 만약 그것이 집행권에 결합되어 있다면 재판권은 압제자의 힘을 가지게 될 것이다"라고 하면서 사법권은 입법권과 집행권으로부터 독립해야 한다는 점을 강조하였지요. 법관의 독립은 외부로부터의 독립과 내부로부터의 독립 모두를 말하지요. 법원이 입법권과 집행권으로부터 독립해야 하고, 마찬가지로 법원의 재판작용은 법원의 행정작용으로부터 독립해야 하는 거지요. 법관의 독립을 외부와 내부로부터 모두 지켜 내야 한다는 점을 잊지 않고 개혁이 추진되어야 한다는 생각입니다.

이범준　많은 일들이 쌓여서 지금과 같은 문제가 생겼다고 생각합니다. 이 가운데는 법원행정처 판사들이 법원을 대표한다는 명분으로 국회와 청와대 언론을 상대하면서 수많은 청탁을 하고 받아 온 일이 있습니다. 이러한 청탁들이 결과적으로 법관의 독립과 재판의 독립 침해로 이어졌다고 일선의 판사들은 보고 있습니다. 교수님 말씀대로 사법이 입법이나 행정에 가까워지는 것의 문제는 1748년 몽테스키외의 《법의 정신》도 지적했지만, 2017년 김영란의 '청탁금지법의 정신'에 어긋나는 것 같습니다.

김영란　청탁금지법의 정신은 우리가 무심코 해 오던 행위들이 계속 용인되어도 좋은 것인지를 다시 생각해 보자는 거잖아요. 법관의 독립을 논할 때에도 판사들이 관행적으로 해 오던 일들을 재점검할 필요가 있겠지요.

에필로그
다른 길, 그러나
더 나은 길을 향해

2010년 8월 어느 무덥던 날, 29년간의 판사 생활을 마치고 집으로 돌아올 때는 무척 홀가분했습니다. 뒤에 이어질 삶에 대한 어떤 두려움도 없었고 욕심도 없었습니다. 어느 대학에서든지 한 강좌만 개설해 주면 그동안 제가 했던 판결들에 대해 돌아보는 시간을 가지겠다는 것만이 유일한 계획이었다고 이미 다른 책에서 밝히기도 했지요. 그마저도 마치면 미뤄 두었던 책들을 꺼내어 읽고 친구들과 수다나 떨면서 평범한 아줌마의 삶으로 돌아가겠다는 생각이었습니다. 오르한 파묵의 소설 《새로운 인생》의 첫 구절 "어느 날 한 권의 책을 읽었다. 그리고 나의 인생은 송두리째 바뀌었다"를 맞닥뜨렸을 때, 저도 제 삶에서 그런 경험을 하는 날을 맞을 것인지 궁금했습니다. 판사 생활을 마치면서 삶을 송두리째 바꿔서 새롭게 살자고 결심한 계기가 되기도 했지요.

그런데 2011년 국민권익위원장직을 맡게 되면서 제 인생은 제가 가고 싶었던 인생과는 정반대 방향으로 바뀌어 버렸습니다. 사람들 속에 파묻혀서 눈에 띄지 않고 조용히 새로운 인생을 살아가려던 바람은 부서졌고, 법원을 떠나면서 절대 그렇게 살지는 않겠다고 결심했던 방식이 제 삶을 온통 지배해 버렸던 겁니다. 바로 '김영란법' 때문이었습니다. 왜란, 호란, 동란 다음으로 영란이라는 농담 아닌 농담과 함께 들이닥친 청탁금지법 시행의 폭풍이 제 삶도 삼켜 버린 것이지요. 어딜 가나 저를 알아보시는 분들의 시선을 의식해야 했고, 미처 못 알아보신 분들이 제 이름을 가지고 토론하시는 웃지 못할 정경과도 맞닥뜨려야 했습니다. 제 이름으로 만든 메뉴가 올라와 있는 식당에서 혹시 저를 알아들 보실까 봐 고개를 숙이고 음식을 주문하기도 했지만, 얼마나 성공했는지는 저도 알 수 없지요. 덕분에 제 이름으로 된 메뉴를 맛볼 기회는 오지 않았고요.

그러면서도 언론의 인터뷰만은 최대한 거절하였습니다. 청탁금지법이 우리 사회에서 뿌리내리도록 하기 위해서는 저의 이런저런 코멘트보다는 기다림이 더 중요하다고 생각했고, 제 이름은 공중을 떠돌아도 제 개인의 삶만은 통제할 수 있어야 한다는 이유 때문이었지요. 하지만 그다지 성공하지는 못했지요. 왜 책임을 지지 않느냐는 힐난에 가까운 인터뷰 요청부터 청탁금지법에 대한 혼란을 줄여 달라는 설득력 있는 부탁까지 딱 잘라 거절하면서도 마음은 언제나 무거웠습니다. 다가오는 9월에는 청탁금지법 시행이 1년을 맞게 되니까 그동안 속에 있던 얘기들을 한번 해야 하지 않겠냐는 출판사의 요청에 응하기로 한 것은 이런 마음의 짐 때문이었습니다.

청탁금지법 입법을 제안하게 된 이유는 엘리트라는 말에 있었습니다. 정확하게는 부패에 대한 새로운 개념 정의가 필요하다는 생각을 하면서 접하게 된 '엘리트 카르텔'이라는 말이지요. 엘리트(elite)는 선택된 사람들을 뜻하는 프랑스어로, '선택하다'란 의미의 라틴어 단어 eligere에서 유래했습니다. 사회의 각 분야에서 그 분야의 동향에 결정적인 영향력을 가지는 비교적 소수의 사람을 말합니다(위키피디아 참조). 정치 엘리트, 언론 엘리트, 사법 엘리트 등으로 사용되기도 하지요. 교육열이 강한 우리나라에서는 어릴 때부터 부모의 희생적인 뒷바라지를 받아 유명 대학을 나오고 사법시험이나 행정고시 등을 통과하였거나 언론고시, 대기업 입사시험을 치러 그 분야에서뿐 아니라 사회 전체에서 막강한 영향력을 가진 사람들이 엘리트라고 불리고 있지요. 엘리트들이 진정 선택된 사람이라면 가지지 못한 쪽을 위하여 희생하고 봉사, 헌신하는 것이 사명이고 인류 사회에 기여하는 길일 테지요. 그러나 우리가 학교에서 배운 이 당연한 가치는 더는 엘리트들을 움직이게 하는 동기가 되지 않고 있습니다. 오히려 엘리트들은 서로 알게 모르게 연결되어 자신들이 속한 사회의 구심력을 강화하는 방향으로 상호 영향력을 미치고 있습니다. 끼리끼리 정보를 주고받으면서 내통하고 서로 선물을 주고받으면서 자신들만의 이권과 권세를 증강시키고 있습니다. 이게 엘리트 카르텔입니다. 이 엘리트 사회를 바꿔 가는 것 외에는 극단적인 격차 사회를 향해 달려가는 우리나라라는 설국열차를 멈추게 할 방법은 없어 보였습니다.

영국 〈가디언〉지의 젊은 칼럼니스트인 오언 존스(Owen Jones)가 2014년에 써낸 책 *The Establishment*가 《기득권층》이라는 제목으로 번역되어 2017년 국내에 출간되었더군요. 오래된 사회인 영국의 미래에 대한 염려로 가득한 책이지요. 마찬가지로 오래된 사회인 우리나라가 영국의 예견된 미래와는 달리 나아가려면 어떻게 해야 하는지 생각해 보면서 저 또한 오언 존스의 비관적 진단에 감염되어 버렸습니다. 오언 존스에 의하면 '기득권층'이라는 용어는 1950년대 헨리 페얼리(Henry Fairlie)의 칼럼에 의해 유명해졌다고 합니다. '기득권층'이란 "공권력의 핵심이 포함되긴 하지만 공권력만은 아니다. 기득권층은 그것을 통해 권력이 행사되는 공적이고 사회적인 관계망 전체이다." 즉, "기득권층이란 일련의 연고로 연결되어 있어 서로 아는 사람들, 같은 집단에서 어울리고 서로의 뒤를 봐주는 사람들이다. 그것은 공적이거나 법적인, 또는 형식적인 제도가 아니라 오히려 '미묘한 사회적 관계'에 근거"하고 있다고 썼다는 겁니다. 이런 페얼리의 글은 "기득권층을 함께 어울리고 필요할 때 서로 돕는 권력자들의 관계망으로 보는" 것이라고 오언 존스는 설명하고 있지요. 오언 존스는 나아가 "대기업, 금융업계, 그리고 정계의 엘리트를 똘똘 뭉치게 해 주는 뿌리 깊은 연결고리"는 "공통의 경제적 이익"이라고 하며, "꼭대기에 있는 사람들은 권력과, 끝없이 증식하는 재산을 누릴 자격이 있다는 공통의 생각이 기득권을 통합해 주는" 사고방식이라고 합니다. '우리에게 적용되는 규칙과 다른 사람들에게 적용되는 규칙은 다르다'는 것이 기득권층의 생각을 요약하는 말이라는 것이지요.* 오언 존스의 기득권층을 엘리트 카르텔로 바로 치환해도 큰 무리는 없을 것 같습니다.

오언 존스의 책은 '설마 영국이…'라면서 제가 알게 모르게 가지고 있던 서구 콤플렉스(?)를 깨부수는 데 지대한 기여를 하기도 했습니다.

예를 들어 영국 상원의 보수당 원내총무였던 힐 경(Lord Hill)은 로비 그룹을 창립하여 맹활약하다가 금융서비스를 전문으로 하는 영국의 EU 위원으로 임명되었고, 런던 금융중심지의 기업들이 그 임명 소식을 반겼으며, 그러자 영국의 HSBC은행은 힐 경의 로비 그룹을 로비스트로 고용한 사례를 들면서** 기득권층을 지키는 '회전문'문화를 보여 주는 장면 등입니다. 하원의원들이 돈을 위해 겸직을 맡고, 전 장관들이 보건이나 국방 같은 분야의 사기업에서 중요한 직위를 맡는 일도 금지되어 있지 않다고 합니다. 영국이 이처럼 이해관계의 충돌 문제에 관대한 것은, 오래된 나라로서 왕이나 귀족들이 시대에 맞추어서 스스로 변화해 왔던 때문에 별도로 귀족사회를 규율해 오지는 않았던 때문이라 짐작됩니다. 그러나 기득권층에 대한 개념 규정의 폭이 넓어지면서 "누군가가 기득권층의 일원인지를 규정하는 것은 그 사람의 배경이나 교육, 심지어 의견을 발언할 공적 통로가 있는지 여부나 영향력의 정도가 아니라, 권력과 사고방식"이 되었으며,*** "부유한 개인 및 사기업과 본질적으로 기득권에 공감하는 언론과 수많은 정치 엘리트를 포괄하는 훨씬 광범위한 연합이 결성"되어서, "기득권을 하나로 묶을 결합의 이데올로기"가 발전되었으므로 더 이상 기득권층 스스로의 변화에 맡겨 둘 수가 없다는 문제의식이 생기기 시작한 거지요. "사회가 끝없이 소수 엘리트의 이익을 위해 움직이려는 접근법"****을 방치해 두기 어렵게 된 겁니다. 민주주의의 한 모델을 보여 주는 영국이 이러할진대 또 하나의 오래된 사회인 우리나라는 어떻게 해야 할 것인가 생각해 보면서 저는 차가운 물을 맞은 듯 한기를 느낍니다.

꽃표(*)로 표시된 인용 문구는 차례로 《기득권층》(조은혜 옮김, 북인더갭, 2017)의 18~22쪽, 131~132쪽, 32쪽, 489쪽을 참조하였다.

청탁금지법이 지향하는 사회는 격차의 간격을 좁히는 사회, 중요한 사회적 자본인 신뢰가 자리 잡은 사회입니다. 청탁금지법이 있다고 해서 격차가 말끔히 사라지고 신뢰가 굳건해지는 건 아니겠지요. 다만 법이 요구하는 투명성을 지키고 엘리트 간의 결탁을 어렵게 함으로써 격차가 벌어지고 신뢰가 바닥으로 추락하는 것을 늦추어 갈 수는 있지 않을까요? 그 방법만이 우리 앞에 놓인 미로를 빠져나가게 하는 아리아드네의 실은 아닐는지요.

2013년 국민권익위원장직을 떠난 뒤 대담집《이제는 누군가 해야 할 이야기》를 펴냈습니다. 그 후 우리 사회에서는 많은 일들이 있었습니다. 청탁금지법의 시행도 그중 하나입니다. 이제 법이 시행된 지도 1년이 되어 가는 시점에서 대담집을 다시 펴내게 되었습니다. 생각의 뼈대는 달라진 것이 없지만 새 대담집은 그동안의 우리 사회 변화와 청탁금지법을 연관 지어 살펴보고, 청탁금지법이 어떤 점에서 유지되어야 하고 어떤 점에서 보완되어야 하는지를 담아 보려 노력했습니다. 청탁금지법이 지금의 모습으로나마 자리 잡게 된 데에는 당시 국회 정무위원회에 속해 있었던 간사 의원을 비롯한 국회의원들과 국민권익위원회 담당자들의 노력이 컸습니다. 저는 사실 발의와 입법예고까지만 관여하였을 뿐 위에서 언급한 많은 분들이 이 법을 완성시켜 주셨습니다. 그러나 법의 시행을 절대적으로 지지해 주었던 국민 여론과 이 법의 시행을 앞장서서 외쳤던 언론의 공이 없었더라면 이 법이 시행될 수는 없었겠지요.

청탁금지법으로 몇몇 업종에 종사하시는 분들은 피해를 크게 입으셨습니다. 늘 죄송한 마음입니다. 그러나 그분들이 흘리신 눈물 때문에라도 청탁금지법이 지향하는 우리 사회의 신뢰 축적이라는 명제는 더욱 포기되어서는 안 된다고 생각합니다.

대담을 함께하시느라 고생하신 이범준 기자님께 깊이 감사드립니다. 이 책이 저에 대한 일방적인 인터뷰라 주장하지만, 본인이 청탁금지법의 적용 대상인 기자이기도 하고 책을 만드는 동안에도 현재진행 중이던 박근혜-최순실 게이트, 대법원의 블랙리스트 문제 등을 가까이에서 취재하고 기사를 써야 하는 입장이었기에 생생한 현장감을 잘 살려 주셨습니다. 책을 엮어 주신 김재실 편집자님과 멋진 사진을 찍어 주신 노승환 작가님께도 감사의 말씀 전합니다.

2017년 8월
김영란

김영란법, 김영란에게 묻다

대한민국을 뒤흔든 청탁금지법의 모든 것

초판 1쇄 인쇄 2017년 8월 10일
초판 1쇄 발행 2017년 8월 17일

지은이 김영란·이범준
펴낸이 홍석 전무 김명희
책임편집 김재실 사진·디자인 노승환
마케팅 홍성우·이가은·김정혜·김정선 관리 최우리

펴낸 곳 도서출판 풀빛 등록 1979년 3월 6일 제8-24호
주소 03762 서울특별시 서대문구 북아현로 11가길 12 3층
전화 02-363-5995(영업부), 02-362-8900(편집부) 팩스 02-393-3858
홈페이지 www.pulbit.co.kr 전자우편 inmun@pulbit.co.kr

ISBN 979-11-6172-702-8 04300
ISBN 978-89-7474-402-1 04080(세트)

이 도서의 국립중앙도서관 출판예정도서목록(CIP)은 서지정보유통지원시스템
홈페이지(seoji.nl.go.kr)와 국가자료공동목록시스템(www.nl.go.kr/kolisnet)에서
이용하실 수 있습니다.(CIP제어번호 : CIP2017017214)